高职旅游管理专业系列教材
国家骨干高职院校建设项目成果

旅游职业形象塑造

主　编　许春华

西北工业大学出版社

【内容简介】 本书是通过对旅游行业调研，并在邀请旅游企业专家参与论证的基础上，依据工作过程系统化、课程开发理念化开发的一部教材。本书依据旅游岗位职业形象的要求选取典型工作任务，以学生操作为核心，以旅游工作岗位为载体，融入教育教学要素，设计了酒店员工职业形象塑造、旅游政务人员职业形象塑造、导游职业形象塑造三个学习情境。实施以职业能力培养为目标、教学按一体化的教学模式，搭建理论与实践一体化的教学平台，从而优化教学效果，切实提高学生的旅游职业形象塑造能力。

本书既可作为教师教学使用的教材，又可作为学生自学和专业人员研究使用的参考用书。

图书在版编目(CIP)数据

旅游职业形象塑造/许春华主编．—西安：西北工业大学出版社，2015.4
(2021.1 重印)
ISBN 978-7-5612-4332-9

Ⅰ.①旅… Ⅱ.①许… Ⅲ.①旅游服务—工作人员—形象—设计
Ⅳ.①F590.63

中国版本图书馆 CIP 数据核字(2015)第 071922 号

出版发行：西北工业大学出版社
通信地址：西安市友谊西路 127 号　　邮编：710072
电　　话：(029)88493844　88491757
网　　址：www.nwpup.com
印 刷 者：兴平市博闻印务有限公司
开　　本：787 mm×1 092 mm　1/16
印　　张：17
字　　数：295 千字
版　　次：2015 年 6 月第 1 版　2021 年 1 月第 3 次印刷
定　　价：40.00 元

前言 PREFACE

高等职业教育的任务是培养生产、管理和服务一线的技能型人才，即要求学生具备过硬岗位技能和适度够用的专业理论。基于工作过程系统化的理念以过程性知识为主、陈述性知识为辅，以实际应用的经验和策略的习得为主、适度够用的概念和原理的理解为辅，按照工作过程来序化知识，将陈述性知识与过程性知识整合、理论知识与实践知识整合，以学生为中心，为其创建一个真实互动的情境性学习环境，让学生通过完成工作任务来形成直接经验进而掌握实际工作中所需要的知识、技能和技巧，以达到培养学生职业能力的目的。

《旅游职业形象塑造》是通过对旅游行业调研，并在邀请旅游企业专家参与论证的基础上，依据工作过程系统化课程开发理念开发的一部教材。教材依据旅游岗位职业形象的要求选取典型工作任务，以学生操作为核心，以旅游工作岗位为载体，融入教育教学要素，设计了酒店员工职业形象塑造、旅游政务人员职业形象塑造、导游职业形象塑造三个学习情境。实施以职业能力培养为目标、教学做一体化的教学模式，搭建理论与实践一体化的教学平台，从而优化教学效果，切实提高了学生的旅游职业形象塑造能力。

本书具有以下几个特点：

一、以工作过程为对象设计教材

教材的学习情境设计以工作过程为考量因素，模拟旅游行业不同的工作岗位，结合工作岗位的工作流程和学生的学习过程，将每个学习情境划分为为实现本学习情境学习目标而相互关联的不同工作过程，每个工作过程又划分为任务布置→知识链接→工作过程实施标准→计划、决策与实施→评价、检查与反馈五个环节(部分工作过程还设计了知识拓展阅读)，以期通过学生模拟旅游工作过程的体验，达到塑造良好旅游职业形象的目的。

二、以学生操作为中心设计教材

学生在教师的引导下，以小组为单位，通过明确任务、角色的分配、责任的明晰、成员的合作、内容的确立、形式的选取、工作的展示等一系列学习活动，以自己动手操作为中心完成三个学习情境的学习任务，培养过硬的专业能力；通过信息的搜集、筛选、整合、加工，培养逻辑思维能力，不断提高分析问题、解决问题的能力；通过小组合作完成任务，逐步培养与人交流、沟通、分工、协作、团结的社会能力，从而提升学生自身的综合职业能力。

三、以旅游职业能力为标准评价学习效果

每一个学习情境都有明确的知识目标、能力目标和素质目标，在此基础上以旅游企业对员工工作能力的考核为参考依据，设计考核学生的项目和考核标准，以过程性考核为考核思路，通过教师、学生、组长、企业等不同考核主体考核旅游服务过程的内容来全面评价学生的学习效果，改革以前的考试考核方法，目的是提升学生的工作能力，提升学生的发展空间。教材中考核内容统一设计表格，供大家参考。教师也可根据自己的实际情况调整考核内容和分值。

在编写过程中，参考和借鉴了诸多专家学者的相关著作和研究成果，同时也使用了许多网络上的材料，在此表示衷心的感谢。

由于水平有限，书中难免出现疏漏和不当之处，敬请广大同行专家、学者、师生和旅游界的朋友批评指正。

编　者

2014 年 9 月

目录 CONTENTS

学习情境一　酒店员工职业形象塑造

学习情境分析

本学习情境以酒店员工美好职业形象塑造为工作目标，通过模拟真实的工作场景，引导学生完成对中国“礼仪之邦”认知、现代酒店服务认知、酒店员工仪容形象塑造、酒店员工仪表形象塑造、酒店员工仪态形象塑造、酒店员工言谈形象塑造、酒店员工电话形象塑造、前厅部员工职业形象塑造、客房部员工职业形象塑造、餐饮部员工形象塑造十个工作过程，由易到难，循序渐进，使学生能熟练、规范地塑造酒店员工美好的职业形象。

学习目标

知识目标：1. 掌握礼仪的起源、概念、内涵、特征、准则、修养途径，明确礼仪的重要性。

2. 掌握仪容礼仪、仪表礼仪、仪态礼仪、言谈礼仪、电话礼仪的基本知识。

3. 掌握酒店前厅部、客房部、餐饮部等部门服务礼仪的具体要求。

技能目标：熟悉酒店服务礼仪的内涵，能在工作中运用正确的站、行、坐姿，会修塑健康优美的身体形态，会仪容的修饰要点和基本技巧，能在工作岗位上提供微笑服务，能正确使用礼貌用语、规范化运用手势、能符合礼仪地进行电话接打；并能根据不同的身份及场合得体地穿戴和搭配，熟悉酒店前厅部、客房部、餐饮部的具体服务礼仪要求，从而塑造酒店员工良好的职业形象。

情感目标：培养学生的服务意识，使其养成良好的职业素养，树立良好的职业形象，在理论与实践的结合中提升个人能力，适应酒店服务工作的需要。

工作过程一　中国“礼仪之邦”认知

任务布置

学习情境一	酒店员工职业形象塑造

续 表

<table>
<tr><td>工作过程一</td><td colspan="2">中国“礼仪之邦”认知</td></tr>
<tr><td>教师行为</td><td colspan="2">1. 引导学生明确工作任务及资讯问题，随机对学生实行分组，组成本工作过程的学习小组。
2. 讲解或引导学生学习中国礼仪的起源和历史沿革，礼仪的基本概念、要素，功能和作用等知识，并解答学生提问</td></tr>
<tr><td>学生行为</td><td colspan="2">在教师引导下，明确学习任务及要求，分组学习知识链接，查阅资料和文献，找出资讯问题的答案，初步掌握学习内容，撰写学习心得</td></tr>
<tr><td>工作任务</td><td colspan="2">了解中国礼仪的起源和历史沿革，掌握礼仪的基本概念、要素，明确礼仪的功能和作用，认识礼仪渗透到我们生活、工作的方方面面。提高礼仪素养是一个自我完善，终身学习和修养的过程</td></tr>
<tr><td rowspan="10">资讯</td><td rowspan="9">资讯问题</td><td>1. 简述的中国礼仪起源。</td></tr>
<tr><td>2. 试解释“礼，履也，所以事神致福也。”的出处及含义。</td></tr>
<tr><td>3. 中国礼仪发展史大致可以分为哪几个时期？</td></tr>
<tr><td>4. 中国最早的礼仪学著作是哪部？它与哪两部著作合称“三礼”？</td></tr>
<tr><td>5. 试述礼貌、礼节和礼仪的概念及相互关系？</td></tr>
<tr><td>6. 简述礼仪的原则、特征。</td></tr>
<tr><td>7. 什么是修养？养成良好礼仪修养有哪些途径？</td></tr>
<tr><td>8. 试述《周礼》中提到的我国最早的五礼？</td></tr>
<tr><td>9. 酒店员工礼仪修养的意义是什么？</td></tr>
<tr><td>资讯引导</td><td>以上资讯问题请查阅本书知识链接，同时参考以下书籍和网页：
1.《现代礼仪教程》，胡锐主编，浙江大学出版社，2004 年版。
2.《社交礼仪教程》，金正昆著，中国人民大学出版社，2005 年版。
3. 彭林著《中华传统礼仪概要》高等教育出版社 2006 年 8 月第 1 版。
4. http://www. zhongguoliyi. org/ 中华礼仪网。
5. http://www. welcome. org. cn/zhongguoliyi/ 中国礼仪网。
6. http://baike. so. com/doc/6291624. html 礼仪百科</td></tr>
</table>

知识链接

一、中国礼仪的起源与发展

中国自古就以礼仪之邦著称于世，其漫长的礼仪发展史大致可以分为礼仪的萌芽和草创时期、礼仪的形成、发展和变革时期、礼仪的强化时期、礼仪的衰落时期、现代礼仪时期和当代礼仪时期等六个时期。礼仪的形成和发展，经历了一个从无到有、从低级到高级、从零散到完整的渐进过程。

1. 礼仪的萌芽和草创时期（公元前 5 万年—公元前 36 世纪）

礼仪起源于原始社会时期，在长达 100 多万年的原始社会历史中，由于缺乏科学知识，人们不理解一些自然现象。他们猜想，照耀大地的太阳是神，风有风神，河有河神……因此，他们敬畏“天神”，祭祀“天神”。同时，由于对梦无法给予一个合理的解释，于是认为祖先灵魂不死……对天地及祖先的信仰是原始礼仪产生的根源。从某种意义上说，早期礼仪包含原始社会人类生活的若干准则，又是原始社会宗教信仰的产物。礼的繁体字“禮”，左边代表神，右边是向神进贡的祭物。因此，汉代学者许慎说：“礼，履也，所以事神致福也。”（《说文解字》）。在原始社会中、晚期（约旧石器时期）出现了早期礼仪的萌芽。例如，生活在距今约 1.8 万年前的北京周口店山顶洞人，就已经知道打扮自己。他们用穿孔的兽齿、石珠作为装饰品，挂在脖子上；而他们去世的族人身旁撒放赤铁矿粉，举行原始宗教仪式，这是迄今为止在中国发现的最早的葬仪。

公元前 1 万年左右，人类进入新石器时期，不仅能制做精细的磨光石器，并且开始从事农耕和畜牧。在其后数千年岁月里，原始礼仪渐具雏形。例如在今西安附近的半坡遗址中，发现了生活距今约五千年前的半坡村人的公共墓地。墓地中坑位排列有序，死者的身份有所区别，有带殉葬品的仰身葬，还有无殉葬品的俯身葬等。此外，仰韶文化时期的其他遗址及有关资料表明，当时人们已经注意尊卑有序、男女有别，而长辈坐上席，晚辈坐下席；男子坐左边，女子坐右边等礼仪日趋明确。

2. 礼仪的形成、发展和变革时期（公元前 21 世纪—公元前 221 年）

约公元前 21 世纪至公元前 771 年，中国由金石并用时代进入青铜时代。金属器的使用，使农业、畜牧业、手工业生产跃上了一个新台阶。随着生活水平的提高，社会财富除消费外有了剩余并逐渐集中在少数人手里，因而出现了阶级对立，原始社会由此解体。

公元前 21 世纪至公元前 15 世纪的夏代，开始从中国原始社会末期向早期奴隶社会过渡。在此期间，尊神活动升温。

以殷墟为中心展开活动的殷人，在公元前 14 世纪至前 11 世纪活跃在华夏大地。他们建造了中国第一个古都——地处现河南安阳的殷都，而他们在婚礼习俗上的建树，被其尊神、信鬼的狂热所掩盖。推翻殷王朝并取而代之的周朝，对礼仪建树颇多。特别是周武王的兄弟、辅佐周成王的周公，对周代礼制的确立起了重要作用。他制作礼乐，将人们的行为举止、心理情操等统统纳入一个尊卑有序的模式之中。全面介绍周朝制度的《周礼》，是中国流传至今的第一部礼仪专著。《周礼》（又名《周官》），本为一官职表，后经整理，成为讲述周朝典章制度的书。《周礼》原有 6 篇，详介六类官名及其职权，现存 5 篇，第六篇用《考工记》弥补。六官分别称为天官、地官、春官、夏官、秋官、冬官。其中，天官主管宫事、财货等；地官主管教育、市政等；春官主管五礼、乐舞等；夏官主管军旅、边防等；秋官主管刑法、外交等；冬官主管土木建筑等。春官主管的五礼即吉礼、凶礼、宾礼、军礼、嘉礼，是周朝礼仪制度的重要方面。吉礼，指祭祀的典礼；凶礼，主要指丧葬礼仪；宾礼，指诸侯对天子的朝觐及诸侯之间的会盟等礼节；军礼，主要包括阅兵、出师等仪式；嘉礼，包括冠礼、婚礼、乡饮酒礼等。由此可见，许多基本礼仪在商末周初已基本形成。此外，成书于商周之际的《易经》和在周代大体定型的《诗经》，也有一些涉及礼仪的内容。在西周，青铜礼器是个人身份的表征。礼器的多寡代表身份地位高低，形制的大小显示权力等级。当时，贵族以佩带成组饰玉为风气。而相见礼和婚礼（包括纳采、问名、纳吉、纳徽、请期、亲迎等“六礼”）成为定式，流行民间。此外，尊老爱幼等礼仪，也已明显确立。

西周末期，王室衰微，诸侯纷起争霸。公元前770年，周平王东迁洛邑，史称东周。承继西周的东周王朝已无力全面恪守传统礼制，出现了所谓“礼崩乐坏”的局面。

春秋战国时期是我国的奴隶社会向封建社会转型的时期。在此期间，相继涌现出孔子、孟子、荀子等思想巨人，发展和革新了礼仪理论。

孔子（公元前551—公元前479年）是中国古代的大思想家、大教育家，他首开私人讲学之风，打破贵族垄断教育的局面。他删《诗》《书》，定《礼》《乐》，赞《周易》，修《春秋》，为历史文化的整理和保存做出了重要贡献。他编订的《仪礼》，详细记录了战国以前贵族生活的各种礼节仪式。《仪礼》与前述《周礼》和孔门后学编的《礼记》，合称“三礼”，是中国古代最早、最重要的礼仪著作。

孔子认为，“不学礼，无以立。”（《论语·季氏篇》）；“质胜文则野；文胜质则史。文质彬彬，然后君子”（《论语·雍也》）；他要求人们用道德规范约束自己的行为，要做到“非礼勿视，非礼勿听，非礼勿言，非礼勿动”（《论语·颜渊》）；他倡导的“仁者爱人”，强调人与人之间要有同情心，要互相关心，彼此尊重。总之，孔子较系统地阐述了礼及礼仪的本质与功能，把礼仪理论提高到一个新的高度。

孟子（约公元前372—公元前289年）是战国时期儒家主要代表人物。在政治思想上，孟子把孔子的“仁学”思想加以发展，提出了“王道”“仁政”的学说和民贵君轻说，主张“以德服人”在道德修养方面，他主张“舍生而取义。”（《孟子·告子上》）；讲究“修身”和培养“浩然之气”等。

荀子（约公元前298—公元前238年）是战国末期的大思想家。他主张“隆礼”“重法”，提倡礼法并重。他说：“礼者，贵贱有等，长幼有差，贫富轻重皆有称者也。”（《荀子·富国》）；荀子指出：“礼之于正国家也，如权衡之于轻重也，如绳墨之于曲直也。故人无礼不生，事无礼不成，国家无礼不宁。”（《荀子·大略》）；荀子还提出，不仅要有礼治，还要有法治。只有尊崇礼，法制完备，国家才能安宁。荀子重视客观环境对人性的影响，倡导学而至善。

3. 礼仪的强化时期（公元前221年—公元1644年）

公元前221年，秦王嬴政最终吞并六国，统一中国，建立起中国历史上第一个中央集权的封建王朝。秦始皇在全国推行“书同文”“车同轨”“行同伦”。秦朝制定的集权制度，成为后来延续两千余年的封建体制的基础。

西汉初期，叔孙通协助汉高帝刘邦制定了朝礼之仪，突出发展了礼的仪式和礼节。而西汉思想家董仲舒（公元前179年—公元前104年），把封建专制制度的理论系统化，提出“唯天子受命于天，天下受命于天子”的“天人感应”之说（《汉书·董仲舒传》）。他把儒家礼仪具体概括为“三纲五常”。“三纲”即“君为臣纲，父为子纲，夫为妻纲”；“五常”即仁、义、礼、智、信。汉武帝刘彻采纳董仲舒“罢黜百家，独尊儒术”的建议，使儒家礼教成为定制。

汉代，孔门后学编纂的《礼记》问世。《礼记》共计49篇，包罗宏富。其中，有讲述古代风俗的《曲礼》（第1篇）；有谈论古代饮食起居进化概况的《礼运》（第9篇）；有记录家庭礼仪的《内则》（第12篇）；有记载服饰制度的《玉澡》（第13篇）；有论述师生关系的《学记》（第18篇）；还有教导人们道德修养的途径和方法，即“修身、齐家、治国、平天下”的《大学》（第42篇）等。总之，《礼记》堪称集上古礼仪之大成，上承奴隶社会、下启封建社会的礼仪汇集，是封建时代礼仪的主要源泉。盛唐时期，《礼记》由“记”上升为“经”，成为“礼经”三书之一（另外两本为《周礼》和《仪礼》）。

宋代，出现了以儒家思想为基础，兼容道学、佛学思想的理学，程颐兄弟和朱熹为其主要代表。二程认为，“父子君臣，天下之定理，无所逃于天地间”（《二程遗书》卷五）。“礼即是理也”（《二程遗书》卷二十五）。朱熹进一步指出，“仁莫大于父子，义莫大于君臣，是谓三纲之要，五常之本。人伦天理之至，无所逃于天地间”（《朱子文集·未垂拱奏礼·二》）。朱熹的论述使二程的“天理”说更加严密、精致。

家庭礼仪研究硕果累累，是宋代礼仪发展的另一个特点。在大量家庭礼仪著作中，以编纂《资治通鉴》而名垂青史的北宋史学家司马光（1019—1086年）的《涑水家仪》和以《四书集注》名扬天下的南宋理学家朱熹（1130—1200年）的《朱子家礼》最著名。明代，交友之礼更加完善，而忠、孝、节、义等礼仪日趋繁多。

4. 礼仪的衰落时期（1644—1911年）

满族入关后，逐渐接受了汉族的礼制，并且使其复杂化，导致一些礼仪显得虚浮、烦琐。例如清代的品官相见礼，当品级低者向品级高者行拜礼时，动辄一跪三叩，重则三跪九叩（《大清会典》）。清代后期，清王朝政权腐败，民不聊生。古代礼仪盛极而衰。伴随着西学东渐，一些西方礼仪传入中国，北洋新军时期的陆军便采用西方军队的举手礼等，以代替不合时宜的打千礼等。

5. 现代礼仪时期（1911—1949年，民国时期）

1911年末，清王朝土崩瓦解，当时远在美国的孙中山先生（1866—1925年）火速赶回祖国，于1912年1月1日在南京就任中华民国临时大总统。孙中山先生和战友们破旧立新，用民权代替君权，用自由、平等取代宗法等级制；普及教育，废除祭孔读经；改易陋俗，剪辫子、禁缠足、着中山装等，从而拉开现代礼仪的帷幕。民国期间，由西方传入中国的握手礼开始流行于上层社会，后逐渐普及民间。20世纪三四十年代，中国共产党领导的苏区、解放区，重视文化教育事业及移风易俗，进而谱写了现代礼仪的新篇章。

6. 当代礼仪时期（1949年至今）

1949年10月1日，中华人民共和国宣告成立，中国的礼仪建设从此进入一个崭新的历史时期。新中国成立以来，礼仪的发展大致可以分为三个阶段：

（1）礼仪革新阶段（1949—1966年）

1949年至1966年，是中国当代礼仪发展史上的革新阶段。此间，摒弃了昔日束缚人们的"神权天命""愚忠愚孝"以及严重束缚妇女的"三从四德"等封建礼教，确立了同志式的合作互助关系和男女平等的新型社会关系，而尊老爱幼、讲究信义、以诚待人、先人后己、礼尚往来等中国传统礼仪中的精华，则得到继承和发扬。

（2）礼仪退化阶段（1966—1976年）

1966年至1976年，中国发生了"文化大革命"。十年动乱使国家遭受了难以弥补的严重损失，也给礼仪带来一场"浩劫"。许多优良的传统礼仪，被当作"封资修"货色扫进垃圾堆。礼仪受到摧残，社会风气逆转。

（3）礼仪复兴阶段（1977年至今）

1978年，党的十一届三中全会以来，改革开放的春风吹遍了祖国大地，中国的礼仪建设进入新的全面复兴时期。从推行文明礼貌用语到积极树立行业新风，从开展"18岁成人仪式教育活动"到制定市民文明公约，各行各业的礼仪规范纷纷出台，岗位培训、礼仪教育日趋红火，讲文明、重礼貌蔚然成风。《公共关系报》《现代交际》等一批涉及礼仪的报刊应运而出，《中国应用礼仪大全》《称谓大辞典》《外国习俗与礼仪》等介绍、研究礼仪的图书、辞典、教材不断问世。广阔的华夏大地上再度兴起礼仪文化热，具有优良文化传统的中华民族又掀起了精神文明建设的新高潮……

二、礼的概念与内涵

1. 礼、礼貌、礼节、礼仪

（1）礼是人际间乃至国际交往中，相互表示尊重、亲善和友好的行为。

（2）礼貌是人们在交往过程中相互表示敬意和友好的行为准则和精神风貌，是一个人在待人接物时的外在表现。它体现了时代的风尚与道德水准。

（3）礼节是指人们在日常生活中，特别是在交际场合中，相互表示问候、致意、祝愿、慰问以及给予必要的协助与照料的惯用形式。

（4）礼仪是人们在各种社会的具体交往中，为了相互尊重，在仪表、仪态、仪式、言谈举止等方面,约定俗成的、共同认可的规范和程序。

2. 礼貌、礼节、礼仪之间的关系

礼是一种社会道德规范,是人们社会交往中行为规范。礼、礼貌、礼节、礼仪都属于礼的范畴,礼貌是表示尊重的言行规范,礼节是表示尊重的惯用形式和具体要求,礼仪是由一系列具体表示礼貌的礼节所构成的完整过程。三者虽然名称不同,却都是人们在相互交往中表示尊敬、友好的行为,其本质都是尊敬人和关心人。三者相辅相成,密不可分。有礼貌之心而不懂礼节,容易失礼;知道礼节而流于形式,充其量是客套。

三、礼仪的功能

1. 教育功能

教育功能是指通过评价、劝阻、示范等教育形式纠正人们的不良行为习惯,指导人们按礼仪规范的要求去协调人际关系、维护社会生活。

2. 沟通功能

沟通功能是指在人际交往中,交换双方只有按照礼仪的要求,才能更有效地向交往对象表达自己的尊敬、敬佩、善意和友好,人际交往才可以顺利进行和延续。

3. 协调功能

协调功能是指礼仪的原则和规范,约束着人们的动机,指导着人们立身处世的行为方法。

4. 塑造功能

塑造功能是指礼仪在行为美学方面指导着人们不断地充实和完善自我,并通过直观的形式体现出来,被交往对象所接受,给交往对象留下良好的印象。

5. 维护功能

由于礼仪能使人们自觉地约束自己的行为,和他人友好的相处,能促进人们之间和谐关系的形成。家庭的安宁、邻里之间的和睦、同事之间的信任,都依赖于人们共同遵守礼仪规范。

四、礼仪的基本原则

1. 遵守原则

在交际应酬之中,每一位参与者都必须自觉、自愿地遵守礼仪,以礼仪去规范自己在交际活动中的一言一行,一举一动。遵守的原则,就是对行为主体提出的基本要求,更是人格素质的基本体现。遵守礼仪规范,才能赢得他人的尊重,确保交际活动达到预期的目标。

2. 敬人原则

在社会、人际交往中,与交往对象互谦互让,互尊互敬,友好相待。要敬人之心常存，处处不可失敬于人，不可伤害他人的个人尊严，更不能侮辱对方的人格。敬人就是尊敬他人，包括尊敬自己，维护个人乃至组织的形象。不可损人利己，这也是人的品格问题。

3. 自律原则

就是在交往过程中要克己、慎重、积极主动、自觉自愿、礼貌待人、表里如一，自我对照，自我反省，自我要求，自我检点，自我约束，不能妄自尊大，口是心非。

4. 适度原则

应用礼仪时要注意技巧，合乎规范，特别注意把握分寸，适度得体。既要彬彬有礼，又不能低三下四；既要热情大方，又不能轻浮谄谀，要自尊不要自负，要坦诚但不能粗鲁，要信人但不要轻信 ，要活泼但不能轻浮。

5. 宽容原则

要求人们在交际活动中运用礼仪时，既要严于律己，更要宽待他人。要豁达大度，有气量，不计较。表现为一种胸襟，一种容纳意识和自控能力。适度得体，掌握分寸。

6. 真诚原则

运用礼仪时，务必诚信无欺，言行一致，表里如一，待人以诚。真诚是对人对事的一种实事求是的态度，是待人真心真意的友善表现。在交际过程中作为人与人之间信息传递、情感交流、思想沟通的过程，应做到诚实守信，不说谎、不虚伪、不做作，不骗人、不侮辱人。所谓："骗人一次，终身无友"。

7. 从俗原则

由于国情、民族、文化背景的不同在人际交往中，必须坚持入乡随俗，对客观现时要有正确的认识，不要自高自大，要与绝大多数人的习惯做法保持一致。切勿目中无人，自以为是。从俗就是指交往各方都应尊重相互之间的风俗、习惯，了解并尊重各自的禁忌，如果不注意禁忌，就会在交际中引起障碍和麻烦。

计划、决策与实施

学习情境一	酒店员工职业形象塑造
工作过程一	中国"礼仪之邦"认知
学生行为	进行成员任务分配，制订工作计划，经小组反复酝酿，讨论计划的科学合理性，完善和做出最终决策；通过查阅互联网、相关书籍或知识链接资料，搜集观看礼仪光盘等实施决策，深入认识中国礼仪的源远流长，博大精深，认识礼仪在当代社会的重要性，进行总结
教师行为	督导学生分组讨论，审核工作计划，提出修改建议，回答学生提问，引导学生做出正确的决策，对学生的具体分析和完成各项任务进行答疑与督导，并观察学生的表现

续 表

	序号	实施步骤	操作要领	参考资料详细地址
计划、决策与实施	1			
	2			
	3			
	4			
	5			
	6			
	7			
	8			
	9			
	10			
组长签字		组　别		
教师签字		日　期		

评价、检查与反馈

学习情境一	酒店员工职业形象塑造					
工作过程一	中国“礼仪之邦“认知					
学生行为	1. 对中国“礼仪之邦“认知工作任务完成情况进行自我检查和反思,填写检查表。 2. 把学习成果制作成 PPT 进行汇报,总结学习中的收获与体会,进行自我评价,并对本小组的成员表现进行逐一评价,填写评价单和学习反馈单					
教师行为	听取学生成果汇报,检查学生学习任务完成情况,并指出不足及修改建议,对学生的学习表现进行评价,通过学生教学反馈总结教学的不足,制订工作改进计划					
评价	评价类别	项目	子　项　目	个人评价	教师评价	组内互评
	专业能力(60%)	资讯(15%)	搜集信息查找资料(5%)			
			引导问题回答(10%)			
		计划实施(20%)	工作流程的正确性(2%)			
			方案设计科学性(3%)			
			实施操作正确性(10%)			
			知识的运用(5%)			
		检查(5%)	全面性、准确性(3%)			
			异常情况排除(2%)			
		结果(20%)	演示汇报(10%)			
			知识技能掌握(10%)			
	社会能力(20%)	团结协作(10%)	对小组的贡献(5%)			
			小组合作配合情况(5%)			
		敬业精神(10%)	吃苦耐劳精神(5%)			
			学习纪律性(5%)			
	方法能力(20%)	团结协作(10%)				
		决策能力(10%)				

续　表

<table>
<tr><td rowspan="9">检查</td><td>序号</td><td>检查项目</td><td>检查标准</td><td>学生自检</td><td>教师检查</td></tr>
<tr><td>1</td><td>目标认知</td><td>工作目标明确，工作计划周密，具有可操作性</td><td></td><td></td></tr>
<tr><td>2</td><td>理论知识</td><td>基础理论知识的全面掌握</td><td></td><td></td></tr>
<tr><td>3</td><td>基本技能</td><td>能够运用基本的理论进行实践思考、分析、解决问题</td><td></td><td></td></tr>
<tr><td>4</td><td>学习能力</td><td>能在教师指导下，全面掌握相关知识和技能</td><td></td><td></td></tr>
<tr><td>5</td><td>工作态度</td><td>主动参与，积极完成工作任务</td><td></td><td></td></tr>
<tr><td>6</td><td>团队合作</td><td>积极与他人合作，共同完成任务</td><td></td><td></td></tr>
<tr><td>7</td><td>工具运用</td><td>熟练利用资料自学，利用网络进行资料查询</td><td></td><td></td></tr>
<tr><td>8</td><td>任务完成</td><td>保质保量完成任务</td><td></td><td></td></tr>
<tr><td>教学反馈</td><td colspan="5">我对学习本工作过程的意见或建议：</td></tr>
<tr><td>组长签字</td><td colspan="2"></td><td>组　别</td><td colspan="2"></td></tr>
<tr><td>教师签字</td><td colspan="2"></td><td>日　期</td><td colspan="2"></td></tr>
</table>

工作过程二　现代酒店认知

任务布置

学习情境一	酒店员工职业形象塑造
工作过程二	现代酒店认知
教师行为	1. 引导学生明确工作任务及资讯问题，随机对学生实行分组，组成本工作过程的学习小组。 2. 讲解或引导学生学习现代酒店的概念，性质，功能及酒店提供产品，酒店服务的特点，带领学生参观酒店，加深对酒店的了解，明确酒店员工良好职业形象的重要性，解答学生提问
学生行为	在教师引导下，明确学习任务及要求，分组学习知识链接，查阅资料和文献，找出资讯问题的答案，跟随教师参观酒店并进行调研，撰写调研报告，加深对酒店的认识，明确酒店员工良好职业形象的的内容及重要性

续 表

<table>
<tr><td>工作任务</td><td colspan="2">认识酒店的概念，性质，功能，酒店服务的特点，深入认识员工良好的职业形象在当代酒店服务中的重要性</td></tr>
<tr><td rowspan="8">资　讯</td><td rowspan="7">资讯问题</td><td>1. 什么是酒店，酒店有哪些功能？</td></tr>
<tr><td>2. 酒店产品指什么？</td></tr>
<tr><td>3. 英语“SERVICE”对酒店员工在服务中有哪些具体要求？</td></tr>
<tr><td>4. 如何理解酒店服务的无形性及一次性的特点？</td></tr>
<tr><td>5. 酒店员工职业形象的概念是什么？</td></tr>
<tr><td>6. 良好的酒店员工职业形象有哪些作用？</td></tr>
<tr><td>7. 酒店有哪些部门，简述其各自的工作职责</td></tr>
<tr><td>资讯引导</td><td>以上资讯问题请查阅本书知识链接，同时参考以下书籍和网页：
1.《酒店礼仪》，张文编著，华南课理工大学出版社，1999 年版。
2. http://www.china-htls.com/ 中国宾馆酒店网。
3. http://baike.so.com/doc/5348694.html 酒店百科。
4.《社交礼仪教程》，金正昆著，中国人民大学出版社，2005 年版。
5. 温晓婷，现代酒店知识与管理Ⅰ，Ⅱ【M】. 北京：中国商业出版社，2000.11.
6. 朱承强，现代饭店管理（第 2 版）【M】. 北京：高等教育出版社 2011.07.
7.《你的礼仪价值百万（精华版）》，周思敏著，中国旅游纺织出版社，2012 年版。
8. http://www.chmh.com/index.asp 中国酒店。
9. http://www.chinahotel.org.cn/ 中国饭店协会网站</td></tr>
</table>

知识链接

一、酒店的概念、性质和功能

1. 酒店的概念

酒店也称“饭店、宾馆、旅馆”等，英语为“Hotel”，是以建筑设施为凭借，为旅游者提供住宿、饮食、娱乐、购物或其他服务的企业，是为满足社会需要并使得自身盈利而进行独立经营、独立核算、具有法人资格的基本经济组织。现代宾馆是旅游者的安适之家和康乐中心，是企事业单位和商务旅游者商贸办公场所和洽谈中心，具有城市功能，被称为是”城中之城”“家外之家”，像一个小社会。

2. 酒店的性质

(1)企业性

酒店作为独立的经济组织，在社会上，具备“法人”地位；经营上具有独立性；组织上具有完整性；对生产资料和劳动工具有自主支配使用权；财务上独立核算、自负盈亏。

(2)服务性

酒店设施齐全、设备完善、环境气氛要求高，是劳动密集、感情密集的服务产业，以服务产品为主。市场竞争既是产品竞争，又是服务竞争，至善至美的服务是赢得客源、占领市场的重要手段，因此酒店具有服务性的特点。

3. 酒店的功能

酒店功能又分为传统功能和现代功能。酒店的传统功能是指酒店出现之初就已具有的功能，主要包括住宿功能、饮食功能和集会功能。

酒店的现代功能是随着社会的变化和客人的需要，逐步建立和完善起来的，以期招徕更多的客人。主要包括文化娱乐功能、商业服务功能、购物服务功能和交通服务功能等。

二、酒店产品及其特点

1. 酒店产品的概念

广义的酒店产品包括酒店设备设施、服务水平、菜食产品和安全保卫四个要素，即酒店产品在使用价值上，在精神上和物质上适合和满足宾客需要的程度。

狭义的酒店产品指酒店服务人员以酒店的设施设备为依托向宾客所提供的服务。

现代酒店业的竞争中，最根本的是质量的竞争。酒店服务质量是酒店的生命线、立身之本和中心工作，是酒店管理与服务水平的标志。英语中 SERVICE 的每一个字母含义实际上都是对服务人员的行为语言的一种要求。

S—Smile(微笑)：服务员应该对每一位宾客提供微笑服务。

E—Excellent(出色)：服务员将每一服务程序，每一微小服务工作都做得很出色。

R—Ready(准备好)：服务员应该随时准备好为宾客服务。

V—Viewing(看待)：服务员应该将每一位宾客看作是需要提供优质服务的贵宾。

I—Inviting(邀请)：服务员在每一次接待服务结束时，都应该显示出诚意和敬意，主动邀请宾客再次光临。

C—Creating(创造)：每一位服务员应该想方设法精心创造出使宾客能享受其热情服务的氛围。

E—Eye(眼光):每一位服务员始终应该以热情友好的眼光关注宾客,适应宾客心理,预测宾客要求及时提供有效的服务,使宾客时刻感受到服务员在关心自己。

2.酒店服务的特点

(1)无形性

无形服务是指是指客人在酒店消费后并没有带走任何有形的东西,买的只是一种无形的感觉——享受。它不同于水果、蔬菜等有形产品,会从色泽、大小、形状等就能判别其质量好坏。酒店服务只能通过客人购买、消费、享受服务之后所得到的亲身感受来评价其好坏。服务的无形性是相对的,它是和有形实体相联系的,但是无形性是主要的,它是服务的核心和本质。

(2)一次性

餐饮服务只能一次使用,当场享受,这就是说只有当客人进入餐厅后服务才能进行,当客人离店时,服务也就自然终止。

(3)同步性

一般的工农业产品生产出来后,大都要经过多个流通环节,才能达到消费者手中。如果产品在出厂前质量检验不合格,可以返工,在商店里顾客认为不满意的商品可以不去问津,而酒店产品则不同。它的生产、销售,消费几乎是同步进行的,生产者与消费者之间是当面服务,当面消费。

(4)差异性

一方面是指酒店服务是由酒店各部门工作人员通过手工劳动来完成的,而每位工作人员由于年龄、性别、性格、素质和文化程度等方面的不同,他们为客人提供的服务质量也不尽相同;另一方面,同一服务员在不同的场合,不同的时间,或面对不同的客人,其服务态度和服务方式也会有一定的差异。

三、酒店员工职业形象及其作用

酒店员工职业形象是指酒店员工在工作岗位上的个人形象。酒店员工职业形象渗透在服务人员的言行举止之中,如接待或与人见面时的仪表、仪态、着装,称呼,服务时的语言技巧、语音语调、风度,与人相处的举手、投足、站立姿势、行走姿势,等等。它是在酒店服务工作中形成的,并得到共同认可的礼节和仪式。礼仪、礼节、礼貌是酒店员工职业良好形象的起码要求,在酒店和宾客之间架起了友谊的桥梁,体现了时代的风尚与人们的道德品质,体现了人们的文化层次和文明程度,其目的是使客人有宾至如归的感觉,从而更好地树立个人和酒店的形象,形成酒店独特的竞争优势,在酒店硬件条件确定的前提下,酒店员工良好的职业形象是决定酒店接待服务能否达到一流水平的关键。酒店员工职业形象围绕全心全意为客人服务的思想展开，讲究接待服务的方法和艺术，符合本国国情、民族文化和当代道德习俗。

重视职业形象对改进员工的服务形象、提高员工的服务水平有积极作用，同时也会为酒店赢得良好的经济效益和社会效益。酒店员工职业形象的作用具体表现在以下几个方面。

1. 良好的酒店员工职业形象可提高客人的满意度

酒店是综合性服务企业，既能为客人提供吃、住、购、游、娱等比较齐全的服务设施，同时又给客人提供满意的服务。它奉行的服务宗旨是服务周到、文明有礼、宾客至上。酒店服务人员只有做到礼貌服务才能够使客人满意，给客人留下美好的印象，同时也能弥补设施等方面的不足。反之，即使是具有第一流的服务设施，但若对客人冷若冰霜，傲慢无礼，客人也会望而却步。

2. 酒店员工职业形象是提高服务质量的保证

服务员的服务水平在很大程度上决定着酒店的服务质量。因为客人是否住店，住店后是否还住此店，服务员的素质、形象、仪表、举止、言行、礼貌直接影响客人的决策。可以说，酒店员工的礼仪风范是决定客人是否购买酒店这一特殊服务的因素之一，是提高服务质量的保证。

3. 酒店员工职业形象是酒店竞争的需要

在改革开放大潮的推动下，我国旅游业发展十分迅速，酒店之间的竞争也十分激烈，客人对酒店的服务要求越来越高，这对每一家酒店都是一个考验。客人是酒店的财源，是酒店赖以生存和发展的基础，酒店要想在激烈的竞争中取胜，争取更多的客源，必须走以优质服务取胜的道路，酒店员工职业形象是酒店提供优质服务的重要内容和基础。如果不讲酒店职业形象，员工不小心一句话就可能把客人"吓跑"，缺少了客源，酒店也必将举步维艰。

作为酒店员工，必须掌握服务礼仪知识，具备良好的职业形象；否则，就容易引起客人的不满与误会，从而影响服务质量，损害酒店声誉，甚至影响国家形象。

计划、决策与实施

学习情境一	酒店员工职业形象塑造
工作过程二	现代酒店认知
学生行为	进行成员任务分配，制订工作计划，经小组反复酝酿，讨论计划的科学合理性，完善和做出最终决策；通过查阅互联网、相关书籍或知识链接资料，酒店观摩等实施决策，熟悉现代酒店及其产品，深入认识良好的员工职业形象对酒店发展的重要性，并进行总结

续 表

教师行为	督导学生分组讨论，审核工作计划，，提出修改建议，回答学生提问，引导学生做出正确的决策，对学生的具体分析和完成各项任务进行答疑与督导，并观察学生的表现			
计划、决策与实施	序号	实施步骤	操作要领	参考资料详细地址
	1			
	2			
	3			
	4			
	5			
	6			
	7			
	8			
	9			
	10			
组长签字		组 别		
教师签字		日 期		

评价、检查与反馈

学习情境一	酒店员工职业形象塑造					
工作过程二	现代酒店认知					
学生行为	1. 对现代酒店认知工作任务完成情况进行自我检查和反思，填写检查表。 2. 把学习成果制作成 PPT 进行汇报，总结学习中的收获与体会，进行自我评价，并对本小组的成员表现进行逐一评价，填写评价单和学习反馈单					
教师行为	听取学生成果汇报，检查学生学习任务完成情况，并指出不足及修改建议，对学生的学习表现进行评价，通过学生教学反馈总结教学的不足，制订工作改进计划					
评价	评价类别	项目	子 项 目	个人评价	教师评价	组内互评
	专业能力（60%）	资讯（15%）	搜集信息查找资料(5%)			
			引导问题回答(10%)			
		计划实施（20%）	工作流程的正确性(2%)			
			方案设计科学性(3%)			
			实施操作正确性(10%)			
			知识的运用(5%)			

续 表

	评价类别	项目	子　项　目	个人评价	教师评价	组内互评
评价	社会能力（20%）	团结协作（10%）	对小组的贡献（5%）			
			小组合作配合情况（5%）			
		敬业精神（10%）	吃苦耐劳精神（5%）			
			学习纪律性（5%）			
	方法能力（20%）	计划能力（10%）				
		决策能力（10%）				

	序号	检查项目	检查标准	学生自检	教师检查
检查	1	目标认知	工作目标明确，工作计划周密，具有可操作性		
	2	理论知识	基础理论知识的全面掌握		
	3	基本技能	能够运用基本的理论进行实践思考、分析、解决问题		
	4	学习能力	能在教师指导下，全面掌握相关知识和技能		
	5	工作态度	主动参与，积极完成工作任务		
	6	团队合作	积极与他人合作，共同完成任务		
	7	工具运用	熟练利用资料自学，利用网络进行资料查询		
	8	任务完成	保质保量完成任务		

教学反馈	我对学习本工作过程的意见或建议：		
组长签字		组　别	
教师签字		日　期	

工作过程三　酒店员工仪容形象塑造

任务布置

学习情境一	酒店员工职业形象塑造

续 表

<table>
<tr><td>工作过程三</td><td colspan="2">酒店员工仪容形象塑造</td></tr>
<tr><td>教师行为</td><td colspan="2">1. 引导学生明确工作任务及资讯问题,随机对学生实行分组,组成本工作过程的学习小组。
2. 讲解或引导学生学习仪容的概念,仪容美的涵义,头发、面容、手臂、脖颈修饰的要点,演示化妆技能,播放化妆光碟,要求学生跟随教师实践并掌握,解答学生提问</td></tr>
<tr><td>学生行为</td><td colspan="2">在教师引导下,明确学习任务及要求,分组学习知识链接,查阅资料和文献,找出资讯问题的答案,学习仪容的概念,仪容美的涵义,头发、面容、手臂、脖颈修饰的要点,在教师的演示下或者跟随光碟实践掌握化妆技能</td></tr>
<tr><td>工作任务</td><td colspan="2">认识酒店的概念,性质,功能,酒店服务的特点,深入认识员工良好的职业形象在当代酒店服务中的重要性</td></tr>
<tr><td rowspan="13">资讯</td><td rowspan="12">资讯问题</td><td>1. 仪容美的含义是什么?</td></tr>
<tr><td>2. 发型修饰需要考虑哪些因素?</td></tr>
<tr><td>3. 怎样做好头发的日常护理?</td></tr>
<tr><td>4. 面部修饰的基本要求是什么?</td></tr>
<tr><td>5. 肤质类型及其保护重点分别是什么?</td></tr>
<tr><td>6. 化妆有哪些作用?</td></tr>
<tr><td>7. 试述眼部化妆的重要性,怎样做好眼部化妆?</td></tr>
<tr><td>8. 酒店员工仪容修饰有哪些要求?</td></tr>
<tr><td>9. 塑料材质的头梳为什么不好?</td></tr>
<tr><td>10. 为什么梳头要从发根到发梢?</td></tr>
<tr><td>11. 头皮按摩能起什么作用?</td></tr>
<tr><td>12. 为什么不宜在男士面前化妆?</td></tr>
<tr><td>资讯引导</td><td>以上资讯问题请查阅本书知识链接,同时参考以下书籍和网页:
1.《酒店礼仪》,张文编著,华南课理工大学出版社,1999 年版。
2.《酒店礼仪》,李光、达明编,伊犁人民出版社,2000 年版。
3.《现代礼仪教程》,胡锐主编,浙江大学出版社,2004 年版。
4.《社交礼仪教程》,金正昆著,中国人民大学出版社,2005 年版。
5. 温晓婷,现代酒店知识与管理Ⅰ,Ⅱ【M】. 北京:中国商业出版社,2000.11.
6. 朱承强,现代饭店管理(第 2 版)【M】. 北京:高等教育出版社,2011.07.
7.《你的礼仪价值百万(精华版)》,周思敏著,中国旅游纺织出版社,2012 年版。
8. http://www.zhongguoliyi.org/ 中华礼仪网。
9. http://www.welcome.org.cn/zhongguoliyi/ 中国礼仪网。
10. http://www.chmh.com/index.asp 中国酒店。
11. http://www.chinahotel.org.cn/ 中国饭店协会网站</td></tr>
</table>

知识链接

中国素有“礼仪之邦 ”的美称，有着自己优良的历史文化传统及道德规范，再融合国际礼仪的精髓，来提高我们酒店的服务质量，更好地为宾客服务，做到彬彬有礼，待客至上。那么如何做到这一点呢？首先应该从我们自身的仪容仪表做起。

一、仪容美的含义

1. 仪容的概念

仪容，是指一个人的容貌，它包括发式、面容、脸色等状态。它反映了一个人的精神面貌、朝气与活力，是传达给接触对象感官的最直接、最生动的第一信息。在人际交往中，仪容会引起特别的关注，并影响他人对自己的整体评价，在个人礼仪问题中仪容也是重中之重。仪容美的基本要素是貌美、发美、肌肤美，主要要求整洁干净。

2. 仪容美的含义

美好的仪容一定能让人感觉到其五官构成彼此和谐并富于表情；发质发型使其英俊潇洒、容光焕发，肌肤健美使其充满生命的活力，给人以健康自然、鲜明和谐、富有个性的深刻印象。但每个人的仪容是天生的，长相如何不是至关重要的，关键是心灵的问题。从心理学上讲每一个人都应该接纳自己，接纳别人。因此仪容美应包含以下三层含义：

(1) 自然美——我们的心愿

自然美指仪容的先天条件好，天生丽质。尽管以相貌取人不合情理，但先天美好的仪容相貌，无疑会令人赏心悦目，感觉愉快。

(2) 修饰美——仪容礼仪关注的重点

修饰美指通过后天的修饰，扬长避短，依照规范与个人条件，对仪容进行必要的修饰，扬其长，避其短，设计、塑造出美好的个人形象。

(3) 内在美——美的最高境界

内在美指通过努力学习，不断提高个人的文化、艺术素养和思想、道德水准，培养出自己高雅的气质与美好的心灵，使自己秀外慧中，表里如一。孔子说：“质胜文则野，文胜质则史，文质彬彬，然后君子。”真正的仪容美，是三个方面的高度统一，忽略其中一个，都会使仪容美有失偏颇。

二、头发修饰

发型是仪容的极为重要部分，要保持自己美好形象，请从头开始；要给人留下美好印象，请注意时常修饰头发。头发整洁、发型得体是美发的基本要求。

（一）发型修饰的原则

1. 勤于洗护

头发应经常清洁，洗发应选择合适自己的洗发水，最好 2～3 天洗一次，洗发要注意正确的洗头方法。洗完发后，将护发素从发梢抹至发根，轻轻按摩一会儿，再彻底冲洗干净，要想有一头顺滑亮泽的秀发，使用护发素可是必不可少的功课。常梳头可促进头部的血液循环，应选用木梳或角梳。要勤理发，男士应半个月左右理发一次，女士根据情况而定，一个月左右一次。头发勤于梳洗有助于保养头发、消除异味、清除异物。有重要交际应酬时，应事前再认真进行一次洗发、理发、梳发，做到清洁卫生、无汗味、没头屑，不用过多定型产品。

2. 长短适中

长短适中需要考虑：

（1）性别因素

男士头发不宜过长、前不遮额头、侧不盖耳朵、后不盖衣领。女士发型应大方，得体。

（2）身高因素

头发长度与身高成正比，身材瘦长的人比较适合留直长发，人也会更显瘦长。适当地加强发型的装饰性，能显得活泼而有生气。身材矮小的，留长发会使身体显得更矮，宜用精致花巧的束发髻，或留有层次的短发。

（3）职业因素

工作岗位上应把头发盘起来，做到前不遮额头，侧不盖耳朵，后不盖衣领。

3. 美化自然

美发要自然、美观、大方，不宜雕琢痕迹过重或不合时宜。

4. 考虑场合

如果在工作场合，应传统、庄重、保守；如果在社交场合，应个性、时尚、艺术；前卫、怪异的发型适合于某些艺术工作者。

5. 烫发、染发需要慎重

烫发应考虑年龄、职业及发质，染发只有在头发不够黑时进行，工作岗位上不要把头发染成红、黄等鲜艳、怪异的颜色，带假发也仅仅适用于有必要时。

（二）发型与脸型

发型的样式很多，在选择时要根据自然、大方、整洁、美观的原则，既要观察发型的流行趋势，但又不能盲目追赶潮流，更重要的是应该考虑年龄、性别、职业、性格、爱好和脸型特点。

1. 椭圆形脸

特征为曲线的外形，脸宽约为脸长的一半、前额与下颌的宽度大约相同，可以尝试任何发型。但是，选择最佳发型则要考虑其他因素，如年龄、侧面轮廓、两眼之间的距离以及是否戴眼镜。

2. 圆脸型

特征为圆弧型发际，圆下巴，脸较宽。圆脸型的人最好选择头顶较高的发型，留一侧刘海，宜佩戴长坠型耳环。圆脸型男士的发型最好是两边很短，顶部和发冠稍长一点儿，侧分头。吹风时将头顶发吹得蓬松一点儿，显得脸长一些。女短发则可以是不对称或是对称式，侧刘海，或者留一些头发在前侧吹成半遮半掩脸腮，头顶头发吹得高一些。

3. 方脸型

又称国字脸，特征为方额头，方下巴，脸较宽。发型设计要设法从视觉上拉长脸型。对于女士来说最好是剪成不对称式中长发，即一边头发多、一边头发少，或者一边长一边短。把头发多的一边往上往前吹风，形成大波浪以柔和脸的曲线。还有一种方法是剪两边对称的短发，把两边的发梢往前拉到腮帮，以遮盖方下巴，造成椭圆型脸型的视觉效果。

4. 长脸型

特征为脸窄而长，颊下陷，有些人前额比例过大，有些人也许鼻子过长，也有些人可能下巴过长。为了给人以椭圆型脸的视觉效果，长脸型人的发型设计应当着重于缩短脸长，增加脸宽的效果。女发以齐下巴长的中长发式为宜。前额多留些刘海，两边发型丰满蓬松，不要紧贴脸颊。男发宜留分头，略盖前额。

5. 申字脸(枣核型或菱形)

特征为前额与下巴较尖窄，颧骨较宽。发型设计应当着重于缩小颧骨宽度。女发最好烫发，然后在做发型时，将靠近颧骨的头发做前倾波浪，以掩盖宽颧骨。将下巴部分的头发吹得蓬松些。应该避免露脑门，也不要把两边头发紧紧地梳在脑后(如扎马尾辫或高盘)。

6. 心型脸

特征为宽额头，窄下巴。发型设计应当着重于缩小额宽，并增加脸下部的宽度。具体来说，头发长度以中长或垂肩长发为宜，发型适合中分刘海或稍侧分刘海。发梢蓬松柔软的大波浪，可以达到增宽下巴的视觉效果，并更添几分魅力。

7. 由字型脸(鸭梨型)

特征为额头窄小，下巴宽大。为了掩盖其缺陷，应当增加头顶头发的高度和蓬松，留侧分刘海，以改变额头窄小的视觉。头发长度要超过下巴，避免短发型。如果烫一下更好，容易做出大波浪，发梢柔软地附在脸腮。

以上所讨论的是脸型的正面特征，发型设计时还要考虑脸型的侧面特征、鼻子形状、眼睛距离、后脑勺的形状、颈部长短，以及是否戴眼镜等。从侧面看，小翘鼻子者适宜将头发往后梳理。从正面看，鼻梁不直的人则适宜梳不对称式的发型，可以分散人们对鼻子的注意力。扁宽的鼻子头趋向于把脸拉宽，如果不是长脸型，就不适合齐刘海式齐耳短发，头发往后梳或高盘的发型则可以改善脸型。

眼距特宽者不适合将头发平平地梳在脑后，这样会突出眼距宽的特点。留蓬松的侧刘海效果会更好一些。窄眼距者，为了改善脸型，应该尽量将两侧头发向斜后方向吹风成型，露出前额头，以增大眼宽的感觉。

戴眼镜的人，如果是圆脸型、椭圆型，或者方脸型，都比较适合留短发，削薄的齐头发帘，佩戴长耳坠，但是不适合戴宽边圆形眼镜。如果是心型脸、菱形脸的人，头发不要理得太短，适合戴细边或中等粗的大眼镜框。脸型瘦小的人，宜梳丰满蓬松的中短发型，戴大镜框，以增加脸宽的视觉效果。由字型（鸭梨型）脸的人，要避免戴方眼镜框，梳垂直短发，留整齐的刘海。建议戴大的椭圆形眼镜框，发型要露前额头，发梢微微向前拉以便遮盖一部分突出的腮帮。

三、面部修饰

（一）仪容要保持清洁、卫生

保持清洁是最基本、最简单、最普遍的美容。男士要养成每日剃须修面的好习惯。女士更注重美容，在保洁方面应更为讲究。要勤洗澡、勤洗脸，脖颈、手、足、耳及耳后、腋下等都应要干干净净，并经常注意去除眼角、口角及鼻孔的分泌物。鼻部、耳朵应清洁，鼻毛、耳毛要修剪，要勤换衣服，消除身体异味。

仪容应当讲究卫生，注意口腔卫生，早晚刷牙，饭后嗽口。有重要应酬前，忌吃烟酒、葱蒜、韭菜、臭豆腐、霉豆腐等会产生异味的食物。不能当着客人面嚼口香糖；指甲要常剪，头发按时理，不要蓬头垢面，体味熏人。

（二）常见的肤质类型及其保护重点

常见的肤质类型有干性皮肤、油性皮肤、混合性皮肤、中性皮肤、敏感性皮肤。

1. 干性皮肤

干性皮肤特征是表面的角质层含水分较少 ，缺少弹性和光泽，易生皱纹，尤其以眼部和唇部四周最为明显。干性皮肤容易产生紧绷感，甚至有脱皮的现象。其优点是由于毛孔细小，所以肤质细腻。出油少，不易吸附污垢，无黑头粉刺的困扰。保养重点为注意保湿、滋润，选择温和的护肤品，不要过多地去角质，一年四季加强防晒。

2. 油性皮肤

油性皮肤特征是皮肤毛孔粗大，皮脂分泌过多，表面有光泽，不易出现皱纹。容易堵塞毛孔，易长粉刺和小疙瘩。其优点是肌肤出油多，有助于帮助上层皮肤保留水份，免受环境中干燥因素的侵害，也就不容易有干纹细纹出现，所以油性肌肤比其他肤质更饱满、不显老。

保养重点为做好深层清洁，经常做去角质及敷面的工作，同时面膜和爽肤水对于深层清洁、收敛毛孔也是非常重要的。

3. 混合性皮肤

混合性皮肤是最常见的肤质。青春期之后大多数人的肤质看起来都很健康、光滑，唯在T字区有些油腻（额头、鼻子至下巴的区域），而两颊不太油腻甚至紧绷。混合性肤质又有两类，通常会随着季节而转换。例如，在夏季会混合偏油，但在冬季又会混合偏干。混合偏干是指中间T区较油，毛孔粗大，而两颊偏干，有紧绷感，通常眼睛周围有干纹。混合偏油是指中间T区较油，毛孔粗大，但两颊出油不多，也不紧绷，感觉比较舒适。混合性皮肤缺点是T区和两颊有两种对立需求，容易产生粉刺、暗疮问题。优点是既不太油，也不太干。保养应注意区别护理。

4. 中性皮肤

中性皮肤是最理想的肤质，通常青春期以前的儿童拥有这种理想肤质，毛孔细小，皮肤有通透感的光泽。其劣性是完美的状态很容易受到忽略，疏于保养，随着年龄的增长，很快转变为干性。保养重点是给予皮肤基础的日常保养，注重保湿，在加强预防日晒。

5. 敏感性皮肤

敏感性皮肤是一种问题性皮肤。皮肤看上去较薄，容易看到红血丝（扩张的毛细血管）。皮肤容易泛红，一般温度变化，过冷或过热，皮肤都容易泛红，发热。是一种容易受环境因素、季节变化及面部保养品刺激的皮肤，通常有遗传因素，并可能伴有全身的皮肤敏感。保养重点是注重保湿等基本保养，增加皮肤含水量和加强皮肤的屏障功能，可以大大增强皮肤的抵抗力，减少外界物质对皮肤的刺激。

（三）化妆

化妆是一个人气质、修养的体现，必须给予足够的重视。职业女性，尤其是社交场合的女士，就应化妆。

1. 化妆的作用

（1）保护作用

通过化妆在皮肤外多形成一层保护膜。适当化妆可以防止细菌、灰尘、紫外线、日常辐射直接进入皮肤。

（2）美化肌肤

利用色彩来修饰脸型及缺点（黑眼圈、青春痘、疤痕等），展现个性美与独特魅力。

（3）基本的礼貌

适当化妆是对别人的尊重和重视，凸显你的礼貌和涵养，使眼神、微笑更和善。

服务行业“淡妆上岗”体现员工的爱岗敬业和训练有素。化妆上岗首先是对自己的一种尊重，同时也是对个人形象的一种爱护。既可以被人理解为服务人员对服务对象尊重的一种直接表现，也可以被视为热爱本职工作，恪守职守的一种具体做法。如果在一个服务单位里，全体女服务人员能自觉做到化妆上岗，那么，就可以让客人感到这个单位管理规范、纪律严明、员工训练有素。

2. 化妆的基本原则

（1）自然。清水出芙蓉、天然去雕饰，化妆的基本要求是自然。在工作场合对职业女性，特别是酒店、商场等服务行业的职业女性，基本要求是八个字：“化妆上岗、淡妆上岗”化淡妆，淡妆的要求是化妆之后自然而然没有痕迹，让别人觉得你天生如此的美丽。旅游工作者尤其应以自然、淡雅为宜。

（2）协调。在化妆时，应努力使整个妆面协调，并且应与全身的装扮协调，与所处的场合协调，与当时的身份协调，以体现出自己慧眼独具、品位不俗。

（3）避人。化妆是一种个人隐私行为，如果在上班、开会或者等公共汽车时拿出小镜子收拾自己，是不礼貌的行为。

（4）化妆的浓淡要注意时间与地点。一般而言，白天宜淡，夜晚宜浓；上班宜淡，社交宜浓。

（5）化妆得法。化妆要采用正确的方法。

3. 化妆的基本程序

（1）清洁面部。用温水及洗面奶彻底洗去脸上的油脂、汗水、灰尘等污秽，以使妆面光艳美丽。

（2）护肤。将收缩水或爽肤水适量倒入掌心，然后轻拍在前额、面颊、鼻梁、下巴等处，然后根据肤质抹上护肤（液）霜或美容隔离（液）霜。

（3）基础底色。选择适合自己皮肤的粉底，不要使用太白的底色，否则会让人感到失真。

（4）定妆。为了柔和妆色和固定底色，要用粉饼或散粉定妆，粉的颗粒越细越自然。

（5）修眉。脸盘宽大者，眉毛不宜修得过长过直，相反，应描得适度弯一些、柔和一些。五官纤细者，就不宜将眉修饰得太浓密。描眉时，应将眉笔削成扁平状，沿眉毛的生长方向一根根地描画，这样描出的眉毛有真实感，而不要又浓又粗地画成一片。

(6)画眼线。沿睫毛根部贴近睫毛,由外眼角向内眼角方向画出眼线,上眼线应比下眼线重些,上眼线从外眼角向内眼角描十分之七长,下眼线描十分之三长。

(7)涂眼影。眼影的颜色要适合自己的肤色和服装的颜色。

(8)抹睫毛膏。先用睫毛夹使睫毛卷曲,然后用睫毛刷把睫毛膏均匀地涂抹在睫毛上,但不宜抹得过厚,否则会让睫毛粘住,给人以造作之感。

(9)腮红。用胭脂扫将胭脂涂扫在面颊的相应部位。

(10)涂口红。涂口红可加深嘴的轮廓,让脸部更加生动,富有魅力。涂口红时先用唇线笔画出理想的唇型,然后填入唇膏。

4.化妆的规矩

不要当众化妆,不要借用他人化妆品,不要非议他人化妆。工作妆忌离奇出众、技法拙劣,尽量不使用假睫毛、亮眼影、长彩甲,避免血盆口、媒婆脸、熊猫眼,不要以残妆示人,更不要在岗位上化妆和随意指教他人。

四、手臂

手臂通常被视为是个人的第二枚名片,一双清洁的手是服务行业工作人员的基本要求。手臂要干净整洁,饭前便后要洗手。指甲要经常修剪,指甲的长度不应超过指尖,长指甲不仅不利健康,服务中还容易伤到客人,不涂本色外的其他颜色的指甲油,指甲缝中不能有污垢。不能用牙齿啃指甲,也不能在公共场合修剪指甲,这都是不文明、不雅观的举止。此外,服务人员不能在工作岗位上双手乱用,如揉眼、挖耳、抠鼻、剔牙、抓痒等,也不能用双手四处乱摸。在手臂上纹字纹画更是在严禁之列。

五、酒店员工仪容形象要求

部位	男员工	女员工
整体	自然大方得体,符合工作需要及安全规则,精神饱满,充满活力,整齐整洁	
头发状况	勤洗发,理发;梳理整齐,无头皮屑、无杂物,不染发、不烫发、不留怪异发型	
发型	前不遮眼,侧不扣耳,后不过领	用统一的深色发卡将长发盘起,短发不可过肩,应梳理整齐、伏贴;刘海必须整洁,不可遮过眉毛;允许使用发胶美化头发;不可烫发和有色染发
发饰	发饰颜色为黑色或与头发本色近似	
面容	脸颈及耳朵绝对干净,不留胡须,鼻毛不准出鼻孔,口齿无异味	脸颈及耳朵绝对干净,上岗之前化淡妆(淡雅自然),不浓妆艳抹,口齿无异味

续 表

部位	男员工	女员工
手部	指甲要修好，不留长指甲，保持干净、勤洗手	女员工不能涂有色指甲油、不留长指甲、保持干净、勤洗手
身体	上班前不吃异味食品和不喝含酒精的饮料、勤洗澡、无体味	
整理场所	公共场所需整理仪表时，要到卫生间或工作间等客人看不到的地方，不要当客人的面或在公共场所整理	

工作实施标准

一、头发护理和发型设计

1. 工作目的

(1)养成良好的护发卫生习惯。

(2)学会并保持头发的日常自我护理。

2. 工作要求

(1)掌握梳头的正确方法。

(2)掌握头皮按摩的正确方法。

3. 工作说明

头发的健康标准：清洁无头屑，光润有弹性，疏密适中，梳理整齐，没有斑白或杂色混杂。头发健美贵在日常护理，主要做法是梳头、按摩、洗发和修剪，其他护理个人可以自己经常进行。

4. 工作准备

准备头梳若干把，梳齿疏密不一，以木质或角质为宜；镜子一面。准备洗发盆、洗发液、毛巾、吹风筒、定型水(发胶、摩丝等)、遮挡板。

5. 实施标准

内容	操作标准	基本要求	注意事项
梳头	1. 把头发从后脑向前额梳理20下。 2. 把头发从前额向后脑梳理20下。 3. 从左耳向右耳方向梳理20下。 4. 从右耳上向左耳方向梳理20下	用力均匀，从发根到发梢，身体可随着梳头方向做前屈后仰，左右侧弯等到动作	1. 头发要经常保持清洁，每隔3～5天清洗一次，不可过于频繁。 2. 发型要朴实大方，男性不留长发，不蓄小胡子；女性不梳披肩发，以短发为宜，还要注意避免选用色彩鲜艳的发饰
按摩头皮	双手十指张开，按在头皮上，由后向前，压捺转动	以每天一次，每次5～10分钟为宜	
洗发	1. 调节水温为38～40℃。 2. 用温水冲透头发。 3. 用洗发液轻揉头发。 4. 用温水冲净发上的洗发液。 5. 用毛巾擦干头发(或吹干)	1. 用手测试洗头水的温度。 2. 防止吹风筒进水造成触电	

续 表

内容	操作标准	基本要求	注意事项
定型	1. 准备好定型水或发胶，遮挡板。 2. 对着镜子喷用适量的定型水。 3. 用梳子梳理欠妥的局部。 4. 用吹风筒吹干定型水	以张开手指的手掌减弱吹风筒的风力，以微风为宜	3. 选择适合自己脸形的发型。标准的脸形是鹅蛋形，普通人的脸形各异，可用发型弥补

二、皮肤护理和简单化妆

1. 工作目的

掌握皮肤类型和化妆的基本知识。

2. 工作要求

（1）了解皮肤类型的自我测试方法。

（2）掌握皮肤护理的操作程序。

（3）掌握一般的化妆方法。

3. 工作说明

皮肤，被称为“第一时装”“第一名片”。皮肤，特别是脸部皮肤的健美，直接影响服务人员的容貌。

4. 工作准备

准备好洗面盆、洗面奶、手巾、清洁纸巾、化妆水，脱脂棉球、粉底霜、胭脂、眼影、眉笔、口红等用品。

5. 实施标准

（1）皮肤护理

内容	操作标准	基本要求
洁肤	1. 将脸用温水打湿。 2. 取适量洗面奶于手心搓至起泡。 3. 由下巴向额头，用手指轻轻按摩 1 ~ 2 分钟。 4. 用清水清洗。 5. 用手巾或纸巾把水分吸干	1. 手法自下而上“推”皮肤。 2. 忌用手巾在脸上无规则乱搓
爽肤	1. 取一小块化妆棉，把紧肤水（或收缩水）倒到棉花上。 2. 把化妆棉上的紧肤水轻擦于脸上	1. 手法自下而上。 2. 最好使用脱脂棉花
护肤	施上护肤霜	1. 注意日霜与晚霜使用。 2. 夏日户外活动可用防晒霜

续 表

内容	操作标准	基本要求
特殊护理	1. 深层清洁，使用磨砂洗面奶。 2. 涂面膜。 3. 撕洗面膜。 4. 爽肤和护肤	1. 涂面膜手法由上而下。 2. 撕洗面膜手法由上而下。 3. 每周 1 ~2 次

（2）简单化妆

简单化妆实施标准

内容	操作标准	基本要求
净面	做法与“皮肤的护理”中“洁肤”相同	1. 眼要自然不着痕。 2. 内容可酌情舍弃或变动次序。 3. 此操作适合简单快速淡妆或工妆，用时 10 分钟左右。 4. 不在男性面前化妆
面部化妆	1. 涂化妆水，用棉球蘸取向脸面叩拍。 2. 用粉底霜，用手指或手掌在脸上点染晕，不宜过厚。 3. 上粉底，用手或手掌点。 4. 扑化妆粉，用粉扑自上而下地扑均匀	
眼部化妆	1. 涂眼影。用棉花棒沾眼影色在眼周，眼尾上下眼皮，眼窝处点并扫开。 2. 描眉。蓝灰色打底，棕色或黑色描出适合的眉形；直线型使脸型显短，弯型使人显温柔。 3. 描眼线。用眼线笔沿眼睫毛底线描画	
抹颊红	用颊红轻染轻扫面颊，以颧骨为中心向四周匀。长脸型横打胭脂，圆脸型和方脸型竖打胭脂	
涂唇膏	1. 用唇笔描上下唇轮廓，起调节色泽，改变唇形作用。 2. 涂口红填满	
检查	1. 发际和眉形是否有粉底霜。 2. 双眉是否对称。 3. 胭脂是否涂匀。 4. 妆面是否平衡。 5. 与穿着是否协调。 6. 适当调整修改	

计划、决策与实施

学习情境一	酒店员工职业形象塑造
工作过程三	酒店员工仪容形象塑造
学生行为	进行成员任务分配，制订工作计划，经小组反复酝酿，讨论计划的科学合理性，完善和做出最终决策；通过教师的演示或者跟随光碟实践掌握化妆等仪容修饰技能，进行个人或小组成员头发、面部、手臂修饰实践，进而熟练掌握酒店员工仪容修饰技能，并进行总结

续 表

教师行为	督导学生分组讨论，审核工作计划，提出修改建议，回答学生提问，引导学生做出正确的决策，演示化妆技能，播放化妆光碟，要求学生跟随教师实践并正确实施决策，对学生的具体分析和完成各项任务进行答疑与督导，并观察学生的表现			
计划、决策与实施	序号	实施步骤	操作要领	参考资料详细地址
	1			
	2			
	3			
	4			
	5			
	6			
	7			
	8			
	9			
	10			
组长签字		组　别		
教师签字		日　期		

评价、检查与反馈

学习情境一	酒店员工职业形象塑造					
工作过程三	酒店员工仪容形象塑造					
学生行为	1. 对酒店员工仪容形象塑造工作任务完成情况进行自我检查和反思，填写检查表。 2. 把学习成果制作成PPT进行汇报，总结学习中的收获与体会，进行自我评价，并对本小组的成员表现进行逐一评价，填写评价单和学习反馈单					
教师行为	听取学生成果汇报，检查学生学习任务完成情况，并指出不足及修改建议，对学生的学习表现进行评价，通过学生教学反馈总结教学的不足，制订工作改进计划					
评价	评价类别	项目	子　项　目	个人评价	教师评价	组内互评
	专业能力（60%）	资讯（15%）	搜集信息查找资料（5%）			
			引导问题回答（10%）			
		计划实施（20%）	工作流程的正确性（2%）			
			方案设计科学性（3%）			
			实施操作正确性（10%）			
			知识的运用（5%）			

续 表

<table>
<tr><td rowspan="11">评
价</td><td>评价类别</td><td>项目</td><td>子　项　目</td><td>个人评价</td><td>教师评价</td><td>组内互评</td></tr>
<tr><td rowspan="4">专业能力（60%）</td><td rowspan="2">检查（5%）</td><td>全面性、准确性（3%）</td><td></td><td></td><td></td></tr>
<tr><td>异常情况排除（2%）</td><td></td><td></td><td></td></tr>
<tr><td rowspan="2">结果（20%）</td><td>演示汇报（10%）</td><td></td><td></td><td></td></tr>
<tr><td>知识技能掌握（10%）</td><td></td><td></td><td></td></tr>
<tr><td rowspan="4">社会能力（20%）</td><td rowspan="2">团结协作（10%）</td><td>对小组的贡献（5%）</td><td></td><td></td><td></td></tr>
<tr><td>小组合作配合情况（5%）</td><td></td><td></td><td></td></tr>
<tr><td rowspan="2">敬业精神（10%）</td><td>吃苦耐劳精神（5%）</td><td></td><td></td><td></td></tr>
<tr><td>学习纪律性（5%）</td><td></td><td></td><td></td></tr>
<tr><td rowspan="2">方法能力（20%）</td><td>计划能力（10%）</td><td></td><td></td><td></td><td></td></tr>
<tr><td>决策能力（10%）</td><td></td><td></td><td></td><td></td></tr>
<tr><td rowspan="9">检
查</td><td>序号</td><td>检查项目</td><td>检查标准</td><td>学生自检</td><td colspan="2">教师检查</td></tr>
<tr><td>1</td><td>目标认知</td><td>工作目标明确，工作计划周密，具有可操作性</td><td></td><td colspan="2"></td></tr>
<tr><td>2</td><td>理论知识</td><td>基础理论知识的全面掌握</td><td></td><td colspan="2"></td></tr>
<tr><td>3</td><td>基本技能</td><td>能够运用基本的理论进行实践思考、分析、解决问题</td><td></td><td colspan="2"></td></tr>
<tr><td>4</td><td>学习能力</td><td>能在教师指导下，全面掌握相关知识和技能</td><td></td><td colspan="2"></td></tr>
<tr><td>5</td><td>工作态度</td><td>主动参与，积极完成工作任务</td><td></td><td colspan="2"></td></tr>
<tr><td>6</td><td>团队合作</td><td>积极与他人合作，共同完成任务</td><td></td><td colspan="2"></td></tr>
<tr><td>7</td><td>工具运用</td><td>熟练利用资料自学，利用网络进行资料查询</td><td></td><td colspan="2"></td></tr>
<tr><td>8</td><td>任务完成</td><td>保质保量完成任务</td><td></td><td colspan="2"></td></tr>
<tr><td>教学反馈</td><td colspan="6">我对学习本工作过程的意见或建议：</td></tr>
<tr><td>组长签字</td><td colspan="3"></td><td>组　别</td><td colspan="2"></td></tr>
<tr><td>教师签字</td><td colspan="3"></td><td>日　期</td><td colspan="2"></td></tr>
</table>

拓展阅读

人体各部分比例的“黄金分割”规律

意大利著名画家、人体解剖学家达·芬奇指出，人体各部分之间的比例，应合乎黄金分割律：人的头长应是全身高度的1/7，肩宽为身长的1/4，跪时身长减少1/4，卧时减少1/10，两腋的宽度与臀部的宽度相等，大腿正面的宽度应等于脸的宽度，两眼间的距离应等于一只眼的长度，耳朵的长度应等于鼻子的长度，等等。这些比例，体现了人体美的自然规律。

捉刀者典故

三国时期，南匈奴单于呼厨泉派使者来到许都，拜见汉天子和魏王曹操。曹操要接见匈奴的使者，他自己认为貌不出众，不能表现出魏王的威仪来震服匈奴，于是就叫来崔琰代替他接见。崔琰身材魁梧，眉目疏朗，腮下还有一部4尺长的美髯，在当时名列四大美男子之首。会见时，曹操自己握刀站在崔琰的坐榻旁。等到接见完毕，他派了一个官员，借拜会的时候问匈奴使者：“魏王这人怎么样？”匈奴使者听了十分客气地回答：“魏王相貌英俊，不同寻常；但是在我看来，坐榻边上的捉刀者，才是真正的人物。”

皮肤保洁

首先是洁肤。应选择合适的洗脸水。一般可以先用温水，以让毛孔扩张，洗出残留在毛孔中的灰尘。然后立即用冷水敷一下脸，使毛孔收缩，减少水分流失，并使皮肤保持弹性。

其次是爽肤。由于洁肤用品呈碱性，用之清洁皮肤之后，常有绷紧的感觉，而健康的肌肤应呈微酸性，故应平衡皮肤的酸碱度，而且还要使张开的毛孔收缩，防止气孔增大而导致皮肤粗糙。那就需要用爽肤水来调整。

第三是润肤。爽肤后应为肌肤补充营养。白天用日霜，夜间用晚霜。

工作过程四　酒店员工仪表形象塑造

任务布置

学习情境一	酒店员工职业形象塑造

续 表

<table>
<tr><td>工作过程四</td><td colspan="2">酒店员工仪表形象塑造</td></tr>
<tr><td>教师行为</td><td colspan="2">1. 引导学生明确工作任务及资讯问题，随机对学生实行分组，组成本工作过程的学习小组。
2. 讲解或引导学生学习酒店员工仪表形象塑造的基础知识，掌握其基本技能，解答学生提问</td></tr>
<tr><td>学生行为</td><td colspan="2">在教师引导下，明确学习任务及要求，分组学习知识链接，查阅资料和文献，找出资讯问题的答案，学习仪表的概念，着装的原则，服装的搭配，西装及套裙的穿着要求，饰品的佩戴方法，掌握领带，丝巾的系法等知识，掌握酒店员工良好仪表形象塑造的基本技能</td></tr>
<tr><td>工作任务</td><td colspan="2">通过掌握仪表的概念，着装的原则，服装的搭配，西装及套裙的穿着要求，饰品的佩戴方法，掌握领带，丝巾的系法等基础技能，实现酒店员工良好仪表形象塑造</td></tr>
<tr><td rowspan="13">资讯</td><td rowspan="12">资讯问题</td><td>1. 着装的原则是什么？</td></tr>
<tr><td>2. 色彩有哪些特征，通常服装的色彩搭配方法有哪些？</td></tr>
<tr><td>3. 男士西装穿着有哪些要求？</td></tr>
<tr><td>4. 女士套裙穿着及搭配的注意事项是什么？</td></tr>
<tr><td>5. 什么是饰品，饰品搭配的原则有哪些？</td></tr>
<tr><td>6. 戒指佩戴在不同的手指各自代表什么含义？</td></tr>
<tr><td>7. 酒店员工仪表形象的具体要求是什么？</td></tr>
<tr><td>8. 餐厅服务员不慎被菜汁弄脏制服，怎么办？</td></tr>
<tr><td>9. 一位员工嫌制服不合身，要带出饭店自己修改，可以吗？为什么？</td></tr>
<tr><td>10. 为什么不能穿浅色皮鞋或高跟皮鞋上班？</td></tr>
<tr><td>11. 男袜中的棉袜与尼龙袜，哪种更适合工作穿着？</td></tr>
<tr><td>12. 通过浏览互联网或者查阅资料掌握不少于 5 种丝巾的系法</td></tr>
<tr><td>资讯引导</td><td>以上资讯问题请查阅本书知识链接，同时参考以下书籍和网页：
1.《酒店礼仪》，张文编著，华南课理工大学出版社，1999 年版。
2.《酒店礼仪》，李光、达明编，伊犁人民出版社，2000 年版。
3.《现代礼仪教程》，胡锐主编，浙江大学出版社，2004 年版。
4.《社交礼仪教程》，金正昆著，中国人民大学出版社，2005 年版。
5. 温晓婷，现代酒店知识与管理Ⅰ，Ⅱ【M】. 北京：中国商业出版社，2000. 11.
6. 朱承强，现代饭店管理（第 2 版）【M】. 北京：高等教育出版社 2011. 07.
7.《你的礼仪价值百万（精华版）》，周思敏著，中国旅游纺织出版社，2012 年版。
8. http://www. zhongguoliyi. org/ 中华礼仪网。
9. http://www. welcome. org. cn/zhongguoliyi/ 中国礼仪网。
10. http://www. chmh. com/index. asp 中国酒店。
11. http://www. chinahotel. org. cn/ 中国饭店协会网站</td></tr>
</table>

知识链接

所谓仪表即人的外表，包括仪容、服饰、姿态和风度，是一个人教养、性格内涵的外在表现。一个人的仪表不但可以体现他的文化修养，也可以反映他的审美趣味。穿着得体，不仅能赢得他人的信赖，给人留下良好的印象，而且还能够提高与人交往的能力。相反，穿着不当，举止不雅，往往会降低身份，损害形象。由此可见，仪表是一门艺术，它既要讲究协调、色彩，也要注意场合、身份。

一、着装礼仪

服饰，狭义的概念是指衣服上的装饰，广义地说，指衣服及其装饰。而其装饰又包括与衣服分开的装饰用品，如领带、胸针、眼镜和手表之类的饰物。服饰礼仪是人们在交往过程中为了相互表示尊重与友好，达到交往的和谐而体现在服饰上的一种行为规范。服饰是一种文化，它反映着一个民族的文化水平和物质文明发展的程度。在社交活动中，人们可以通过服饰来判断一个人的身份地位、涵养；通过服饰可展示个体内心对美的追求、体现自我的审美感受；通过服饰可以增进一个人的气质，所以，服饰是人类的一种内在美和外在美的统一。要想塑造一个真正美的自我，首先就要掌握服饰打扮的礼仪规范，让和谐、得体的穿着来展示自己的才华和美学修养，以获得更高的社交地位。

（一）着装的原则

服饰要注重整洁、和谐，并根据自身的特点和气质选择合适的服装。国际上通行的着装原则为 TPO 三原则，T（Time）表示时间，即穿着要应时。不仅要考虑到时令变换、早晚温差，而且要注意时代要求，尽量避免穿着与流行样式色彩格格不入的服装。P（Place）表示场合，即穿着要应地。比如说上班场合应穿庄重服装，去参加体育活动或休闲散步应穿休闲服装。O（Object）表示着装者和着装目的，即穿着要得体。要根据自己的工作性质、社交活动的具体要求、形象特点、气质、年龄等来选择服装。如图 1－3－1 所示：

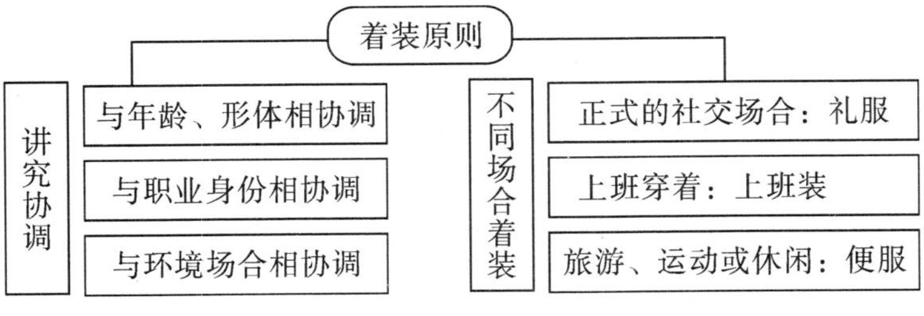

图 1－3－1

1. 配合年龄,配合体型

穿衣切忌忽略年龄的配合。经常看见一些外表看已40多岁的女性,还穿着有蝴蝶结的服装,或者印满俏皮英文字母的T恤等,给人老天真的感觉。相反,一些只有20出头的女孩,却经常穿黑色为主调的服装,以为带有神秘感,却把青春都掩藏了。

衣不合身会给人留下可笑的印象,每个人均要明了自己体型的优点和缺点,不要强撑。许多偏胖的女性喜穿窄身衣服,以为可以显得稍瘦及突出一点身材。事实刚好相反,窄身衣服只会令肥胖的人看起来更胖。

2. 与职业身份相协调

既符合经济原则,又不会给人突兀感。在办公室,太寒酸或太高贵的服装都不宜穿,尤其是千万别穿比上司名贵的服装。

与不同身份的人接触,也有不同的穿着技巧,既要配合自己的身份,也要配合对方的身份,这样会有助于彼此的沟通。与性格开朗的人接触,宜穿颜色较鲜明的衣服;对方若是较保守严肃的,应穿颜色较低调、款式较保守的服装;与公司职位较高的人会晤,宜穿较老成的服装,表示成熟个性。

3. 与环境相协调

着装技巧是懂得在什么场合穿什么服装。日常工作,衣服颜色以清淡为主,款式简单而整齐,给人亲切感。在喜庆场合,切忌用黑色为主色,白色亦不宜。在丧礼上,白和黑均宜,但须全套服装均一致的黑和白,可以点缀其他颜色的配饰,只要忌用红色即可。

(二)服装的质地与色彩

1. 服装的质地

服装的质地主要有:棉、毛、涤(化纤)、真丝、麻等几大类。优良质地的服装大都具有穿着舒适、挺括、高贵、大方等特点。

纯棉面料穿着舒服,但是不上档次;丝绸是高档面料,外观华丽,适合晚会;日常生活不宜穿麻料,具有粗犷大气的感觉,不细腻,适合户外运动;皮草是高档材质,具有雍容富贵的感觉,适用范围窄;羊毛穿着舒适,但外观不精。

2. 服装的色彩

(1)色彩的特征

1)色彩的冷暖。每种色彩都有区别于其他色彩的独特的感觉色味,通常把这种具有红、橙、黄、绿、青、蓝、紫等色味的色彩现象,叫作色相。色彩因色相不同,可产生温暖或寒冷的感觉:使人有温暖、热烈、兴奋之感的色彩,叫暖色,如红色、黄色;使人有寒冷、抑制、平静之感的色彩,则叫冷色,如蓝色、黑色。

2)色彩的轻重。色彩的明亮程度,被称为明度。不同明度的色彩往往给人以轻重不同的感觉。明亮的颜色感觉轻,使人有上升感。灰暗的颜色感觉重,使人有下垂感。

3)色彩的软硬。色彩显现出来的鲜艳程度,叫作纯度。色彩的软硬与其明度和纯度有密切的关系。色彩明度和纯度越高,就越鲜艳纯粹,并给人以柔软、润滑的感觉,如浅黄、浅绿等。色彩明度和纯度越低,就越为深暗,并给人以坚硬、朴实的感觉。

4)色彩的缩扩。色彩的波长不同,给人收缩或扩张的感觉就不同。一般来讲,冷色、深色属收缩色,暖色、浅色则为扩张色。

(2)色彩的搭配

1)同色搭配法。即配色尽量采用同一色系之中各种明度不同的色彩,按照深浅层次的不同进行搭配,以造成和谐统一的效果。适合工作或庄重的社交场合。

2)相似色搭配法。色彩学上把色环上九十度以内的邻近色称为相似色。如绿与蓝、红与橙黄,等等。

3)对比色搭配法。即在配色时运用性质相反的色彩进行组合的方法,它可以使着装在色彩上反差强烈,产生明快、生动的效果,从而突出个性。如红与绿、黄与蓝、白与黑等都是最常见的对比色,如果将它们的颜色按 1:1 进行组合,会有强烈、醒目的色彩效果。

4)无色系搭配法。黑、白、灰和其他任何色彩搭配。

5)无色系和有色系搭配法。黑、白、灰之间的搭配。

6)呼应法。配色时在某些相关的部位刻意采用同一色彩,以便使其遥相呼应。适合各类场合。

7)点缀法。采用同色搭配时,为了有所改变,而在某一局部小范围里,选用某种不同的色彩加以点缀。主要适合工作场合。

8)时尚法。配色时酌情选用正流行的某种色彩。适合普通的社交场合或休闲场合。

(三)男士西装及其穿着要求

1. 西装的面料及大小

西装面料要挺阔,不能过于厚重,颜色以黑色为上乘色,灰色为次;西装讲究合身,衣长应过于臀部,标准的尺寸是从脖子到地面的 1/2 长;袖子长度以袖子下端到拇指 11 cm 最为合适;裤长不露袜子,以到鞋跟处为准;裤腰前低而后高,裤型可根据潮流选择。

2. 整体效果

西装的穿着要求挺拔，不能有皱褶；另外西装要熨烫平整、干净挺括。

3. 衬衫

穿着西装时，衬衫的搭配也很有学问，衬衣颜色的深浅，应与西装颜色成对比，不宜选择同类色，否则搭配分不出衬衣与西装的层次感。正装的衬衫必须为纯色，以浅色为主，白色最常用。衬衫最讲究的是领口，领型多为方领，领头要硬挺、清洁。衬衫衣领要高出西装衣领 1～2 厘米，衬衫衣袖要长于西装袖口 1～2 厘米左右，以显示层次。不论在何种场合，衬衫的下摆务必塞进裤内，袖扣必须扣上。内衣应单薄，以保持西装的线条美。衬衫要保持整洁无皱褶，尤其是衣领和袖口。

4. 领带

领带是西装的灵魂，凡正式的场合，穿西装不系领带会显得苍白无力。领带有普通结（小结）、温莎结（大结）和小温莎结（中结）三种不同的系法。领带结的大小随衬衣领的宽窄而变，衬衣领角越大，领带结越大；衬衣领角越尖，领带结越小。领带的宽度随西装领的宽度而变，西装领越宽，领带越宽。领带的长度以到皮带扣处为佳，切忌垂到裤腰以下。领带的颜色应与衬衣和西装搭配协调，一般应选择衬衣和西装的中间过渡色。图案以单色无图案的领带为主，有时也可选择条纹、圆点、细格等规则形状为主的图案。

5. 领带夹

领带夹应在穿西服时使用，也就是说仅仅单穿长袖衬衫时没必要使用领带夹，更不要在穿夹克时使用领带夹。穿西服时使用领带夹，应将其别在衬衫的第四与第五粒钮扣之间，然后扣上西服上衣的扣子，从外面一般应当看不见领带夹。因为按照妆饰礼仪的规定，领带夹的主要用途是固定领带，如果稍许外露还说得过去，如果把它别得太靠上，甚至直逼衬衫领扣，就显得过分张扬。如衬衫外面穿背心或羊毛衫，则须将领带置于背心或羊毛衫内。非正式场合可以不打领带，但应把衬衫领扣解开，以示休闲洒脱。

6. 纽扣

西装有单排扣和双排扣之分，穿单排三粒扣西服，一般扣中间一粒或上两粒；单排两粒扣，只扣第一粒，或全部不扣。若在正式场合，则要求把第一颗扣扣上，在坐下时方可解开。如系双排扣西装，应将扣一一扣上。

7. 西裤

西裤作为西装整体的一个主要部分，应与上装相协调。西裤穿着时，裤扣要扣好，拉链要拉到位，裤边不能卷边。

8. 口袋

无论是两件套或三件套西服，外套和西裤上的口袋只是装饰性的，一般不装东西；西装左胸的口袋，只可插鲜花或装饰性绢花。

9. 鞋袜

按照西装的着装要求，穿西装应配黑色系带皮鞋，并保持鞋面清洁锃亮。旅游鞋或长筒鞋等不宜在正式场合穿用。与皮鞋配套的袜子应为深色的纯棉、线、丝或羊毛制品，忌穿白色袜子。而且袜筒要足够高，弹力要好，以免坐下后，漏出一截腿，极为不雅。

10. 体型与西装的选择

（1）体型矮胖的男士选上衣不能过长，最好不要盖住臀部，否则会显得人更矮胖、不精神，若选套装，颜色不能太鲜艳，否则会夸大身材宽度。

（2）体型稍矮又偏瘦的男士。上衣适合穿收腰的，不能过长，最好不要盖住臀部，否则会显得身材更矮。

（3）矮瘦型的男士若选套装，颜色以浅灰等亮色为主，黑色、藏青等深色为辅。

（4）瘦高型的男士显得很单薄，所穿西装需要撑起来才会显得挺拔。所以应尽量选双排扣的西服，因为此类衣服纽扣低，穿上后不显得单薄。而且最好选大宽格的西服，颜色以浅色为主。

（5）高胖型颜色最好以黑色、藏青色为主，单排扣、宽松式、若选花纹、条纹、格子的，则颜色不宜太醒目，以深色为主。

11. 西装穿着的总要求

（1）三色原则

男士西装要穿着合体、优雅、符合规范。选择庄重场合的西装要遵循“三色原则”。简单的说，“三色原则”要求男士的着装，衬衣、领带、腰带、鞋袜、一般不应超过三种颜色。这是因为从视觉上讲，服装的色彩在三种以内较好搭配。一旦超过三种颜色，就会显得杂乱无章。比如：如果在西装左侧胸袋里插上袋饰手帕，其色彩最好与领带或衬衫颜色相近；否则，上半身就会显得色彩斑斓了。更讲究的作法是，使服装的色彩在三色，甚至控制在同一色彩的范围内，先西装、次衬衣、后领带、逐渐由浅入深，这是最传统的搭配。反之领带色彩最浅，衬衫次之，西装色彩最深，即由深入浅搭配服装，也是可行的。

（2）三一定律

国外有身份的男士，大都讲究公文包、腰带、皮鞋保持同一种颜色，认为这是最有风度、最有品位，他们的皮夹、皮包等配件，也是与服装的主要颜色相一致。注意在正式场合，男士鞋、包、腰带应为同一颜色，并以黑色为佳。

(3)三大禁忌

正式场合穿着西装时袖口商标未拆,穿夹克打领带,袜子出问题。

(四)女士套裙的着装规范

1.套裙的选择

所有适合职业女士在正式场合穿着的裙式服装中,套裙是首选。上衣应注重平整、挺括、贴身,较少使用饰物和花边进行点缀,裙子要以窄裙为主,并且裙长要到膝或者过膝。

色彩方面以冷色调为主,应当清新、淡雅而凝重,以体现着装者的典雅、端庄和稳重。藏青、炭黑、茶褐、土黄等稍冷一些的色彩都可以。最好不选鲜亮抢眼的。有时两件套套裙的上衣和裙子可以是一色,也可以是上浅下深或上深下浅等两种不同的色彩,这样形成鲜明的对比,可以强化它留给别人的印象。

穿着同色的套裙,也可以采用不同色的衬衫、领花、丝巾、胸针、围巾等衣饰来加以点缀,显得生动、活泼。另外还可以采用不同色彩的面料,来制作裙的衣领、兜盖、前襟、下摆,这样也可以使套裙的色彩看起比较活跃。避免杂乱无章,一套套裙的全部色彩不应超过两种。

正式场合穿的套裙,可以不带任何图案,要讲究朴素而简洁。以方格为主体图案的套裙,可以使人静中有动,充满活力。一些以圆点、条纹图案为主的套裙,也可以穿着,但不能用花卉、宠物、人物等符号为主体图案。套裙上不要添加过多的点缀,否则显得杂乱而小气。可以选少而且制作精美的简单的点缀。

套裙的上衣和裙子的长短没有明确的规定。一般认为裙短不雅,裙长无神。最理想的裙长,是裙子的下摆恰好抵小腿肚子最丰满的地方。

套裙中的超短裙,裙长应以不短于膝盖以上 15 厘米为限。正式场合,套裙上衣要有领有袖。

2.套裙穿着和搭配注意事项

(1)大小适宜

上衣最短可以齐腰,裙子最长可以达到中部,衣的袖子要盖住手腕。

(2)认真穿好

要穿得端端正正。上衣的领子要完全翻好,衣袋的盖要拉出来盖住衣袋;衣扣一律全部系上。不允许部分或全部解开,更不允许当着别人的面随便脱下上衣。

(3)注重场合

女士在各种正式活动中,一般以穿着套裙为好,尤其是涉外活动中。其他情况就没必要一定穿套裙。当出席宴会、舞会、音乐会时,可以选择和这类场面相协调的礼服或时装。这种高度放松的场合，还穿套裙的话，会使你和现场“格格不入”，还有可能影响到别人的情绪。外出观光旅游、逛街购物、健身锻炼时，当然是休闲装、运动装等便装最适合了。

(4)套裙应当协调妆饰

通常穿着打扮，讲究的是着装、化妆和佩饰风格统一，相辅相成。穿套裙时，必须维护好个人的形象，所以不能不化妆，但也不能化浓妆。选佩饰物也要少，合乎身份。在工作岗位上，不佩戴任何首饰也是可以的。着套装、裙装应配以皮鞋或皮凉鞋。但在正式场合，是绝对不能穿凉鞋的，否则被视为不懂礼仪。穿凉鞋切忌赤脚，应配以长筒丝袜。长筒丝袜以肉色、黑色最为常用，腿较粗可穿深色袜子，袜口不要露在衣裙外边。

(5)兼顾举止

套裙最能够体现女性的柔美曲线，穿套装要求举止优雅，注意个人的仪态等。当穿上套裙后，站要站得又稳又正，不可以双腿叉开站得东倒西歪。就座以后，务必注意姿态，不要双腿分开过大，或是翘起一条腿来，抖动脚尖；更不可以脚尖挑鞋直晃，甚至当众脱下鞋来。走路时不能大步奔跑，而只能小步走，步子要轻而稳。拿自己够不着的东西，可以请他人帮忙，千万不要逞强，尤其是不要踮起脚尖、伸直胳膊费力去够，或是俯身、探头去拿。

(6)要穿衬裙

穿套裙的时候一定要穿衬裙。特别穿丝、棉、麻等薄型面料或浅色面料裙时。可以选择透气、吸湿、单薄、柔软面料的衬裙，而且应为单色，如白色、肉色等，必须和外面套裙的色彩相互协调，不要出现任何图案，而且应该大小合适，不要过于肥大。

(7)选择得当

套裙的选择应该高雅、端庄、无华，色彩不要太鲜艳。面料可选择羊毛制品或亚麻制品，款式要尽量简洁。忌透、忌露、忌短、忌破、忌花、忌艳(三色原则)、忌紧、忌皱、忌脏。

二、饰品礼仪

饰品指与服装搭配对服装起修饰作用的其他物品，主要有领带、围巾、丝巾、胸针、首饰、提包、手套、鞋袜，等等。饰物在着装中起着画龙点睛、协调整体的作用，受到社会各界，尤其广大女士的青睐。当前，首饰已经成为大多数人在社交场合经常使用的“常备品”。在这种情况下，倘若对首饰礼仪一无所知，难免就会弄巧成拙，招人笑话，不能使首饰真正发挥其本来的作用。

（一）饰品佩戴原则

佩戴原则	适宜的做法	不宜的做法
适应场合	适用于隆重的社交场合	不宜在工作、休闲时佩戴
适合身份	选戴首饰要与性别、年龄、职业及角色相适应，平时佩带的饰物以少为好	学生不宜佩戴首饰；政务员穿着制服执法时不能佩戴首饰；男士戴的项链不宜外露
扬长避短	选戴首饰要考虑自身的身材、脸色、衣服款式等因素，注意扬长避短	体型胖、脖子短的人选佩宽粗的短项链身材苗条、脖子细长的人选佩长细的项链
量少为佳	若同时佩戴多种首饰，总量上不可超过三种	炫耀性地佩戴众多首饰显得俗不可耐
色质相同	若同时佩戴多件首饰，应力求色彩、质地相同	避免五花八门、眼花缭乱之感
佩戴得法	项链只戴一条；耳环讲究成对佩戴；手镯戴一只两只皆可；手链只在左手上戴一条；胸针别在西装左侧领上或左侧胸前	不宜同时挂着金项链、珍珠项链等；不宜在一只耳朵上同时戴多只耳环；不宜在一只手上戴多只手镯；不宜双手同时戴手链
符合习俗	遵守习俗。不同的地区、不同的民族，佩戴首饰的习惯做法多有不同。要了解，要尊重	佩戴当地忌讳的饰品或者佩戴规范不符合当地礼仪习俗

（二）戒指

戒指，又叫指环，是男女的一种主要饰品，同时还是具有特定含义的传递物。戒指有金、银、钻石、宝石等不同质地，形状也千差万别，有方形的、圆形的、镂空雕花的、刻字的，等等。

1. 戒指的选择

购买戒指时，须选配与手指形状、肤色、年龄相配的戒指。戒指的粗细，宜与手指的粗细成正比。从造型上讲，手指多肉者，适合佩戴一些镶有大蝴蝶或宝石之类没有花纹的戒指；手指短小者，佩戴不粗不大的指环最为合适；手指过长者可戴一朵有花纹或两枚重叠形戒指。手指粗短者，不宜戴方形宽阔的戒指，最好选一些不规则图形如椭圆形、梨形等较好；手指纤细者，可适当选一些较为丰满的戒指佩戴，如圆形、心形等。从审美角度而言，戒指并不是越大越重就越好，而是应视个体的手型等来进行选择。一般女性的戒指以镶宝石、钻石、翡翠或镂空雕花居多，而男性相对比较规范些，如正方形的、长方形的等，更显庄重、高贵。如果手背的皮肤呈褐色，戴上金戒指有高雅感，显得比较协调；如果手背肤色偏黑，可选暗褐色或黑色宝石戒指。老年人戴的戒指应古朴庄重，年轻人戴的戒指则应小巧玲珑，注重艺术化。按照风俗，结婚戒指忌用合金制造，必须用纯金或白银制成，象征爱情的纯洁。

2. 戒指的戴法

戒指一般戴在左手,不要多于两个。当代人戴在左右手都可以。戴两个戒指要左右手对称,或在左手上连着戴。

戒指戴在不同手指上其含义不同:

戴在食指上——表示无偶而寻求恋爱对象,寻求爱情的意思,或表示求婚。

戴在中指上——表示戒指的主人正在恋爱之中。据传说左手中指的爱情之脉直达心窝,戒指戴在中指可被心里流出的鲜血浇灌,使爱情保持纯洁和忠贞不渝。

戴在无名指上——表示已经订婚或结婚。

戴在小指上——表示自己是独身者,或表示终身不娶或不嫁。

中指和无名指同时戴着戒指,则表示已婚,并且夫妻关系很好。

西方国家的未婚少女将戒指戴在右手中指上。

修女习惯把戒指戴在右手无名指上,意味着“把爱献给了上帝”。

(三)项链

项链是戴于颈部的环形首饰,男女均可使用,是佩戴时间长、范围广泛的重要首饰,种类十分繁多。戴项链时,要与服装、颈部和肤色相协调。夏天因衣着单薄,佩戴金、银、珠宝项链都很美。浅色的毛衫要佩戴深色或艳一些的宝石类项链;深色的毛衫可配紫水晶或红玛瑙项链。项链的粗细,应与脖子的粗细成正比。脖子较粗的人应选择较粗的项链,脖子较细的人则应选细一些的。男士所戴的项链一般不应外露且不应多于一条,但可将一条长项链折成数圈佩戴。

(四)耳环

耳环,又叫耳饰,具体又可分为耳环、耳链、耳钉、耳坠,等等。是女性耳垂的特殊饰物,种类繁多。主要有有穗式和无穗式两大类。有穗式分单穗和双穗,无穗式又有大圆、小圆、椭圆、葡萄等花样。耳环的设计可分为穿耳洞、夹式的和扭转式的,穿耳洞的耳环佩戴较麻烦,但是样式精巧,选择也多。

一般情况下,耳环仅为女性所用,并且讲究成对使用,即每只耳朵均佩戴一只。不宜在一只耳朵上同时戴多只耳环。在国外,男子也有戴耳环的,但习惯做法是左耳上戴一只,右耳不戴;双耳皆戴者,会被人视为同性恋。佩戴耳环,应兼顾脸形。圆形丰满脸形者,可以配上尖形的耳环,使脸看起来较细长;长脸形者,配上纽扣形的耳环,可使脸部显得较宽;椭圆形者,各式耳环皆可佩戴;身材纤细瘦小的人,应戴小巧秀气的耳环，如果是大耳环，会使你看起来头重脚轻；身材高大的、脸形宽大的女性，则应戴大型的耳环，才能衬出大方的气质；方形脸者，可戴长圆或圆形设计的耳环，以减少棱角感；另外，如果你已戴有镶着碎钻的眼镜，或是打算佩戴好几串项链时，最好不要再戴耳环。以免显得俗气。若无特殊要求，不要同时戴链形耳环、项链与胸针。三者皆集中于齐胸一线，若同时出同，容易显得过分张扬，且繁杂凌乱。

（五）手镯

手镯，即佩戴于手腕上的环状饰物，因纤丽精巧，很受现代女性青睐。

佩戴手镯，所强调的是手腕与手臂的美丽。故二者不美者应慎戴。手镯可以只戴一只，也可以同时戴上两只。戴一只时，通常应戴于左手。戴两只时，可一只手戴一个，也可以都戴在左手上。同时戴三只手镯的情况比较罕见，男人一般不戴手镯。

（六）手链

手链，是一种佩戴于手腕上的链状饰物。与手镯不同的是，男女均可佩戴手链，但一只手上仅限戴一条手链。在普通情况下，手链应仅戴一条，并应戴在左手上。在一只手上戴多条手链，双手同时戴手链，手链与手镯同时佩戴，一般是不得体的。在一些国家，所戴手镯、手链的数量，位置，可用以表示婚否，它与手镯均不应与手表同戴于一只手上。

（七）胸针

胸针，即别在胸前的饰物，多为女士所用。其图案以花卉为多，故又称胸花。胸针可别在胸前，也可别在领口、襟头等位置。穿西装时，应别在左侧领上。穿无领上衣时，则应别在左侧胸前。发型偏左时，胸针应当居右。发型偏右时，胸针应当偏左。其具体高度，应在从上往下数的第一粒、第二粒钮扣之间。胸针式样要注意与脸型协调，长脸型宜佩戴圆形的胸针；圆脸型应配以长方形胸针；如果是方脸型，适宜用圆形胸针。

（八）丝巾

丝巾是用真丝做成的，围在脖子上用于搭配服装，起到修饰做用的物品。形状各异色彩丰富款式繁多，适合不同年龄段的人群。丝巾几乎是每个爱美女士的必备用品，伊丽莎白·泰勒说：不系丝巾的女人是最没有前途的女人。奥黛莉·赫本说："当我戴上丝巾的时候，我从没有那样明确地感受到我是一个女人，美丽的女人。"因此，当她站在罗马大教堂高高的台级上将一条小丝绸手帕在颈间随手那么一结之际，万道阳光都在为她翩翩起舞，整个世界都成了春天。

三、酒店员工仪表形象塑造

类别	男员工	女员工
着装	着统一的岗位工作服,佩戴相应的领带、领结、领花或者丝带,工作服要干净、平整、无垢尘、无脱线、纽扣齐全扣好,不可衣冠不整,工号牌要佩戴在左胸前,不得歪斜;不要将衣袖、裤子卷起;衣袋里不能装任何物品,特别是上衣口袋领子、袖口要干净。内衣不能外露	
鞋袜	着黑色皮鞋,表面锃亮、无灰尘、无破损、着黑色袜子	着黑色皮鞋或布鞋,表面干净,着肉色连裤袜,不挂边、不破损、不滑丝
装饰物	不能佩戴首饰(项链、耳环、手镯及夸张的头饰)特别是佩戴豪华昂贵的首饰显得比客人更富有,以免伤害客人自尊,只允许佩戴手表、名牌、婚戒	

工作实施标准

一、工装、衬衣的穿着训练

1. 工作目的

(1)强化职场着装的意识。

(2)规范工装的穿着。

2. 工作要求

(1)服装外观整洁、穿着得体。

(2)着装后的自我检查、换装后的保管。

3. 实训准备

旅游企业相关工作岗位的工装、衬衣及衣架。

4. 实施标准

工作内容	实施标准	基本要求
制服和衬衣穿着前的检查	1. 确认自己工作岗位工装。 2. 确认适合自己的尺码。 3. 检查工装领口和袖口是否洁净。 4. 检查工装上是否有油、污迹,扣子是否齐全,是否有漏缝或破边	按顺序检查,发现问题及时调换
制服和衬衣的穿着	1. 从衣架上取下衬衣穿好。 2. 衬衣穿好后下摆必须在裤子或套裙里面。 3. 对着镜子检查,扣子是否扣齐,穿着是否符合规范。 4. 换下不需要洗涤的衣物应挂在衣架上。 5. 换下需要洗涤的衣物放入布草袋中	对着镜子检查或相互检查

二、鞋、袜穿着训练

1. 工作目的

(1)掌握酒店鞋、袜穿着礼仪。

(2)强化鞋袜穿着规范。

2. 工作要求

(1)自我检查鞋袜整洁程度、完好程度、型号尺码。

(2)掌握鞋袜穿着要领。

3. 实训准备

准备酒店各岗位要求式样的皮鞋和布鞋若干,各种颜色和长度的袜子和丝袜若干。

4. 实施标准

内容	实施标准	基本要求	注意事项
鞋袜穿着前的检查及穿着	1. 旅游企业工作岗位的皮鞋或布鞋颜色以素色或黑色为主,式样以端庄大方、平跟鞋为主。 2. 穿着皮鞋应经常擦油,保持其干净光亮;布鞋要经常洗涤,保持干净。 3. 穿在脚上的鞋袜要保持完整,出现破损要及时修补。 4. 袜子的颜色应该与鞋子颜色和谐相配。 5. 裙装应配与肤色相近的长丝袜	1. 颜色应比制服的颜色深。 2. 女士袜子不可太短,不可穿有抽丝破损的长丝袜上班	1. 无论穿何种鞋子,都不可拖地或跺地。 2. 女士应穿中跟或平跟鞋。 3. 除非特别的需要,不可以在客人面前把脚从鞋子里伸出来。 4. 暗色和花色长袜不适合与工作套裙搭配

三、饰物佩戴训练

1. 工作目的

掌握饰物佩戴的方法和礼仪。

2. 工作要求

(1)熟悉不同场合佩戴饰物的规范。

(2)熟练地掌握几钟领带及丝巾的系法。

3. 特别说明

饰物,一般是指能够起到装饰作用的头饰,耳饰,颈饰,指饰,腰饰等物品。旅游服务员人员上班工作,可佩戴的饰物有:与制服配套的帽子,领带(领结),工号牌,其他饰物以不戴为好(结婚戒子除外)。

4. 实训准备

准备与工装相配的帽子、工号牌、领带、领结、衬衣等道具。

5. 实施标准

内容	实施标准	要求饰物
佩戴	1. 帽子要戴端正,并符合规范。 2. 工号牌要端正地别在西装左胸翻领上或其他工装左胸上方。 3. 领带(领结)经常是工装的组成部分,配套工装应按企业规定系好领带。 4. 领带不能过长或过短,站立时领带下端齐及腰带为最好。 5. 领带系好后,前面宽面应长于里面窄面。 6. 领带夹夹在衬衣的第四、五个纽扣之间。 7. 不系领带时,应打开领带扣结,垂直吊放,以备再用	不同的场合佩戴不同的饰物,从整体看要给人整洁、大方的印象。同时注意符合企业的职业规范

计划、决策与实施

学习情境一	酒店员工职业形象塑造			
工作过程四	酒店员工仪表形象塑造			
学生行为	进行成员任务分配,制订工作计划,经小组反复酝酿,讨论计划的科学合理性,完善和做出最终决策;通过教师的演示或者跟随光碟实践掌握着装、饰物搭配的技能,进行个人或小组成员工装的穿着,鞋袜搭配,领带、丝巾系法,饰品佩戴的实践练习,进而熟练掌握酒店员工仪表形象塑造的技能,并进行总结			
教师行为	督导学生分组讨论,审核工作计划,提出修改建议,回答学生提问,引导学生做出正确的决策,讲解、演示着装、饰物搭配技能,播放相关光碟,要求学生跟随教师动手实践并正确实施决策,组织学生举行分类别仪表形象塑造比赛,对学生的具体分析和完成各项任务进行答疑与督导,并观察学生的表现			
计划、决策与实施	序号	实施步骤	操作要领	参考资料详细地址
	1			
	2			
	3			
	4			
	5			
	6			
	7			
	8			
	9			
	10			
组长签字		组　别		
教师签字		日　期		

评价、检查与反馈

<table>
<tr><td>学习情境一</td><td colspan="6">酒店员工职业形象塑造</td></tr>
<tr><td>工作过程四</td><td colspan="6">酒店员工仪表形象塑造</td></tr>
<tr><td>学生行为</td><td colspan="6">1. 对酒店员工仪表形象塑造工作任务完成情况进行自我检查和反思，填写检查表。
2. 把学习成果制作成 PPT 进行汇报，总结学习中的收获与体会，进行自我评价，并对本小组的成员表现进行逐一评价，填写评价单和学习反馈单</td></tr>
<tr><td>教师行为</td><td colspan="6">听取学生成果汇报，检查学生学习任务完成情况，并指出不足及修改建议，对学生的学习表现进行评价，通过学生教学反馈总结教学的不足，制订工作改进计划</td></tr>
<tr><td rowspan="17">评价</td><td>评价类别</td><td>项目</td><td>子　项　目</td><td>个人评价</td><td>教师评价</td><td>组内互评</td></tr>
<tr><td rowspan="10">专业能力（60%）</td><td rowspan="2">资讯（15%）</td><td>搜集信息查找资料（5%）</td><td></td><td></td><td></td></tr>
<tr><td>引导问题回答（10%）</td><td></td><td></td><td></td></tr>
<tr><td rowspan="4">计划实施（20%）</td><td>工作流程的正确性（2%）</td><td></td><td></td><td></td></tr>
<tr><td>方案设计科学性（3%）</td><td></td><td></td><td></td></tr>
<tr><td>实施操作正确性（10%）</td><td></td><td></td><td></td></tr>
<tr><td>知识的运用（5%）</td><td></td><td></td><td></td></tr>
<tr><td rowspan="2">检查（5%）</td><td>全面性、准确性（3%）</td><td></td><td></td><td></td></tr>
<tr><td>异常情况排除（2%）</td><td></td><td></td><td></td></tr>
<tr><td rowspan="2">结果（20%）</td><td>演示汇报（10%）</td><td></td><td></td><td></td></tr>
<tr><td>知识技能掌握（10%）</td><td></td><td></td><td></td></tr>
<tr><td rowspan="4">社会能力（20%）</td><td rowspan="2">团结协作（10%）</td><td>对小组的贡献（5%）</td><td></td><td></td><td></td></tr>
<tr><td>小组合作配合情况（5%）</td><td></td><td></td><td></td></tr>
<tr><td rowspan="2">敬业精神（10%）</td><td>吃苦耐劳精神（5%）</td><td></td><td></td><td></td></tr>
<tr><td>学习纪律性（5%）</td><td></td><td></td><td></td></tr>
<tr><td rowspan="2">方法能力（20%）</td><td>计划能力（10%）</td><td></td><td></td><td></td><td></td></tr>
<tr><td>决策能力（10%）</td><td></td><td></td><td></td><td></td></tr>
<tr><td rowspan="3">检查</td><td>序号</td><td>检查项目</td><td colspan="2">检查标准</td><td>学生自检</td><td>教师检查</td></tr>
<tr><td>1</td><td>目标认知</td><td colspan="2">工作目标明确，工作计划周密，具有可操作性</td><td></td><td></td></tr>
<tr><td>2</td><td>理论知识</td><td colspan="2">基础理论知识的全面掌握</td><td></td><td></td></tr>
</table>

续 表

	序号	检查项目	检查标准	学生自检	教师检查
检查	3	基本技能	能够运用基本的理论进行实践思考、分析、解决问题		
	4	学习能力	能在教师指导下,全面掌握相关知识和技能		
	5	工作态度	主动参与,积极完成工作任务		
	6	团队合作	积极与他人合作,共同完成任务		
	7	工具运用	熟练利用资料自学,利用网络进行资料查询		
	8	任务完成	保质保量完成任务		
教学反馈	我对学习本工作过程的意见或建议:				
组长签字			组 别		
教师签字			日 期		

拓展阅读

西装与领带、领结的起源

西装起源于100多年前的欧洲,据说是由渔民发明的。它原流行于西方国家,以庄重舒适,挺拔美观而流行于世,现已成为世界各国普遍认同和喜爱的男士服装。据说最原始的“领带”来自古时候在山林里的日耳曼人,是他们脖子上为使兽皮不致脱落的草绳。而真正使领带成为上流社会时尚的是法国国王路易十四。有一天他看到一位大臣上朝时,在脖子上系了一条白绸巾,还在前面打了一个领结,显得十分漂亮。路易十四极为赞赏,当即宣布以领结为高贵的标志。

领带的系法

1. The Windsor Knot **温莎结**

因温莎公爵而得名的领带结,是最正统的领系法,打出的结成正三角形,饱满有力,适合搭配宽领衬衫,用于出席正式场合;切勿使用面料过厚的领带来打温莎结。

2. The four - in - hand Knot **四手结**

通过四个步骤就能完成打结,故名为“四手结”,它是最便捷的领带系法,适合宽度较窄的领带，搭配窄领衬衫，风格休闲，适用于普通场合。

3. The Half Windsor Knot **半温莎结**

顾名思义，它是温莎结的改良版，较温莎结更为便捷，适合较细的领带以及搭配小尖领与标准领的衬衫，但同样不适用于质地厚的领带。

4. The Plain Knot **平结**

与四手结的系法相似，非常方便，领结呈斜三角形，适合窄领衬衫。

5. The Cross Knot **交叉结**

交叉结的特点在于打出的结有一道分割线，适用于颜色素雅且质地较薄的领带，感觉非常时髦。

6. The Double Knot **双环结**

双环结适用于细领带，双环结能营造时尚感，适合年轻的上班族。该领结的特色在于第一圈会稍露出于第二圈之外，切勿刻意将其掩盖。

7. The Double Cross Knot **双交叉结**

由于交叉与双环，这种结打出来十分敦实，只能搭配质地厚实的正式衬衫。双交叉结的系法已经越来越少见，它是表现尊贵的最好方式。

8. The Prince Albert Knot **亚伯特王子结**

适用于质地柔软的细领带以及搭配扣领及尖领衬衫，由于要绕三圈，因此领带切莫选择较厚的质地。

9. The Trend Knot **浪漫结**

浪漫结打破了领带必须保持一条直线的规矩，窄端出现在宽端边，充满了戏剧色彩。

10. The Simple Knot **马车夫结**

适用于质地较厚的领带，适合扣领衬衫，其特点在于先将宽端以 180 度由上往下扭转，并将折迭处隐藏于后方完成打结，这种领带结非常紧，流行于18 世纪末的英国马夫中。

表 1－4－1 领带的系法

	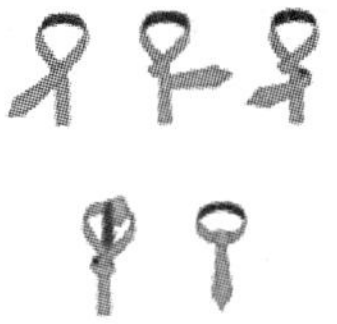		
The Windsor Knot 温莎结	The four－in－hand Knot 四手结	The Half Windsor Knot 半温莎结	The Plain Knot 平结

续 表

			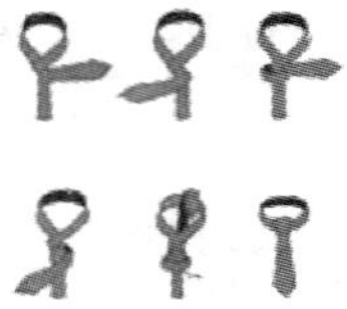
The Cross Knot 交叉结	The Double Knot 双环结	The Double Cross Knot 双交叉结	The Prince Albert Knot 亚伯特王子结

The Trend Knot 浪漫结	The Simple Knot 马车夫结	Zegna 结	

工作过程五　酒店员工仪态形象塑造

任务布置

学习情境一	酒店员工职业形象塑造	
工作过程五	酒店员工仪态形象塑造	
教师行为	1. 引导学生明确工作任务及资讯问题，随机对学生实行分组，组成本工作过程的学习小组。 2. 讲解或引导学生学习酒店员工仪态形象塑造的基础知识，掌握其基本技能，解答学生提问	
学生行为	在教师引导及示范下，明确学习任务及要求，分组学习知识链接，查阅资料和文献，找出资讯问题的答案，学习仪态的概念，站姿、坐姿、走姿、蹲姿、手势、微笑、目光语的规范要求，掌握酒店员工良好仪表形象塑造的基本技能	
工作任务	掌握站姿、坐姿、走姿、蹲姿的规范要求，会正确地运用手势，能在工作岗位上提供微笑服务，恰当地运用目光语，从而实现酒店员工良好仪态形象塑造的目的	
资讯	**资讯问题**	1. 什么是仪态礼仪？
		2. 女士站姿规范的手位摆放方法有哪些？
		3. 站姿的基本要求是什么？
		4. 男士站姿规范的脚位摆放方法有哪些？
		5. 女士坐姿侧挂式的动作要领有哪些？

续 表

资讯	资讯问题	6. 规范的蹲姿有哪两种?
		7. 微笑的练习方法有哪些?
		8. 为什么在酒店工作岗位上要提供微笑服务?
		9. 手势横摆式应用于哪些场合,其动作要领是什么?
		10. 目光语的注视区域有几种,各自应用于什么场合?
	资讯引导	以上资讯问题请查阅本书知识链接,同时参考以下书籍和网页: 1.《酒店礼仪》,张文编著,华南课理工大学出版社,1999 年版。 2.《酒店礼仪》,李光、达明编,伊犁人民出版社,2000 年版。 3.《现代礼仪教程》,胡锐主编,浙江大学出版社,2004 年版。 4.《社交礼仪教程》,金正昆著,中国人民大学出版社,2005 年版。 5. 温晓婷,现代酒店知识与管理 Ⅰ,Ⅱ【M】. 北京:中国商业出版社,2000. 11. 6. 朱承强,现代饭店管理(第 2 版)【M】. 北京:高等教育出版社,2011. 07. 7.《你的礼仪价值百万(精华版)》,周思敏著,中国旅游纺织出版社,2012 年版。 8. http://www. zhongguoliyi. org/ 中华礼仪网。 9. http://www. welcome. org. cn/zhongguoliyi/ 中国礼仪网。 10. http://www. chmh. com/index. asp 中国酒店。 11. http://www. chinahotel. org. cn/ 中国饭店协会网站

知识链接

仪态是形象美的重要组成部分。仪态礼仪,指人在行为中表现出来的姿势,主要包括站姿,坐姿,步态、手势、面部表情等,有时称为姿势和风度。“站如松,坐如钟,行如风,卧如弓”,是中国传统礼仪对仪态的要求,在当今社会中已被赋予了更丰富的涵义。仪态礼仪是一种无声的语言,真实有效地反映了个人的内在素质和态度。

一、站姿

最容易表现姿势特征的是人处于站立时的姿势。站姿总的要求是,重心正,双肩平,躯干直,双手自然摆放。女性应是亭亭玉立,文静优雅;男性应是刚劲挺拔,稳健大方。

(一)基本要求

可以简单概括为“头正、腰直、肩平、挺胸、收腹”十个字。动作具体又包括:

1. 头正

两眼平视前方，嘴微闭，收颌梗颈，表情自然，稍带微笑。

2. 肩平

两肩平正，微微放松，稍向后下沉。

3. 臂垂

两肩平整，两臂自然下垂，双手放于大腿两侧，手指并拢自然微屈。

4. 躯挺

胸部挺起、腹部往里收，腰部正直，臀部向内向上收紧。男性双腿可以略分开，双脚间的距离最多与肩齐。

5. 腿并

两腿立直，贴紧，脚跟靠拢，两脚夹角成60度。

这种规范的礼仪站姿，同部队战士的立正是有区别的。礼仪的站姿较立正又多了些自然、亲近和柔美。

(二)服务岗位中的几种站姿

1. 标准式

身体立直，抬头挺胸，下颌微收，双目平视，嘴角微闭，双手自然垂直于身体两侧，双膝并拢，两腿绷直，脚跟靠紧，脚尖分开呈“V”字型。

2. 腹前式

身体立直，抬头挺胸，下颌微收，双目平视，嘴角微闭，双手手指自然并拢，右手搭在左手上，轻贴于腹部，不要挺腹或后仰。这种站姿，男子可以两脚分开，两脚间距离不超过肩宽，一般以20厘米为宜。女子可以用小丁字步，即一脚稍微向前，脚跟靠在另一脚内侧。

这种站姿端正中略有自由，郑重中略有放松。在站立中身体重心还可以在两脚间转换，以减轻疲劳，这是一种常用的接待站姿。

3. 后背式

男子两脚可稍分开，但距离不超过肩宽。这种站姿优美中略带威严，易产生距离感，所以常用于门僮和保卫人员。如果两脚改为并立，则突出了尊重的意味。

4. 前后式

即一手放于体前，轻贴于腹部，一手背在体后，贴在臀部，两脚可以并拢也可以分开，也可以成小丁字步。

以上几种站姿密切地联系着岗位工作，在日常生活中适当的运用，会给人们挺拔俊美、庄重大方、舒展优雅、精力充沛的感觉。要掌握这些站姿，必须经过严格的训练，长期坚持，形成习惯。

在站立中一定要防止探脖、塌腰、耸肩，双手不要放在衣兜里，腿脚不要不自主地抖动，身体不要靠在门上，两眼不要左顾右盼，以免给人形成不良印象。

（三）站姿的调整

长时间站立时可暗暗调整身体重心，使双脚轮流承受身体重量。不能一腿弯一腿直，否则会显得很懒散。

在日常生活的某些场合，常常有人站着时手足无措，双手不知放在何处才好。站姿可以随着场合进行调整。同别人站着交谈时，如果空着手，可双手在体前交叉，右手放在左手上；若你身上背着背包，可利用背包摆出优雅的站姿；向长辈、朋友、同事问候或做介绍时，不论握手或鞠躬，双足应当并立，相距约 10 厘米左右，膝盖要挺直；等车或等人时，两足的位置可一前一后，保持 45 度角，肌肉放松而自然，并保持身体的挺直。

总之，站的姿势应该是自然、轻松、优美的，不论站立时摆何种姿势，只有脚的姿势及角度和手的位置在变，身体一定要保持绝对的挺直。

二、坐姿

正确的坐姿是仪态的主要内容之一，无论我们在工作、学习还是生活中都离不开坐。坐，作为一种举止，同样有美与丑，优雅与粗俗之分。

端庄优雅的坐姿会给人以文雅、稳重、大方的美感，不仅具有亲和力，还可以充分展现个人的风采和魅力。

（一）坐姿的基本要求

（1）入座要轻稳，走到座位前轻身后退，从左侧一方轻稳坐下，女士穿裙入座，应先将裙角向前收拢再坐。

（2）入座后上体自然挺直，挺胸，双膝自然并拢，双腿自然弯曲，双肩平整放松，双臂自然弯曲，双手自然放在双腿上或椅子、沙发扶手上，掌心向下。

（3）头正、嘴角微闭，下颌微收，双目平视，面带微笑。

（4）坐在椅子上，应座满椅子的 2/3，脊背轻靠椅背。

（5）离座时，要自然稳当，右脚向后收半步，而后站起，从左侧轻稳离座。

（二）正式场合的规范坐姿

1. 女士坐姿

（1）标准式

上体自然挺直，双肩平整放松，双膝、双脚自然并拢，座满椅子的 2/3，右手搭放在左手上，置于两腿中间或一条腿上。头正、嘴角微闭，下颌微收，双目平视，面带微笑。

(2)侧点式

标准式的基础上右脚向右跨一小步,左脚跟上,两脚外侧着地,特别适用于穿短裙的女性在较低处就坐使用。

(3)前交叉式

标准式的基础上上身挺直,左脚罩于右脚上,两踝关节处交叉。

(4)后点式

标准式的基础上两小腿后屈,脚尖着地,膝盖并拢。

(5)曲直式

标准式的基础上上身挺直,右脚前伸,左小腿屈回,大腿靠紧,两脚前脚掌着地,两脚前后在一条直线上。

(6)侧挂式

在侧点式的基础上,左小腿后屈,脚绷直,脚掌内侧着地,右脚提起,用脚面贴住左踝,膝与小腿并拢。

(7)重叠式

标准式的基础上右腿搭在左腿上,完全交叠,叠放在上的腿应向里收,贴住另一腿的小腿处,脚尖朝下。此坐姿适用于女性在正规或非正规场合采用,尤其适合穿短裙子的女士采用。造型极为优雅,有一种大方高贵感。

2. 男子坐姿

男士坐姿应给人以沉着、稳重之感。

(1)标准式

上体自然挺直,双肩平整放松,座满椅子的2/3,两脚自然分开,双手自然放于腿面上,头正、嘴角微闭,下颌微收,双目平视,面带微笑。

(2)前伸式

标准式的基础上右脚向前迈半步,左脚自然放直。

(3)前交叉式

标准式的基础上两小腿前伸,双脚在脚踝处交叉。

(4)交叉后点式

标准式的基础上两脚交叉,小腿向后曲回,下面的脚脚掌撑地

(5)曲直式

标准式的基础上左脚向前迈半步,右脚向后收半步。

(6)重叠式

标准式的基础上右腿搭在左腿上,脚尖绷直朝向地面。

三、走姿

走姿就是动态的美，每个人都是流动的造型体，优雅、敏捷、稳重的走姿，给人以美的感受，展现出自己积极向上的精神状态。

1. 走姿的基本要求

走姿的基本要求应是从容、平稳，走出直线。昂首、挺胸、收腹、眼直视、身要直、肩要平不摇、两臂自然下垂摆动，腿要直。前脚跟与后脚尖相距为一脚距离，行走时两脚行迹身体重心应稍向前，头朝正前方，眼睛平视，面带微笑，步度适中均匀，双腿前后成一直线，脚步轻稳。

2. 女士走姿

女士的步态应显示出款款轻盈的阴柔之美，尽量走一字步（双脚跟走一条线，不迈大步）；行走时要抬头、挺胸、收腹，身体保持正直；双臂自然下垂，协调地前后摆动于身体两侧；脚尖指向正前方，提髋、膝，迈小腿，脚跟先落地，靠后腿将身体重心推送到前脚掌；落地声不可太大。

3. 男士走姿

男士行走时应显示出稳健有力的阳刚之美，走路要挺起胸膛，显出朝气，大步向前走；双脚跟行两条线，但两线尽可能靠近，步履可稍大；双脚落地要平稳而有力，不拖泥带水；双臂自然摆动。在悠闲时轻踱慢行，要显示出一种逍遥风度，做到不慌不忙，边走边看，边与同伴谈笑风生。

行走时路线一般靠右行，不可走在路中间。行走过程遇客人，应自然注视对方，点头示意并主动让路，不可抢道而行。如有急事需超越时，应先向客人致歉再加快步伐超越，动作不可过猛；在路面较窄的地方遇到客人，应将身体正面转向客人；在来宾面前引导时，应尽量走在宾客的侧前方。

后退步：向他人告辞时，应先向后退两三步，再转身离去。退步时，脚要轻擦地面，不可高抬腿，后退的步幅要小。转身时先转身体再转头。

侧身步：当走在前面引导来宾时，应尽量走在宾客的左前方，上身稍向右转体，左肩稍前右肩稍后，侧身向着来宾，与来宾保持两三步的距离。

四、蹲姿

规范的蹲姿一样能体现仪态美，在日常生活中，人们在拾地上的东西或取低处物品时，一般是习惯采用弯腰，翘臀将其捡或拿起，这种姿势有失雅观。如能恰当地采用正确的蹲姿，将会给人留下美好的印象。

（一）蹲姿的基本要领

蹲下时不要低头也不要弓背，要慢慢地把腰部低下，两腿合力支撑身体，掌握好身体的重心，臀部向下，下蹲时应自然、得体、大方，不遮遮掩掩。

（二）正式场合规范的蹲姿

1. 高低式蹲姿

下蹲时，左脚向前，右脚稍后，不重叠，两腿紧靠向下蹲。左脚全脚掌着地，小腿垂直于地面，右脚跟提起，右前脚掌着地。右膝低于左膝，两膝内侧紧靠。臀部向下，基本上以右腿支撑身体。手放膝盖上方，手指与膝并齐。

男士可选用高低式蹲姿，不过两腿不要靠紧，两腿之间可以有适当距离。

2. 交叉式蹲姿

下蹲时，左脚在前，右脚在后，左小腿垂直于地面，全脚着地。右脚在后与左腿交叉重叠，右膝由后面伸向左侧，右脚跟提起，右前脚掌着地。两腿前后紧靠，合力支撑身体。臀部向下，上身稍前倾。女士穿裙子时适合选用交叉式蹲姿。

五、手势

手势是通过手和手指活动所传达的信息，是人们交往时不可缺少的动作，是最有表现力的一种“体态语言”。恰当地运用手势，能够交流思想，沟通感情，表现独特性格，展示形象风度。相反，倘若错误地运用或滥用手势，将会招来很大的麻烦。

在用手指引方向时，男士应出手利落有力，手心微侧向上，五指并拢前伸指向目标；女士应舒缓优雅，手心微侧向上，五指可稍张开指向目标；切不可用手指（如食指）或掌心朝下。常用的手势礼仪：

1. 横摆式

在表示“请进”“请”时常用横摆式。做法：五指并拢，手掌自然伸直，手心向上，肘微弯曲，腕低于肘。开始作手势应从腹部之前抬起，以肘为轴地向一旁摆出，到腰部并与身体正面成45度时停止。头部和上身微向伸出手的一侧倾斜。另一手下垂或背在背后，目视宾客，面带微笑，表现出对宾客的尊重、欢迎。

2. 前摆式

如果右手拿着东西或扶着门，需要向宾客作略右“请”的手势时，可以用前摆式。做法：五指并拢，手掌抻直，由身体一侧由下而上抬起，以肩关节为轴，到腰的高度再由身前右方摆去，摆到距身体15厘米，并不起过躯干的位置时停止。目视来宾，面带微笑，也可双手前摆。

3. 双臂横摆式

当来宾较多时，表示“请”可以动作大一些，采用双臂横摆式。做法：两臂从身体两侧向前上方抬起，两肘微曲，向两侧摆出。指向前进方向一侧的臂应抬高一些，伸直一些，另一手稍低一些。也可以双臂向一个方面摆出。

4. 斜摆式

请客人落座时，手势应摆向座位的地方。做法：手要先从身体的一侧抬起，到高于腰部后，再向下摆去，使大小臂成一斜线。

5. 直臂式

需要给宾客指方向时，用直臂式。做法：手指并拢，掌伸直，屈肘从身前抬起，向指引的方向摆去，摆到肩的高度时停止，肘关节基本伸直。注意指引方向，不可用一个手指指示，这样显得不礼貌。

六、目光语

人们在交往中通过视线接触所传递的信息，称为眼神。人的内心世界有时可以通过眼睛来表达的，如目光的方向、眼球的转动、眨眼的频率、闭眼的久暂，都表示一种意思，流露出一种感情。

1. 目光语的特点

目光语在交际中是通过视线的接触来传递信息的。眼睛被认为是人体传递信息的一个最重要、最清楚和最正确的部位，因为外界的信息约有 80 % 通过眼睛传入大脑。

2. 目光语的常见表现形式

（1）从目光的投射方向看，一般归结为平视、上视、下视、旁视几种类型。

（2）从聚焦度来看，目光的典型状态大致可以分为注视、散视和移视三种。

（3）目光注视的区域。

注视的区域很重要，不同的注视区域所传达的信息不同，而且能被人们所普遍感知。

1）公事注视区。位置在以双眼连线为底边，前额中心点为顶角顶点所构成的三角形区域。此区域的注视能够造成严肃、可信、有某种权威性的气氛，适用于公事活动和初次会面。

2）社交注视区。位置在以双眼连线为底边，嘴的中心点为顶角顶点所构成的倒三角形区域。该区域的注视介于严肃与亲密之间，普遍适用于各种社交场合。

3）亲密注视区。位置在以双眼连线为底边，胸部中心点为顶角所构成的倒三角形区域。注视该区域的体态语效果是使亲密的气氛出现，也表示对对方的某种特殊的兴趣，适宜于恋人、配偶及亲朋好友之间，否则将会被视为一种“准侵犯行为”。

3. 目光语的运用技巧

（1）运用注视，表达你对客人的尊敬和关注。

（2）运用环视，表现你对每一个客人的一视同仁和同等重视。

（3）运用虚视，减轻心理压力，展现自己的勤勉和机敏。

七、微笑语

微笑是一种没有国界的语言，它是人们内心情感的自然外露，具有丰富的内涵和巨大的作用。是自信的表现，是真诚、热情、友好、尊敬、赞美、谅解的象征。微笑可以表现出温馨、亲切的表情，能有效地缩短双方的距离，给对方留下美好的心理感受，从而形成融洽的交往氛围。面对不同的场合、不同的情况，如果能用微笑来接纳对方，可以反映出你良好的修养和挚诚的胸怀。

1. 微笑语的特征

微笑语是通过不出声的笑来传递信息的。微笑是仅限于脸部肌肉运动的收敛的笑，由从嘴角往上牵动颧骨肌和环绕眼睛的括纹肌的运动所组成的，并且左右脸是对称的。微笑语在人类各种文化中的含义是基本相同的，能超越文化而传播，是名副其实的“世界语”。

2. 微笑语的作用

微笑语在体态语中是运用最广、最具魅力的一种形式。美国喜剧演员博格说：“笑是两个人之间的最短距离”，美国沟通学家卡耐基的“被人喜爱的六个秘诀”之一就是“用微笑对待他人”。微笑在传达亲切温馨的情感、有效地缩短双方的心理距离、增强人际吸引力等方面的作用显著，因而在服务行业，微笑服务尤其受到推崇。在旅游工作中，微笑是最富有吸引力、最有价值的体态语。

微笑能强化有声语言沟通的功能，增强交际效果；微笑还能与其他体语相结合，代替有声语言的沟通。微笑作为一种表情，不仅是形象的外在表现，也是人的内在精神的反映。不仅有助于营造和谐、宽松的社会氛围，还有助于保持积极乐观的心态，进而利于身心健康。酒店员工在接待客人时，如果都能笑脸相迎，彬彬有礼，那么生意成功的可能性就大。也就是告诉我们：诚招天下客，客从笑中来，笑脸增友情，笑脸出效益。微笑成了最能打动客人心弦的美好语言之一。当然，笑也要掌握分寸，如果在不该笑时发笑，或者在只应微笑时却大笑，那么有时会使对方感到疑虑，甚至以为你是在取笑他。这显然是很失礼的。

工作实施标准

一、站姿、走姿、坐姿、蹲姿

1. 工作目的

为酒店服务打下良好的基础，形成习惯，塑造酒店员工良好的职业形象。

2. 工作要求

掌握规范的站姿、坐姿、行姿，能自纠错误。

3. 工作准备

在形体训练室准备好各式椅子、凳子若干张。

4. 实施标准

(1)站姿

<table>
<tr><th>内容</th><th>实施标准</th><th>注意事项</th></tr>
<tr><td>靠墙站立练习</td><td>要求脚跟、小腿、臀、双肩、后脑勺都紧贴墙，每次坚持15~20分钟。练习站立者动作的持久性与挺拔感</td><td rowspan="3">1. 站立时，切忌东倒西歪，无精打采，懒散地倚靠在墙上、桌子上。
2. 不要低着头、歪着脖子、含胸、端肩、驼背。
3. 不要将身体的重心明显地移到一侧，只用一条腿支撑着身体。
4. 身体不要下意识地做小动作。
5. 在正式场合，不要将手叉在裤袋里面，切忌双手交叉抱在胸前，或是双手叉腰。
6. 男子双脚左右开立时，注意两脚之间的距离不可过大，不要挺腹翘臀。
7. 不要两腿交叉站立</td></tr>
<tr><td>二人一组练习</td><td>要求背靠背，双方的髋部、肩部、后脑勺为接触点，练习站立动作的稳定性</td></tr>
<tr><td>面对训练镜练习</td><td>要求在正确的站姿基础上，结合脸部表情练习(重点是微笑)，使规范的站立姿态与热情的微笑相结合，完善站姿的整体形象</td></tr>
</table>

(2)坐姿

<table>
<tr><th>内容</th><th>实施标准</th><th>注意事项</th></tr>
<tr><td>基本坐姿</td><td>1. 入坐时，要轻而缓，走到座位前面转身，右脚后退半步，然后轻稳地落座。动作要求轻盈舒缓，从容自如。
2. 女子手将裙子向前拢一下。
3. 坐下后，上身直正，头正目平，嘴巴微闭，脸带微笑，腰背稍靠椅背，两手相交放在腹部或两腿上，两腿平落地面</td><td rowspan="4">1. 双腿不宜开过大。不论是大腿或是小腿开过大，都极其不美观。男子两膝间的距离以一拳为宜，女子则以不分开为好。
2. 架腿方式欠妥。将一条小腿架在另一条大腿上，两腿之间留出太大空隙，成不所谓的“二郎腿”；将腿搁在桌椅上，就更显放纵。
3. 双腿不宜过分前伸。将双腿直挺地伸向前方，不仅妨碍他人，而且有碍观瞻。身前若有桌子时，双腿不要伸到外面。
4. 不要将腿部抖动摇晃。
5. 改正下列不安分的脚姿。坐下后脚跟接触地面，脚尖抬起，使鞋底在别人眼前“一露无余”；脚蹬踏其他物体；或脚自脱鞋袜；就坐后用手抚摸小腿或脚部</td></tr>
<tr><td>入座前的动作</td><td>面对训练镜，以站在座位的左侧为例，先左腿向前迈出一步，右腿跟上并向右侧一步到座位前，左腿并右腿，接着右脚后退半步，轻稳落座；入座后右腿并左腿成端坐，双手虎口处交叉，右手在上，轻放在一侧的大腿上</td></tr>
<tr><td>离座动作</td><td>离座起立时，右腿先向后退半步，然后上体直立站起，收右腿。从左侧还原到入座前的位置</td></tr>
<tr><td>两手摆法</td><td>1. 有扶手时双手轻搭或一搭一放。
2. 无扶手时，两手相交或轻握放于腹部；左手放在左腿上，右手搭在左手背上；两手呈八字形放于腿上</td></tr>
</table>

续 表

内容	实施标准	注意事项
两腿摆法	1. 凳高适中时，两腿相靠或稍分，但不能超过肩宽。 2. 凳面低时，两腿并拢自然倾斜于一方。 3. 凳面高时，一腿略搁于另一腿上，脚尖向下	6. 若身前有桌子，就坐后双手都应置于桌上，单手或双手放于桌下，都是不妥的。 7. 将双肘支在面前的桌子上，对于同座之人是不礼貌的行为。 8. 坐沙发时不应太靠里面，不能呈后仰状态。 9. 女士穿裙装入座时，避免露出衬裙。 10. 双手不要放在两腿中间。 11. 入座后的端坐姿势要求以正确坐姿规范为基础，面带微笑，确保坐姿的直立感、稳定性
两脚摆法	1. 脚跟与脚尖全靠或一靠一分。 2. 也可一前一后或右脚放在左脚外侧	
侧挂式坐姿	上体与腿同时转向一侧，面向对方，开成一个优美的侧挂式坐姿	
叠膝式坐姿	1. 两腿膝部交叉，一脚内收于前腿膝下交叉，两脚一前一后着地，双手稍微交于腿上。 2. 起立时，右脚向后收半步，而后站起。 3. 离开时，在向前走一步，自然转向退出房间	

（3）走姿

内容	实施标准	注意事项
行走稳定性的练习	在保持正确站立姿势的基础上，两臂侧平举，两手各持一碗水，练习行走的稳定性	
一般走姿	1. 在行走时，必须保持明确的行进方向，尽可能地使自己犹如在直线上行走，不要突然转向，更忌突然大转身。 2. 步幅适中。行进时迈出的步幅与本人一只脚步的长度相近。即男子每步约 40 厘米，女子每步约 36 厘米。 3. 速度均匀。在正常情况下，男子每分钟 108 ~ 110 步，女子每分钟 118 ~ 120 步。不突然加速或减速。 4. 重心放准。行进时身体向前微倾，重心落在前脚掌上。 5. 身体协调。行进时要以脚跟首先着地，膝盖在脚步落地时伸直，腰部成重心移动的轴线，双臂在身体两侧一前一后地自然摆动。 6. 体态优美。做到昂首挺胸，步伐轻松而矫健收腹，直起腰背，伸直腿部	1. 走路时最忌内八字和外八字，其次是弯腰弓背，摇晃头脑，大摇大摆，左顾右看，脚蹭地面。 2. 男子行走，两脚跟交替前进在一条线上，两脚尖稍外展，通常速度较快，脚步稍大，步伐奔放有力，充分展示男性的阳刚之美。女子行走，两脚交替走在一条直线上，脚尖正对前方，称"一字步"。 3. 男子穿西装时，走路的幅度可略大些，以体现挺拔、优美的风度；女子着旗袍和中跟鞋时，步幅宜小些，以免因旗袍开衩较大，露出大腿，显得不美；女子着长裙行走要平稳，长裙的下摆较大，更显得女子修长，飘逸；年轻女子穿着短裙时，步幅不宜太大，步频可稍快些，以保持轻盈、活泼、灵巧、敏捷。
陪同客人的走姿	1. 同"一般走姿"。 2. 引客人时，位于客人左前方 2 ~ 3 步，上身稍向右转体，左肩稍前右肩稍后，按客人的速度先进，不时用手势指引方向，招呼客人	

续 表

内容	实施标准	注意事项
与人员同行	1. 同“一般走姿”。 2. 不可并肩同行,不可嬉戏打闹,不可亲聊	4. 行走时要注意上下肢动作的协调配合,同时结合面部表情、体态语、手势语等进行练习
与客人反向行	接近客人时,应放慢速度;与客人交会时,请客先行,窄小的地方,要侧身正面向客人,请客人通过后在前进	
与客人同行	尽量不超过客人;实在必须超过时,要先道歉后超越,再道谢	
在客人面前离开	先向后退两三步,再转身离去。退步时,脚要轻擦地面,不可高抬腿,后退的步幅要小。转身时先转身体再转头	

(4)蹲姿

内容	实施标准	基本要求
女士高低式蹲姿	左脚向前,右脚稍后,不重叠,两腿紧靠向下蹲。左脚全脚掌着地,小腿垂直于地面,右脚跟提起,右前脚掌着地。右膝低于左膝,两膝内侧紧靠。臀部向下,基本上以右腿支撑身体。手放膝盖上方,手指与膝并齐	下蹲时一定要注意不要有弯腰,臀部向后撅起的动作;两腿叉开,两腿展开平衡下蹲,以及下蹲时,露出内衣裤等不雅的动作,都会影响姿态美。当要捡起落在地上的东西或拿取低处物品时,要走到要捡或拿的东西旁边,使用正确的蹲姿,将东西拿起。男士一般选用高低式蹲姿,不过两腿不要靠紧,两腿之间可以有适当距离
女士交叉式蹲姿	左脚在前,右脚在后,左小腿垂直于地面,全脚着地。右脚在后与左腿交叉重叠,右膝由后面伸向左侧,右脚跟提起,右前脚掌着地。两腿前后紧靠,合力支撑身体。臀部向下,上身稍前倾。女士穿裙子时适合选用交叉式蹲姿	

二、手势

1. 工作目的

塑造酒店员工良好的职业形象,为酒店服务打下良好基础。

2. 实训要求

熟练掌握各种不同手势的基本规范和应用。

3. 工作准备

在形体训练室准备好椅子,凳子若干张。

4. 实施标准

<table>
<tr><th>内容</th><th>操作标准</th><th>注意事项</th></tr>
<tr><td>正常垂放</td><td>1. 手指尖向下，掌心向内，手臂伸直后分别紧贴两腿裤线处。
2. 双手伸直后自然相交于小腹之处，掌心向内，一手在上，一手在下地相握。
3. 双手伸直后自然相交背后，掌心向外，两只手相握</td><td rowspan="2">1. 男士应出手利落有力，手心微侧向上，五指并拢前伸指向目标；女士应舒缓优雅，手心微侧向上，五指可稍张开指向目标；切不可用手指（如食指）或掌心朝下。
2. 不可将桌子或柜台作为支撑身体之用途。
3. 身体其他部位姿势规范，与手势动作协调。
4. 目视来宾，面带微笑</td></tr>
<tr><td>指引方向</td><td>1. 横摆式。五指并拢，手掌自然伸直，手心向上，肘微弯曲，腕低于肘。开始作手势应从腹部之前抬起，以肘为轴地向一旁摆出，到腰部并与身体正面成 45 度时停止。头部和上身微向伸出手的一侧倾斜。另一手下垂或背在背后，目视宾客，面带微笑，表现出对宾客的尊重、欢迎。
2. 前摆式。五指并拢，手掌抻直，由身体一侧由下而上抬起，以肩关节为轴，到腰的高度再由身前右方摆去，摆到距身体 15 厘米，并不超过躯干的位置时停止，也可双手前摆。
3. 双臂横摆式。两臂从身体两侧向前上方抬起，两肘微曲，向两侧摆出。指向前进方向一侧的臂应抬高一些，伸直一些，另一手稍低一些。也可以双臂向一个方面摆出。
4. 斜摆式。手要先从身体的一侧抬起，到高于腰部后，再向下摆去，使大小臂成一斜线。
5. 直臂式。手指并拢，掌伸直，屈肘从身前抬起，向指引的方向摆去，摆到肩的高度时停止，肘关节基本伸直</td></tr>
<tr><td>手持物品</td><td>1. 稳妥。手持物品时，可根据物品重量，形状及易碎程度采取相应手势，切记确保物品的安全。尽量轻拿轻放，防止伤人或伤己。
2. 自然。手持物品时，服务物品时，服务人员可以根据本人的能力与实际需要，酌情采用不同的姿势，但一定要避免在持物时手势夸张，“小题大做”，失去自然美。
3. 到位。就是持物到位。例如，箱子应当拎其提手，杯子应当握其杯耳，有手柄的物品应当持其手柄，持物时若手不能到位，不但不方便，而且也很不自然。
4. 卫生。为客人提供食品时，切忌直接下手。敬茶，勘酒，送汤，上菜时，千万不要把手指搭在杯，碗，碟边沿，更不可无意之间使手指浸泡在其中</td><td rowspan="2">1. 手势不宜过多，幅度不宜过大。
2. 注意手势的区域性差异。在不同的地区，同一手势的含义是不同的，应加以注意。
3. 错误手势：
（1）指指点点。工作或与人交谈时，绝不可随意对客人指指点点，因为它含有教训人的味道，是不礼貌的行为</td></tr>
<tr><td>递接物品</td><td>1. 用双手为宜，有可能时，双手递物于他人最佳；不方便双手并用时，也应尽量采用右手。以左手递物，通常被视为失礼之举。
2. 递到手中。递给他人的物品，应直接交到对方手中为好；不到万不得已，最好不要将所递的物品放在别处</td></tr>
</table>

续 表

内容	操作标准	注意事项
递接物品	3. 若双方相距过远，递物者应主动走近接物者；假如自己坐着的话，应在递物时起立。 4. 方便接拿。报务人员在递物时，应为对方留出便于接物品的空间，不要让其感到接物时无从下手，将带有文字的物品递交他人时，还须使之正面向对方。 5. 尖，刃向内。将带或其他易伤人的物品递给他人时，切勿以尖。刃直指对方，合适服务礼仪的做法，是应使尖，刃向自己，或是向他处	（2）随意摆手。一只手臂伸在胸前，指尖向上，掌心向外，左右摆动。这个动作含有拒绝别人和极不耐烦的之意
展示物品	1. 便于观看。展示物品时，一定要方便现场的观众观看。因此，一定要将被展示物品正面向观众，举到一定的高度，并使展示的时间能让观众充分观看。当四周皆有观众时，展示还须变换不同角度。 2. 操作标准。服务人员在展示物品时，不论是口头介绍还是动手操作，均应符合标准。解说时应口齿清晰；动手操作时，应手法干净利索，速度适宜，并进行必要的重复。 3. 手位正确。在展示物品时，应使物品在身体一侧展示，不宜挡住本人头部：一是将物品举至高于双眼之处，这种方法适宜被人围观时采用；二是双臂横伸将物品向前伸出，活动范围自肩至肘之处，上不过眼部，下不过胸部，这种方法易给人以安全感	1. 端起双臂。双臂抑起，端在胸前，往往含有孤芳自赏、自我放松或是置身事外，袖手旁观，看人笑话之意。 2. 双手抱头。在服务时这一体态会给人以目中无人的感觉。 3. 摆弄手掌。工作中空闲时反复摆弄自己的手掌，关节或将其弄响。 4. 搔首弄姿。这种姿态给人发矫揉造作之感。 5. 抚摸身体。工作时不能习惯性地抚摸自己的身体，如摸脸，擦眼，搔头等
打招呼	1. 要使用手掌，而不能只用手指。 2. 要掌心向上，而不宜掌心向下。 3. 手掌向内轻摆	
举手致意	1. 当服务人员工作时，看见面熟的顾客且不能分身时，应向其举手致意以消除误会，消除对方的被冷落感。 2. 举手致意时面向对方。应身体直立，目视对方的同时，面带笑容。 3. 致意时应手臂自下而上向侧上方伸出。致意时可略有弯曲，亦可全部伸直。 4. 致意时掌心向外，即面向对方，指间向上方，同时，切记伸开手指	
挥手道别	1. 身体站直。尽量不要走动，乱跑，更不要摇晃身体。 2. 目视对方。目送对方远去直至离开，若不看道别对像，便会被对方理解为目中无人。 3. 手臂前伸。道别时，可用右手，也可双手并用，但手臂应尽力向前伸出；注意手臂不要伸太低或过分弯曲。 4. 掌心向外。挥手道别时，要保持掌心向外，否则是不礼貌的。 5. 左右挥动。挥手道别时，要将手臂向左右两侧轻轻地来回挥动，但尽量不要上下摆动	

三、表情

1. 工作目的

塑造酒店员工良好的职业形象,为酒店服务打下良好基础。

2. 实训要求

熟练掌握各种服务礼仪中表情的规范。

3. 工作准备

形体训练室。

4. 实施标准

(1)眼神

内容	实施标准	注意事项
眼神的训练	1. 眼睛扩大的训练——起眉绷眼皮练习 上、下眼皮是眼睛的两扇大门,通过尽力将额肌上提,带动两眼角尾部向上挑起,上、下绷起眼皮,使“两扇门”最大限度地打开。练习绷眼皮可使眼睛扩大,同时也为亮眼练习打下基础。 2. 眼睛光亮的训练——眼睛光泽练习 练习眼神的集中,可将两眼平视镜中自己的一只眼,睁大眼凝视。初练时,会出现流眼泪、眨眼睛等现象。但通过凝视训练,就不会再出现这种现象了。 3. 眼睛灵活度的训练——目标练习、无目标训练 先做有目标练习,即在两眼的左、右、上、下用红布或其他显眼的东西固定在一个点上(目标不要超过视线范围),眼球作左、右横线转动,上、下竖线的移动或圆圈的运动。练习时头部不动,只用眼睛随目标梭动或转动,注意眼睛转动时,仍要保持绷眼皮状态。初练时,速度可慢一点儿,逐渐加快速度练习。当眼睛练的有一定的灵活性时,就可以进行无目标练习,让眼睛自然地转动和梭动	1. 适时,自然,表示重视,友好或尊敬。 2. 宾客沉默不语时,不要盯着客人,以免加剧对方不安。 3. 在工作岗位上为多人提供服务时,通常要巧妙地运用自己的眼神,兼顾每一个服务对像。即要按照先来后到的顺序对先来的客人多加注视,也要同时以略带歉意,安慰的眼神去环视一下等候在身旁的其他客人。即表现出一视同仁,又可以让后到的客人感到宽慰,使其不产生被冷落的感觉。 4. 注视顾客时,视觉要保持相对稳定,注意自然,切忌对客人上上下下扫视。
注视的部位训练	1. 注视对方的双眼。表示自己对对方全神贯注。在问候对方,听取诉说,征求意见,强调要点,表示诚意,向人道贺或道别时,都应注意对方的双眼但时间不宜过长,一般以 3 ~ 6 秒时间为宜。 2. 注意对方的面部。最好是对方的眼三角区,而不要聚集于一处,以散点为宜。 3. 注视对方的全身。同服务工作中,须根据实际需要而对客人的一部分多加注视,例如在递接物品时,应注视对方手部	

续 表

内容	实施标准	注意事项
注视的角度训练	1. 正视对方。在注视他人时,与之正面相向,同时还须将上半身微倾向对方,其含义表示尊重对方。 2. 平视对方。在注视他人时,身体与对方处于相似高度,表现出双方地位平等与本人的不卑不亢。 3. 仰视对方。即在注视他人时,本人所处位置比对方低,则需抬头向上仰望对方,可给对方重视信任之感	5. 在酒店接待服务过程中,要特别注意不能使用向上看的目光,这种目光给人以目中无人,骄傲自大的感觉。更不能东张西望,给人以缺乏教养,不懂得尊重别人的印象

(2)微笑

内容	实施标准	注意事项
微笑	1. 嘴角微微向上,让嘴唇略呈弧形。 2. 念英文单调 CHEESE,英文字母 G 或普通话“茄子,一,西” 要使双颊肌肉用力向上抬,用力抬高口角两端,但要注意下唇不要用力太大。 3. 面对镜子,用一张厚纸遮住眼睛以下的脸部,想像美好的情境、回忆快乐的时光,使笑肌抬升收缩,嘴两角上翘,做出微笑的口型,然后面部肌肉放松,眼睛随之恢复原状。这样经常反复练习,达到自我感觉最佳的状态为止。 4. 情景熏陶法,通过美妙的音乐创造良好的环境氛围,练习会心的微笑。 5. 回忆微笑的好处,回忆美好的往事,发自内心的微笑	1. 微笑要发自内心,做到目光柔和而发亮,表里如一,既要“眼形笑”,又要“眼神笑”。这样才更自然,更传神,更能感人。否则就成了“皮笑肉不笑”。 2. 微笑须兼顾服务场合。如在下列情况下,微笑是不允许的:进入庄严的场所时;顾客满面哀伤时;顾客先天缺陷时;顾客出了洋相而感到不好意思时。 3. 笑与语言的结合。请微笑地说“您好”“早上好”“欢迎光临”等礼貌用语。 4. 做到微笑服务的“八个一样” (1)领导在场与不在场一个样;(2)内宾外宾一个样;(3)本地客与外地客一个样;(4)生客与熟客一个样;(5)大人、小孩一个样;(6)消费多少一个样;(7)消费与不消费一个样;(8)主观心境好坏一个样

计划、决策与实施

学习情境一	酒店员工职业形象塑造
工作过程五	酒店员工仪态形象塑造
学生行为	进行成员任务分配,制订工作计划,经小组反复酝酿,讨论计划的科学合理性,完善和做出最终决策;通过教师的演示或者跟随光碟实践掌握酒店工作岗位上站姿、走姿、坐姿、蹲姿、手势的规范要求,学习恰当地运用目光语,为客人提供微笑服务,进而熟练掌握酒店员工仪态形象塑造的技能,并进行总结

续 表

教师行为	督导学生分组讨论，讲解、演示站姿、走姿、坐姿、蹲姿、手势、目光语、微笑的操作要领，播放相关光碟，审核工作计划，提出修改建议，回答学生提问，引导学生做出正确的决策，要求学生跟随教师动手实践并正确实施决策，组织学生分类别举行仪态形象塑造比赛，对学生的具体分析和完成各项任务进行答疑与督导，并观察学生的表现			
计划、决策与实施	序号	实施步骤	操作要领	参考资料详细地址
	1			
	2			
	3			
	4			
	5			
	6			
	7			
	8			
	9			
	10			
组长签字		**组　别**		
教师签字		**日　期**		

评价、检查与反馈

学习情境一	酒店员工职业形象塑造					
工作过程五	酒店员工仪态形象塑造					
学生行为	1. 对酒店员工仪态形象塑造工作任务完成情况进行自我检查和反思，填写检查表。 2. 把学习成果制作成 PPT 进行汇报，总结学习中的收获与体会，进行自我评价，并对本小组的成员表现进行逐一评价，填写评价单和学习反馈单					
教师行为	听取学生成果汇报，检查学生学习任务完成情况，并指出不足及修改建议，对学生的学习表现进行评价，通过学生教学反馈总结教学的不足，制订工作改进计划					
评价	评价类别	项目	子项目	个人评价	教师评价	组内互评
	专业能力（60%）	资讯（15%）	搜集信息查找资料（5%）			
			引导问题回答（10%）			

续 表

<table>
<tr><td rowspan="15">评
价</td><td>评价类别</td><td>项目</td><td>子 项 目</td><td>个人评价</td><td>教师评价</td><td>组内互评</td></tr>
<tr><td rowspan="8">专业能力（60%）</td><td rowspan="4">计划实施（20%）</td><td>工作流程的正确性（2%）</td><td></td><td></td><td></td></tr>
<tr><td>方案设计科学性（3%）</td><td></td><td></td><td></td></tr>
<tr><td>实施操作正确性（10%）</td><td></td><td></td><td></td></tr>
<tr><td>知识的运用（5%）</td><td></td><td></td><td></td></tr>
<tr><td rowspan="2">检查（5%）</td><td>全面性、准确性（3%）</td><td></td><td></td><td></td></tr>
<tr><td>异常情况排除（2%）</td><td></td><td></td><td></td></tr>
<tr><td rowspan="2">结果（20%）</td><td>演示汇报（10%）</td><td></td><td></td><td></td></tr>
<tr><td>知识技能掌握（10%）</td><td></td><td></td><td></td></tr>
<tr><td rowspan="4">社会能力（20%）</td><td rowspan="2">团结协作（10%）</td><td>对小组的贡献（5%）</td><td></td><td></td><td></td></tr>
<tr><td>小组合作配合情况（5%）</td><td></td><td></td><td></td></tr>
<tr><td rowspan="2">敬业精神（10%）</td><td>吃苦耐劳精神（5%）</td><td></td><td></td><td></td></tr>
<tr><td>学习纪律性（5%）</td><td></td><td></td><td></td></tr>
<tr><td rowspan="2">方法能力（20%）</td><td>计划能力（10%）</td><td></td><td></td><td></td><td></td></tr>
<tr><td>决策能力（10%）</td><td></td><td></td><td></td><td></td></tr>
<tr><td rowspan="9">检
查</td><td>序号</td><td>检查项目</td><td>检查标准</td><td colspan="2">学生自检</td><td>教师检查</td></tr>
<tr><td>1</td><td>目标认知</td><td>工作目标明确，工作计划周密，具有可操作性</td><td colspan="2"></td><td></td></tr>
<tr><td>2</td><td>理论知识</td><td>基础理论知识的全面掌握</td><td colspan="2"></td><td></td></tr>
<tr><td>3</td><td>基本技能</td><td>能够运用基本的理论进行实践思考、分析、解决问题</td><td colspan="2"></td><td></td></tr>
<tr><td>4</td><td>学习能力</td><td>能在教师指导下，全面掌握相关知识和技能</td><td colspan="2"></td><td></td></tr>
<tr><td>5</td><td>工作态度</td><td>主动参与，积极完成工作任务</td><td colspan="2"></td><td></td></tr>
<tr><td>6</td><td>团队合作</td><td>积极与他人合作，共同完成任务</td><td colspan="2"></td><td></td></tr>
<tr><td>7</td><td>工具运用</td><td>熟练利用资料自学，利用网络进行资料查询</td><td colspan="2"></td><td></td></tr>
<tr><td>8</td><td>任务完成</td><td>保质保量完成任务</td><td colspan="2"></td><td></td></tr>
<tr><td>教学反馈</td><td colspan="6">我对学习本工作过程的意见或建议：</td></tr>
<tr><td>组长签字</td><td colspan="3"></td><td>组 别</td><td colspan="2"></td></tr>
<tr><td>教师签字</td><td colspan="3"></td><td>日 期</td><td colspan="2"></td></tr>
</table>

拓展阅读

不同着装的女士在行走的步态上的区别

一般以直线条为主的服装比较庄重、大方、舒展矫健(如西装、套装);而以曲线条为主的服装比较妩媚、柔美、优雅、飘逸(如旗袍、短裙)。

当女士穿短裙或旗袍(以曲线服装为主)时,其动作要领:两脚跟前后要走在一条线上,脚尖略外开两手臂在体侧自然摆动,幅度也不宜过大;身体挺拔胸微含,下颌微收,髋部可随着脚步和身体重心的转移,稍左右摆动。

当穿裤装(以直线服装为主)时,其动作要领:两脚内侧成二条直线,注意套装的挺拔,保持后背的平正;走路的步幅可略大些,手臂放松伸直自然摆动不可有意左右晃肩,扭动髋部。

希尔顿酒店的成功之道

号称美国"旅馆之王"的希尔顿,是世界上非常有名气的酒店业者,是国际酒店的第一个管理者,也是最长久的一个。从1919年到1976年,57年时间美国希尔顿旅馆从一家店扩展到70家,遍布世界五大洲的各大城市,成为全球最大规模的旅馆之一。50年来,希尔顿旅馆生意如此之好,财富增加得如此之快,其成功得秘诀之一,就在于服务人员微笑的魅力。

美国"旅馆大王"希尔顿于1919年把父亲留给他地1.2万美元连同自己挣来的几千元投资出去,开始了他雄心勃勃的经营旅馆生涯。当他的资产从1.5万美元奇迹般地增值到几千万美元的时候,他欣喜自豪地把这一成就告诉母亲,想不到,母亲却淡然地说:"依我看,你跟以前根本没有什么两样……事实上你必须把握比5100万美元更值钱地东西:除了对顾客诚实之外,还要想办法使来希尔顿旅馆地人住过了还想再来住,你要想出这样的简单、容易、不花本钱而行之久远的办法去吸引顾客。这样你的旅馆才有前途。"

母亲的忠告使希尔顿陷入迷惘:究竟什么办法才具备母亲指出的"简单、容易、不花本钱而行之久远"这四大条件呢?他冥思苦想,不得其解。于是他逛商店、串旅店,以自己作为一个顾客的亲身感受,得出了准确得答案:"微笑服务。"只有它才实实在在地同时具备母亲提出地四大条件。

从此,希尔顿实行了微笑服务这一独创地经营策略。每天他对服务员的第一句话是:"你对顾客微笑了没有?"他要求每个员工不论如何辛苦,都要对顾客投以微笑。

1930 年西方经济全面危机，也是美国经济萧条严重的一年。在这一年，全美旅馆倒闭了 80%。希尔顿的旅馆也一家接一家地亏损不堪，曾一度负债 50 亿美元。困难时期，希尔顿的旅馆老板希尔顿并不灰心，而是充满信心地对旅馆员工说："目前正值旅馆亏空靠借债度日时期，我决定强渡难关，我请各位记住，千万不可把愁云挂到脸上，无论旅馆本身遭遇的困难如何，希尔顿旅馆服务员的微笑永远是属于顾客的阳光。"因此，经济危机中纷纷倒闭后幸存的 20% 旅馆中，只有希尔顿旅馆服务员的脸上带着微笑。当经济萧条刚过，希尔顿旅馆就率先进入新的繁荣时期，跨入黄金时代。

工作过程六　酒店员工言谈形象塑造

任务布置

<table>
<tr><td>学习情境一</td><td colspan="2">酒店员工职业形象塑造</td></tr>
<tr><td>工作过程六</td><td colspan="2">酒店员工言谈形象塑造</td></tr>
<tr><td>教师行为</td><td colspan="2">1. 引导学生明确工作任务及资讯问题，随机对学生实行分组，组成本工作过程的学习小组。
2. 讲解或引导学生学习酒店员工言谈形象塑造的基础知识，掌握其基本技能，解答学生提问</td></tr>
<tr><td>学生行为</td><td colspan="2">在教师引导及示范下，明确学习任务及要求，分组学习知识链接，查阅资料和文献，找出资讯问题的答案，学习言谈礼仪的概念，常见的礼貌用语的类型及运用规范，掌握口头语言表达艺术</td></tr>
<tr><td>工作任务</td><td colspan="2">学习言谈礼仪的概念，常见的礼貌用语的类型及运用规范，掌握口头语言表达艺术。从而实现酒店员工良好言谈形象塑造的目的</td></tr>
<tr><td rowspan="10">资讯</td><td rowspan="10">资讯问题</td><td>1. 什么是言谈礼仪？</td></tr>
<tr><td>2. 言谈艺术的基本要求有哪些？</td></tr>
<tr><td>3. 常用的称呼语及称呼方式有哪些？</td></tr>
<tr><td>4. 问候语划分为哪两类，分别有哪些？</td></tr>
<tr><td>5. 常用的征询语有哪三种类型，分别的什么？</td></tr>
<tr><td>6. 通常的推脱用语有哪些？</td></tr>
<tr><td>7. 工作岗位上，通常使用哪些应答语？</td></tr>
<tr><td>8. 常见的口头语言表达艺术有哪些？</td></tr>
<tr><td>9. 是否应该在饭店服务员中实行"首问负责制"？</td></tr>
<tr><td>10. 服务工作中，为什么永远不能说"不知道""不行"？</td></tr>
</table>

续 表

资 讯	资 讯 引 导	以上资讯问题请查阅本书知识链接,同时参考以下书籍和网页: 1.《酒店礼仪》,张文编著,华南课理工大学出版社,1999 年版。 2.《酒店礼仪》,李光、达明编,伊犁人民出版社,2000 年版。 3.《现代礼仪教程》,胡锐主编,浙江大学出版社,2004 年版。 4.《社交礼仪教程》,金正昆著,中国人民大学出版社,2005 年版。 5. 温晓婷,现代酒店知识与管理Ⅰ,Ⅱ【M】. 北京:中国商业出版社,2000.11. 6. 朱承强,现代饭店管理(第 2 版)【M】. 北京:高等教育出版社,2011.07. 7.《你的礼仪价值百万(精华版)》,周思敏著,中国旅游纺织出版社,2012 年版。 8. http://www.zhongguoliyi.org/ 中华礼仪网。 9. http://www.welcome.org.cn/zhongguoliyi/ 中国礼仪网。 10. http://www.chmh.com/index.asp 中国酒店。 11. http://www.chinahotel.org.cn/ 中国饭店协会网站。

知识链接

言谈礼仪,指运用语言进行交际交流时应具有的礼仪规范,是一个人文明的标志,也是一个人文化、学识、修养、道德、情操、能力、才华等各方面素质的综合体现。谈话是一门艺术,自古就有“一人之辩重于九鼎之宝”“三寸之舌强于百万之师”的名言。

在人际交往中,谈话艺术性的体现尽管人人都会,然而效果却大不一样。所谓“酒逢知己千杯少,话不投机半句多。”正是说明了交谈的好与坏,直接决定着交谈的效果。

一、言谈艺术的基本要求

(一)态度诚恳亲切,措词谦逊文雅

尊重是礼仪的本质特征。在交谈中,坚持以礼貌、尊重、真诚、友善为基础,态度亲切、诚恳,推心置腹,能缩短彼此之间的心理距离,有利于营造互相信赖的良好交谈氛围。

谈话时交谈双方都互相观察注意着对方的表情、神态,反应极为敏感,稍有不慎就会使谈话不欢而散或陷入僵局。当别人遇到不幸时你去看望安慰,你的表情一定要同情、专注;别人有了成绩你去祝贺,你的表情就要真诚、热情,愉快。如果你三心二意、心不在焉就是失礼,会引起别人的反感。

措词要谦逊文雅。对他人多用敬语、敬辞,对自己则应用谦语谦词即外敬内

谦。尊重对方只有由衷地真诚地对人尊重，才能在语气上表现出恭敬之情。也就是“要心有所存，才口有所言”。其实尊重他人就是尊重自己，你敬人一尺，人才会敬你一丈。只有在一个相互尊重的环境里，人们才会更好地和睦相处。

（二）遣词用句准确得体

俗话说：“会说的说得人笑，不会说的说得人跳。”一样的话，不同的表达方式，引出的结果是不一样的。善于准确得体表达的人，能够把自己的意思、情感恰如其分地表达出来，效果往往事半功倍；不善于准确得体表达的人，话一出口就有可能引出许多不必要的麻烦，想办的事情也无法办好。遣词用句准确要注意以下三点：

首先，要明确个人在说话的场合中的身份，说好自己分内的话，体现自己的身份。

其次，要考虑措辞，力求准确、恰当，委婉、平和，避免带伤害、刺激、激怒、挑衅的语言。

最后，注意说话立场要客观公正，态度温和，与人为善，尽量善意表达。

（三）称呼问候礼貌适宜

1. 选择礼貌的称呼

称呼是彼此之间的关系定位。人际关系，礼貌在先；与人交谈，称呼在先。尊敬、亲切、文雅的称呼可使双方心灵沟通、感情融洽，缩短彼此之间的距离。

2. 选择得体的问候

招呼对方要遵循先上级后下级，先长辈后晚辈，先女士后男士，先疏后亲的顺序进行。见了熟人不打招呼永远是失礼的。

（四）吐字发音清晰正确 说普通话

（五）语气语调亲切自然

1. 音量大小适度

讲话时声音不宜过高，语调要求柔和，音量大到让人听清即可，注意抑扬顿挫的变化；明朗、低沉、愉快的语调最吸引人，防低声音比提高嗓门声嘶力竭地喊听起来让人感到舒适。其实低声交谈更能反映一个人的涵养。

2. 讲话速度快慢适中

讲话时要依据实际情况的需要调整快慢，讲话速度最好不要过快，应尽可能娓娓道来，给他人留下稳健的印象，也给自己留下思考的余地。

3. 语调柔和

语言美是心灵美的语言表现，“有善心，才有善言”，因此要掌握柔言谈吐，首先应加强个人的思想修养和性格锻炼。理直气更能诚服于人。

4. **语调亲切自然**

既不要嗲声嗲气、矫揉造作，又不要生硬蛮横。语气要求热情和婉，多用询问语气，少用、慎用祈使命令语气。

（六）不要忽视无声语言

结合我们在举止礼仪中学过的手势语，把得体亲切的有声语言与优雅恰当的无声语言（“体态语”）有机地结合起来，恰当地表述自己的意思、意图。

（七）力争语言幽默、诙谐

幽默、诙谐能使我们旅游工作者的语言锦上添花，要力求发挥个人的聪明才智，巧妙地运用语言技巧，给人以机智、幽默、诙谐的愉悦感受。

二、礼貌用语的类型及运用规范

（一）称呼语

称呼语是人们在交往中用来称呼的词语，使用合适的称呼语是社交活动中首要的礼仪。称呼语比较复杂，数量众多，形式多样。

1. **通用的主要称呼方式**

性别称呼；姓氏称呼；职务称呼；职业称呼；头衔称呼；亲昵称呼；代词称呼。

称呼	具体应用
性别称呼	在不知对方姓氏、职务、职业的情况下，可使用泛指称呼。如称男士为“先生”，称女士为“小姐”“夫人”等。我国也称“同志”的习惯。对身份高的女性也可称之为“先生”
姓氏称呼	如已经知道对方的姓氏或姓名，尽可能用姓氏称呼客人，如“张先生”“ 丁小姐”等，以显示对客人的尊重，并使客人有一种亲切感
职务称呼	在已经知道对方姓氏或姓名的基础上，又知道客人的职务，最好使用职务称呼，如“张总经理”“孙老师”“陈律师”等
职业称呼	在已经知道对方姓氏或姓名的基础上，又了解客人的职业，最好使用职业称呼，如“林医生”“孙老师”“陈律师”等
头衔称呼	对地位高的人士，如部长以上的高级官员可称其为“总理阁下”“部长阁下”“大使先生”；如是博士，可称其为“博士先生”；如是教授可称其为“张教授”。这样可以使客人尊贵的身份得以体现
亲昵称呼	对关系密切的宾主之间，可使用亲昵称呼，如“大伯”“叔叔”“阿姨”等
代词称呼	在对客服务中，有时可以直接称呼宾客“您”“你们”等，以示尊重

2. **酒店工作者最常用的称呼语是敬称**

（1）泛尊称，如先生、女士、小姐、夫人、太太等。

（2）职业加泛尊称，如教授先生、秘书小姐等。

(3)姓氏加上职务职称等,张主席、李经理等。

(二)问候语

问候语是用来打招呼或问好的用语,是酒店工作者与客人相见之时向对方表示欢迎、致以敬意、询问安好、表示关切的形式。

1. 标准式问候语

一般在称呼语后加"好",如:您好、各位好、诸位女士好等。

2. 时效式问候语

结合时间时令进行问候,如:李经理早上好、新年好、晚安等。

(三)迎送语

是欢迎或送别客人时的用语,分欢迎语和送别语。

1. 欢迎语

欢迎语是用来迎客的,当客人进入自己的服务区时必须要有欢迎语。如:欢迎光临、欢迎您的到来等。

2. 送别语

送别客人时必须使用的语言。如:慢走、走好、欢迎下次光临等。

(四)请托语

是向客人提出要求或求助于他人时使用的语言。

1. 标准式请托语

主要用"请",如:请大家记住车牌号、请跟我来、请稍候、请让一让等。

2. 求助式请托语

常用的有:劳驾、拜托、打扰、帮帮忙、请多关照等。

3. 组合式请托语

组合式请托语如:"麻烦您让一让""打扰了,劳驾您帮我照看一下"。

(五)征询语

是向他人了解想法的语言。常用的征询语有三种类型:

1. 动式

适用于主动向客人提供服务时。如:"您需要什么?""我能为您做点儿什么吗?"

2. 封闭式

多用来询问他人的意见,一般提供一种选择方案,以便对方及时决定是否采纳。如:"您觉得这种形式可以吗?""您要不先试试?""您不介意我来帮帮您吧?"

3. 开放式

开放式是提供选择的征询,提出多种方案,让对方有多种选择的余地,能够显示对对方的尊重和体贴。如:"您是喜欢浅色的还是深色的?""您是想住单人间还是双人间?”“您打算预订豪华包间、雅座还是散座?”“这里有……您愿意要哪一种?”

(六)应答语

1. 肯定式

肯定式指用来答复别人的请求。常用的有好、好的,马上、是的、一定照办、很高兴能为您服务、我一定尽力满足您的要求等。对于客人的请求要注意迅速及时地回复。

2. 谦恭式

谦恭式指用来回复他人的认同、满意、欣赏、赞扬、感谢。常用的有请不必客气、这是我们应该做的、您过奖了、谢谢您的夸奖,我一定更加努力、您能够满意,这是我的荣幸、请跟我来、这边请、对不起,请您再说一遍、对不起,让您久等了等。

3. 谅解式

谅解式用于回应别人因故对自己表达歉意。常用的有:没关系、不要紧、您不必放在心上等。

(七)致谢语

致谢语是表达谢意、感激的用语。

1. 标准式

标准式指通常用“谢谢”,或者在后加称呼语或表敬代词,如:谢谢您、太好了,谢谢您”等。

2. 加强式

加强式指为了强化谢意,可以在“谢谢”前加程度副词,如:多谢、非常谢谢、十分感谢、万分感谢等。

3. 具体式

具体式指就某一具体事情道谢,致谢原因通常一并提及,如:给您添麻烦了、这次让您费心了、我们的事儿有劳您了等。

(八)赞赏语

赞赏语,适用于称道或肯定他人时,运用恰当,常常能够改善关系、融洽感情,促进进一步交往。要注意恰到好处。

1. 回应式

回应式用于回应客人的表扬、赞赏,常用的有:“哪里,我做得还很不够”、“承蒙您的夸奖,真是不敢当”“得到您的夸奖,我真开心”“您把我说得太好了,谢谢您”等。

2. 认可式

认可式用于回应客人的意见、建议或见解,常用的如:是的、对的、您的观点非常正确、您真是行家、您真不愧是这方面的专家等。

3. 评价式

评价式用于对客人予以正面评价，如您真好、太好了、太棒了、您真有眼光、您真是高品位等。

(九)祝贺语

祝贺语常用来表达对对方的善良、美好的心愿，常用的主要有应酬式和节庆式两种。

1. 应酬式

一般情况下常用的应酬式，如祝您健康快乐、祝您万事如意、祝您一帆风顺、祝您马到成功、祝您心想事成、祝您吉星高照、恭喜您、祝贺您、真替您高兴，等等。应酬式祝贺语的使用要注意切合情境，适合对方当时的情绪情形。

2. 节庆式

一般情况下常用的节庆式常用的有节日快乐、生日快乐、新婚快乐、新年好、恭喜发财、祝您开张大吉祝您福如东海，寿比南山等等。

(十)推脱语

推脱语适用于无法满足对方的要求或暂时不能马上满足对方的要求的情况，用推脱的形式来拒绝，要注意语言得体、语气委婉、态度友好。常用的方式有

1. 道歉式

一般情况下常用的道歉式，如"真的很抱歉，我们条件还不够完善。""实在对不起，我们能力有限。"

2. 转移式

一般情况下常用的转移式，如"对不起，您需要点别的吗"我们这里最著名(最好)的是……您要不要试试?""这个与您要的看上去差不多，您看看行吗?"

3. 解释式

一般情况下常用的解释式，如"公司有明文规定，很抱歉，我无能为力。""请原谅，我们有规定，不能满足您的要求。"

(十一)致歉语

常用的有对不起、抱歉、打扰了、不好意思、请原谅、失礼了、失陪了、失言了、失敬了、有失远迎、真对不起、很对不起、请多多包涵、非常过意不去，等等。

三、口头语言表达艺术

(一)幽默法

1. 自我调侃法

自我调侃是以反常的方式、态度来嘲弄、评说自己的长短。

(1)用夸张、嘲弄的方式自我揭短。自我调侃法的妙处在于把对自己的珍爱

和对自己的贬抑结合起来，以主动贬抑来体现自己心灵的纯净和豁达。

(2)以反语、幽默来嘲弄自己的长处。

2. 荒诞逻辑法

看似荒诞，又好像合乎逻辑，看似逻辑，实则荒诞。

(1)反常思维法

就是借助片面的、偶然的因素，违反常规地进行推理，看似荒诞不经，却又有着荒诞的逻辑性，出其不意，内含幽默的智慧，常收到奇特的效果。

(2)歪打正着法

就是使歪因和正果之间有一种貌似紧密的联系。

3. 一语双关法

就是利用一个词的语音或语义同时关联两种不同的意义并进行曲解的方法。

(二)委婉法

委婉语就是通过婉转曲折的措辞方式把原本可能令人不悦或比较粗俗的事情比较得体、文雅、巧妙地表达出来。

(三)模糊法

模糊是语言表达的需要，也是语言的基本特征之一。语言中的词有相当部分是模糊词。

1. 宽泛式模糊法

用含义宽泛、富有弹性的语言传递主要信息的方法。

2. 回避式模糊法

根据某种场合的需要，巧妙地避开确指性内容的方法。

3. 选择式模糊法

根据不同的目的，用具有选择性的语言来表达的方法。

(四)暗示法

暗示法是通过语言、语音色彩和表情、手势等身体动作以及视觉、声响等表达方式把自己的意向或不便言明的意思传达给对方，以引起相应的反应。

工作实施标准

一、前厅部员工言谈形象塑造

1. 工作目的

掌握酒店前厅各岗位言谈服务礼仪基本规范，塑造酒店员工良好的言谈礼仪形象。

2. 实训要求

熟练掌握前厅部各种服务礼仪中言谈的规范。

3. 工作准备

酒店前厅或模拟现场。

4. 实施标准

类别	服务用语规范	注意事项
欢迎语	早上/下午/晚上好,欢迎光临!	适用于宾客刚进入酒店或营业点时;使用时语言要热情,语速稍快;语调上扬,声音清脆或轻柔
	欢迎入住香米拉客家商务酒店!	
	对于熟悉的宾客:见到您很高兴!	
	对于很熟悉的宾客:非常高兴再次见到您!	
称谓语	泛尊称:男士称"先生",未婚女士称"小姐",已婚女士称"太太"或"夫人",难以判断婚否时可称"女士"	语气诚恳,辅以真挚的眼神;称呼亲切、灵活恰当;不要使用具有侮辱、歧视之意的称呼,如"老外";在正式场合使用尊称称呼宾客
	荣誉性称呼:以宾客拥有的学位、学术头衔、专业技术头衔、军衔、爵位等称谓语。如:博士、教授、医生、律师、法官、将军等	
	公务性称呼:以宾客职务相称,如局长、部长、董事长等	
	已知宾客姓氏:以姓氏连同尊称一同称呼宾客,并较为频繁地使用	
	特别熟的常客:以常客乐于接受的昵称、尊称称呼宾客	
问候语	对于初次见面的宾客,常用标准式:"您好!"	使用时,表情自然,和蔼、亲切,语调平和,配以温和的微笑,并配合点头或鞠躬;与礼貌用语连用,常常根据问候时间、场地、宾客状况、与宾客的熟悉程度来选择;注意时间与地点的差异,若只有"先生,您好!"一句话,宾客听起来会感到单调、乏味,新年到来可向宾客说声"先生,新年好!"更能强化节日气氛
	对于比较熟悉的宾客,常用轻松式:"近来好吗?"	
	对于很熟悉的宾客,常用个性式或宾客所喜欢的方式:×先生,您来了!	
	问候多位宾客:"大家好!"	
	根据问候的时间与地点差异:"早上好!"(00:00-12:00)"下午好!"(12:00-18:00)"晚上好!(18:00-24:00)"	
	根据宾客的状况:宾客身体欠安时,"您今天感觉好些了吗?";宾客比较疲惫时,"您休息得还好吗?"	
征询语	"请问您贵姓?"	注意宾客的形体语言;用协商的口吻;应把征询当作服务的一个程序,先征询意见,得到宾客同意后再行动,不可自作主张
	"请问怎么称呼您?"	
	"请问有什么可以帮您?"	
	"请问我能为您做点什么?"	
	"请问有什么可以为您效劳的吗?"	
	"请问您还有其它吩咐吗?"	
	"请问您还满意吗?"	

续 表

类别	服务用语规范	注意事项
应答语	“好的,马上就到!”	宾客有事呼叫时
	“请稍等,我就来。”	
	“好的,现在就为您办理。”	
	“好的,我让服务员马上给您送过去可以吗?”	
	“不客气,这是我们应该做的!”	宾客致谢时
	“很高兴为您服务!”	
	“不,一点都不麻烦。”	宾客致歉时
	“没关系!”	
道歉语	“对不起,这个问题我暂时无法解决,我请示一下稍后给您回复好吗?”	不能满足宾客需求时,应使用商量的语气
	“对不起,请稍等,我尽力帮您联系。”	
	“对不起,由于现在网络无法连接暂时不能打印发票,请留下您的地址和联系电话,我打印好后给您寄过去好吗?”	
	“实在是对不起!”	
	“实在抱歉!”	
道歉语	“对不起,让您久等了!”	引发宾客不满时,语气必须非常诚恳
	“很抱歉,给您添麻烦了!”	
	“请您原谅……”	
答谢语	“谢谢您宝贵的建议,我会转告给我们的管理层,改进我们的工作。”	宾客表扬、帮忙或者提意见时,均需要使用答谢语;使用时,要清楚爽快,语气诚恳
	“谢谢您的理解!”	
	“谢谢您的夸奖!”	
婉拒语	“非常抱歉,酒店规定员工工作时不得……”	客气委婉,不简单拒绝;以抱歉的口吻或感谢的语言为题头;以充足的理由为内容;以拒绝为目的
	“实在对不起,我已经尽了最大的努力了,但是……”	
	“对不起,今晚我有一个约会,不能久陪了!”	
	“承蒙您的好意,但我真的……”	
祝福语	祝贺时:“恭喜、恭喜!”“祝您生日快乐!”	使用时,声调上扬,语速稍快,语音清脆,表现出愉悦之情,利于缩短双方的心里距离
	节日祝贺时:“新年好!”“圣诞快乐!”“小朋友,节日快乐!”	
	祝愿语:“祝您住店愉快!”“祝您心想事成!”“祝您万事如意!”	
告别语	宾客离店或送梯时:“祝您一路平安!”“欢迎您再次光临!”	与宾客告别时,应行注目礼,直至电梯关闭或不在宾客视线内
	宾客起身离开时:“再见!”“您走好!”	

续 表

类别	服务用语规范	注意事项
接受预订	“请问您是为自己还是别的客人预订呢？”	接受预订时应清楚酒店当日及远期房态，询问清楚客人的个人信息，及付款方式。无法满足客人要求时应委婉解释，语气真诚
	“请问您打算预订几天？”	
	“请问您/您的客人大概什么时候抵店？”	
	“能告诉我您客人的名字吗？”	
	“方便的话请留下您的联系电话好吗？”	
	“因为酒店房间比较紧张，如果您的预订有什么变动的话，请及时通知我们，以便我们更好的为您服务，好吗？”	
	“谢谢您选择我们酒店，我们将恭候您的光临。”	
办理入住	“请问您有预订吗？”	
	“我们有××房、××房……，请问您需要什么样的房间？”	
	“请问您打算住几天？”	
	“××房的房价是××元每间夜，您看可以吗？”	
	“麻烦您出示一下证件办理登记好吗？”	
	“请问您是刷卡还是支付现金呢？”	
	“共收您押金××元，请在押金单上签字。”	
办理入住	“您需要的是××房，住X晚，房价是××元，请在这里签上您的姓名。”	入住办理应快速高效，从始至终面带微笑并使用礼貌用语，欢迎声要及时、大声，现金收取要唱收
	“这是您的证件、押金单和房卡，请收好。”	
	“这是我们的早餐券，每天早上7:00～09:30您可以在一楼早餐厅用早餐。”	
	“如果您有贵重物品，可以寄放在我们的贵重物品寄存室。”	
	“如果您有什么事，可以拨打分机号××与总台联系。”	
结账离店	“请给我您的房卡好吗？”	结账办理要快速准确，唱付现金，办理完毕一定要感谢客人并道别
	“现在给您结账，可以吗？”	
	“这是您的账单，请您过目。”	
	“请您核对一下账单并签字好吗？”	
	“请问需要开发票吗？”	
	“这是您的发票和找您的钱××元，请收好。”	
行李寄存	“能告诉我您的姓名和房号吗？”	一定要礼貌核查客人行李，如有不能寄存的物品，应委婉拒绝并告知原因
	“请问您寄存的行李中有没有贵重或易碎物品？”	
	“这是您的行李，总共四件，请你清点一下。”	
代客留言	“对不起，请您重复一遍，好吗？”	留言人的姓名、单位、联系电话、留言时间及留言内容一定要清楚准确，必须再次复述与客人核对
	“对不起，请您讲慢一点。”	
	“我可以复述一下您刚刚讲的内容吗？”	

续 表

类别	服务用语规范	注意事项
接打电话	“您好,我是××,请找××”	接打电话时应面带微笑,语气真诚,并随时用笔记录相关内容。当宾客打错电话时,同样应礼貌回应,切忌一声不吭直接挂掉
	“请问您找哪一位?”	
	“先生,您找的人不在,请问您需要留言吗?”	
	“请问方便留下您的电话号码吗?”	
	“对不起,这里是香米拉客家商务酒店,请问您要找哪里?”	
	“对不起,这里是……,需要我帮您转接过去吗?”	
为客指路	“我来拿行李,请往这边走。”	指路时语言清晰、准确,热情而平和,不要使用“东、西、南、北”等术语,应找明显的标志,避免复杂;应配合手势,运用明确和客气的指示语,并辅以相应的手势,在可能的情况下,将宾客引领到目的地
	“请一直往前走,再左拐。”	
	“电梯在您的右手边。”	
	“请从这里乘电梯上十楼。”	
	“请出门后左拐直走,穿过大马路,对面就有永辉超市。”	
	“您可以乘坐31路公交车到轮渡,再转乘9路就可到达。”	

二、客房部员工言谈形象塑造

1. 工作目的

掌握酒店客房各岗位言谈服务礼仪基本规范,塑造酒店员工良好的言谈礼仪形象。

2. 实训要求

熟练掌握客房部各种服务礼仪中言谈的规范。

3. 工作准备

客房或模拟现场

4. 实施标准

内容	实施标准	基本要求
客房服务员言谈形象	1. 遇到客人入住,主动向客人问好,欢迎客人下榻饭店,如“先生,下午好! 欢迎您下榻××酒店!”。 2. 在走廊与客人相遇,应礼貌地将工作车推至一边说:“请您先过”。 3. 进客房工作之前要先搞三下门,说:“Housekeeping”或“服务员”,确认无人或经客人允许后方可进入。 4. 打扫房间时客人进入,应说:“对不起,打扰了,很快就打扫完”	1. 做到礼貌接待“五声” 宾客到来有问候声;遇到宾客有招呼声;得到协助有致谢声;麻烦宾客有致歉声;宾客离店有道别声。 2. 文明十字“您好、谢谢、请、对不起、再见”常挂嘴边。 3. 不讲禁忌“四语”,即不尊重宾客的蔑视语;缺乏耐心的烦躁语;自以为是的否定语;刁难他人的斗气语

续 表

内容	实施标准	基本要求
客房服务员言谈形象	5. 打扫房间时，如客人问话，应暂停手中工作，认真聆听并回答。 6. 在与客人交谈时，不要将个人私事、饭店内部矛盾等向客人申诉，不要随便打听客人的隐私等。 7. 服务员在楼层要轻声说话，不得高声喧哗，也不要在客人面前窃窃私语。 8. 客人离店时，将之送至电梯口，并道别："欢迎您下次光临"	4. 用语要文雅，如： 用"几位"代替"几个人" 用"哪一位"代替"谁" 用"洗手间"代替"厕所" 用"贵姓"代替"你姓什么" 5. 在宾客再次到来时，应记住对方，以使对方产生被重视之感。 6. 在使用欢迎用语时，还必须同时向宾客主动施以注目、点头、微笑等见面礼

三、餐饮部员工言谈形象塑造

1. 工作目的

掌握酒店餐饮部各岗位言谈服务礼仪基本规范，塑造酒店员工良好的言谈礼仪形象。

2. 实训要求

熟练掌握餐饮部各种服务礼仪中言谈的规范。

3. 工作准备

餐厅或模拟现场

4. 实施标准

内容	实施标准	基本要求
迎宾员言谈形象	1. 客人到来时，上前致欢迎词，说："欢迎光临！""晚上好，请！"面带微笑，语调柔和、亲切。 2. 客人离去时，礼貌道别："谢谢您的惠顾/光临！请慢走，再见。" 3. 客人到来后立即迎上，亲切问候："您好！请问您有预订吗？""晚上好！请问一共几位？" 4. 引位时礼貌地说："请跟我来。这边请！""里边请！" 5. 如宾客要求的位置已被占用，应说："小姐/先生，对不起！我为您安排一个更好的位置，好吗？请跟我来。" 6. 如餐厅较满，客人对座位不是很满意，应多道歉，如："十分抱歉，今天客人太多，委屈您了，下次光临一定为您安排一个好座位。" 7. 应先问候女宾再问候男宾	1. 做到礼貌接待"五声"： 宾客到来有问候声；遇到宾客有招呼声；得到协助有致谢声；麻烦宾客有致歉声；宾客离店有道别声。 2. 文明十字"您好、谢谢、请、对不起、再见"常挂嘴边。 3. 不讲禁忌"四语"，即不尊重宾客的蔑视语；缺乏耐心的烦躁语；自以为是的否定语；刁难他人的斗气语。 4. 用语要文雅，如： 用"几位"代替"几个人"； 用"哪一位"代替"谁"； 用"洗手间"代替"厕所"； 用"贵姓"代替"你姓什么"；

续 表

内容	实施标准	基本要求
迎宾员言谈形象	8. 如遇上用餐高峰期，暂无座位，应对客人说明："对不起，暂无座位，您可到休息室稍候，一有空位马上为您安排。"当有了空位时，立即引客人入坐，并致歉："对不起，让您久等了，这边请。" 9. 客人离开时，微笑目送，说："再见，欢迎下次再来。"	5. 在宾客再次到来时，应记住对方，使对方产生被重视之感。 6. 在使用欢迎用语时，还必须同时向宾客主动施以注目、点头、微笑等见面礼
值台员言谈形象	1. 客人入座后，先问候女宾再问候男宾，递上香巾、茶水时招呼客人："小姐/先生请。" 2. 送上菜谱时说："小姐/先生，这是菜单，请选菜。"并在旁守候；如客人让过会儿再来，应说："好的，请随时招呼我。" 3. 当客人一时不能决定，应主动、热情推荐餐厅的菜肴，要注意语气婉转，尊重客人的意见，如："建议您试一试这道菜。"不要随意替客人做决定："这道菜场很好，我帮助您决定了。" 4. 如客人点的菜已售完，应礼貌地致歉，并婉转地建议客人点其他菜。 5. 如客人要求的菜肴菜单上没有，不可马上回绝，应说："请稍等，我马上联系厨师，尽量满足您的要求。"实在无法提供，要向客人道歉说明。 6. 客人点完菜肴酒水后，向客人复述一遍，以得到客人确认。 7. 上菜时，要向客人说明菜肴的名称，菜上齐后应告诉客人："菜已上齐，请慢用。" 8. 客人招呼，应立即上前问："请问我能为您做什么？""请问有什么事？"。 9. 为客人撤换器具时，应说："对不起，换一下盘碟，好吗？"撤菜时，要问："请问这道菜可以撤了吗？"客人结账时，将账单从客人左侧递上，并小声说："请您过目，共计×元。"客人用餐结束离开时，上前送别，说："谢谢，欢迎再次光临。"	

四、康乐部员工言谈形象塑造

1. 工作目的

掌握酒店康乐部各岗位言谈服务礼仪基本规范，塑造酒店员工良好的言谈礼仪形象。

2. 实训要求

熟练掌握康乐部各种服务礼仪中言谈的规范。

3. 工作准备

康乐部或模拟现场

4. 实施标准

内容	实施标准	基本要求
康乐部言谈形象	1. 客人到来时,热情问候:"欢迎光临!""晚上好"。 2. 当客人需要时,向其解释服务项目内容及设施的使用,态度诚恳,说话不可散漫或故作亲近之态。 3. 客人招呼时,应立即上前询问:"请问您需要什么?""我能为您做什么?"。 4. 提供服务离开时,可说:"祝您度过一段美好的时光!","祝你玩得愉快!","祝你尽兴!"。 5. 当场地繁忙,无法马上接待新来的客人时,应请他到休息室等候,并致歉:"对不起,十分抱歉!请你稍候"。 6. 客人结账时说:"谢谢您的光临!""谢谢,欢迎下次再来。"并送客人到门口。 7. 在声音较为嘈杂的场所,应注意调整音量,以便客人能够听清楚	1. 做到礼貌接待"五声": 宾客到来有问候声;遇到宾客有招呼声;得到协助有致谢声;麻烦宾客有致歉声;宾客离店有道别声。 2. 文明十字"您好、谢谢、请、对不起、再见"常挂嘴边。 3. 不讲禁忌"四语",即不尊重宾客的蔑视语;缺乏耐心的烦躁语;自以为是的否定语;刁难他人的斗气语

计划、决策与实施

<table>
<tr><td>学习情境一</td><td colspan="4">酒店员工职业形象塑造</td></tr>
<tr><td>工作过程六</td><td colspan="4">酒店员工言谈形象塑造</td></tr>
<tr><td>学生行为</td><td colspan="4">进行成员任务分配,制订工作计划,经小组反复酝酿,讨论计划的科学合理性,完善和做出最终决策;通过教师讲解及引导掌握酒店各工作岗位文明言谈用语,能较好地运用于工作实际,进而熟练掌握酒店员工言谈形象塑造的技能,并进行总结</td></tr>
<tr><td>教师行为</td><td colspan="4">督导学生分组讨论,讲解言谈礼仪的原则,技巧及常用的礼貌用语,设计酒店不同岗位工作场景,督导学生按小组进行言谈模拟比赛。审核学生工作计划,提出修改建议,回答学生提问,引导学生做出正确的决策并实施,对学生的具体分析和完成各项任务进行答疑与督导,并观察学生的表现</td></tr>
<tr><td rowspan="4">计划、决策与实施</td><td>序号</td><td>实施步骤</td><td>操作要领</td><td>参考资料详细地址</td></tr>
<tr><td>1</td><td></td><td></td><td></td></tr>
<tr><td>2</td><td></td><td></td><td></td></tr>
<tr><td>3</td><td></td><td></td><td></td></tr>
</table>

续 表

<table>
<tr><td rowspan="8">计划、决策与实施</td><td>序号</td><td colspan="2">实施步骤</td><td>操作要领</td><td>参考资料详细地址</td></tr>
<tr><td>4</td><td colspan="2"></td><td></td><td></td></tr>
<tr><td>5</td><td colspan="2"></td><td></td><td></td></tr>
<tr><td>6</td><td colspan="2"></td><td></td><td></td></tr>
<tr><td>7</td><td colspan="2"></td><td></td><td></td></tr>
<tr><td>8</td><td colspan="2"></td><td></td><td></td></tr>
<tr><td>9</td><td colspan="2"></td><td></td><td></td></tr>
<tr><td>10</td><td colspan="2"></td><td></td><td></td></tr>
<tr><td>组长签字</td><td colspan="2"></td><td>组 别</td><td colspan="2"></td></tr>
<tr><td>教师签字</td><td colspan="2"></td><td>日 期</td><td colspan="2"></td></tr>
</table>

评价、检查与反馈

<table>
<tr><td>学习情境一</td><td colspan="6">酒店员工职业形象塑造</td></tr>
<tr><td>工作过程六</td><td colspan="6">酒店员工言谈形象塑造</td></tr>
<tr><td>学生行为</td><td colspan="6">1. 对酒店员工言谈形象塑造工作任务完成情况进行自我检查和反思，填写检查表。
2. 把学习成果制作成 PPT 进行汇报，总结学习中的收获与体会，进行自我评价，并对本小组的成员表现进行逐一评价，填写评价单和学习反馈单</td></tr>
<tr><td>教师行为</td><td colspan="6">听取学生成果汇报，检查学生学习任务完成情况，并指出不足及修改建议，对学生的学习表现进行评价，通过学生教学反馈总结教学的不足，制订工作改进计划</td></tr>
<tr><td rowspan="11">评
价</td><td>评价类别</td><td>项目</td><td>子 项 目</td><td>个人评价</td><td>教师评价</td><td>组内互评</td></tr>
<tr><td rowspan="8">专业能力（60%）</td><td rowspan="2">资讯（15%）</td><td>搜集信息查找资料（5%）</td><td></td><td></td><td></td></tr>
<tr><td>引导问题回答（10%）</td><td></td><td></td><td></td></tr>
<tr><td rowspan="4">计划实施（20%）</td><td>工作流程的正确性（2%）</td><td></td><td></td><td></td></tr>
<tr><td>方案设计科学性（3%）</td><td></td><td></td><td></td></tr>
<tr><td>实施操作正确性（10%）</td><td></td><td></td><td></td></tr>
<tr><td>知识的运用（5%）</td><td></td><td></td><td></td></tr>
<tr><td rowspan="2">检查（5%）</td><td>全面性、准确性（3%）</td><td></td><td></td><td></td></tr>
<tr><td>异常情况排除（2%）</td><td></td><td></td><td></td></tr>
</table>

续 表

<table>
<tr><td rowspan="9">评
价</td><td>评价类别</td><td>项目</td><td>子 项 目</td><td>个人评价</td><td>教师评价</td><td>组内互评</td></tr>
<tr><td rowspan="2">专业能力（60%）</td><td rowspan="2">结果（20%）</td><td>演示汇报（10%）</td><td></td><td></td><td></td></tr>
<tr><td>知识技能掌握（10%）</td><td></td><td></td><td></td></tr>
<tr><td rowspan="4">社会能力（20%）</td><td rowspan="2">团结协作（10%）</td><td>对小组的贡献（5%）</td><td></td><td></td><td></td></tr>
<tr><td>小组合作配合情况（5%）</td><td></td><td></td><td></td></tr>
<tr><td rowspan="2">敬业精神（10%）</td><td>吃苦耐劳精神（5%）</td><td></td><td></td><td></td></tr>
<tr><td>学习纪律性（5%）</td><td></td><td></td><td></td></tr>
<tr><td rowspan="2">方法能力（20%）</td><td>计划能力（10%）</td><td></td><td></td><td></td><td></td></tr>
<tr><td>决策能力（10%）</td><td></td><td></td><td></td><td></td></tr>
<tr><td rowspan="9">检
查</td><td>序号</td><td>检查项目</td><td>检查标准</td><td colspan="2">学生自检</td><td>教师检查</td></tr>
<tr><td>1</td><td>目标认知</td><td>工作目标明确，工作计划周密，具有可操作性</td><td colspan="2"></td><td></td></tr>
<tr><td>2</td><td>理论知识</td><td>基础理论知识的全面掌握</td><td colspan="2"></td><td></td></tr>
<tr><td>3</td><td>基本技能</td><td>能够运用基本的理论进行实践思考、分析、解决问题</td><td colspan="2"></td><td></td></tr>
<tr><td>4</td><td>学习能力</td><td>能在教师指导下，全面掌握相关知识和技能</td><td colspan="2"></td><td></td></tr>
<tr><td>5</td><td>工作态度</td><td>主动参与，积极完成工作任务</td><td colspan="2"></td><td></td></tr>
<tr><td>6</td><td>团队合作</td><td>积极与他人合作，共同完成任务</td><td colspan="2"></td><td></td></tr>
<tr><td>7</td><td>工具运用</td><td>熟练利用资料自学，利用网络进行资料查询</td><td colspan="2"></td><td></td></tr>
<tr><td>8</td><td>任务完成</td><td>保质保量完成任务</td><td colspan="2"></td><td></td></tr>
<tr><td>教学反馈</td><td colspan="6">我对学习本工作过程的意见或建议：</td></tr>
<tr><td>组长签字</td><td colspan="3"></td><td>组 别</td><td colspan="2"></td></tr>
<tr><td>教师签字</td><td colspan="3"></td><td>日 期</td><td colspan="2"></td></tr>
</table>

工作过程七　酒店员工电话形象塑造

任务布置

<table>
<tr><td>学习情境一</td><td colspan="2">酒店员工职业形象塑造</td></tr>
<tr><td>工作过程七</td><td colspan="2">酒店员工电话形象塑造</td></tr>
<tr><td>教师行为</td><td colspan="2">1. 引导学生明确工作任务及资讯问题，随机对学生实行分组，组成本工作过程的学习小组。
2. 讲解或引导学生学习酒店员工电话形象塑造的基础知识，掌握其基本技能，解答学生提问</td></tr>
<tr><td>学生行为</td><td colspan="2">在教师引导及示范下，明确学习任务及要求，分组学习知识链接，查阅资料和文献，找出资讯问题的答案，学习电话形象的概念，接打电话的要求，手机使用礼仪等知识</td></tr>
<tr><td>工作任务</td><td colspan="2">学习电话形象的概念，遵循的原则，掌握接打电话的要求，手机使用规范等知识。从而实现酒店员工良好电话形象塑造的目的</td></tr>
<tr><td rowspan="9">资讯</td><td rowspan="8">资讯问题</td><td>1. 什么是电话形象？</td></tr>
<tr><td>2. 保持良好的电话形象需要遵循哪些原则？</td></tr>
<tr><td>3. 接听电话的礼仪要求有哪些？</td></tr>
<tr><td>4. 拨打电话的礼仪要求有哪些？</td></tr>
<tr><td>5. 使用手机需要注意哪些礼仪要求？</td></tr>
<tr><td>6. 你认为适宜的通话时间有哪些？</td></tr>
<tr><td>7. 为什么接听电话，要先报出自己所在的单位？</td></tr>
<tr><td>8. 为什么要带着笑容通话？</td></tr>
<tr><td>资讯引导</td><td>以上资讯问题请查阅本书知识链接，同时参考以下书籍和网页：
1.《酒店礼仪》，张文编著，华南课理工大学出版社，1999 年版。
2.《酒店礼仪》，李光、达明编，伊犁人民出版社，2000 年版。
3.《现代礼仪教程》，胡锐主编，浙江大学出版社，2004 年版。
4.《社交礼仪教程》，金正昆著，中国人民大学出版社，2005 年版。
5. 温晓婷，现代酒店知识与管理Ⅰ，Ⅱ【M】. 北京：中国商业出版社，2000. 11.
6. 朱承强，现代饭店管理(第 2 版)【M】. 北京：高等教育出版社，2011. 07.
7.《你的礼仪价值百万(精华版)》，周思敏著，中国旅游纺织出版社，2012 年版。
8. http://www. zhongguoliyi. org/ 中华礼仪网。
9. http://www. welcome. org. cn/zhongguoliyi/ 中国礼仪网。
10. http://www. chmh. com/index. asp 中国酒店。
11. http://www. chinahotel. org. cn/ 中国饭店协会网站</td></tr>
</table>

知识链接

电话接待是宾馆、酒店一项十分重要的日常工作和服务项目。一个热情,文明的电话接待会给客人留下美好的印象,会使人们心情舒畅,愿意交往。

一、电话形象

电话形象,是电话礼仪的主旨之所在。一个人的电话形象如何,主要由他使用电话时的语言、内容、态度、表情、举止以及时间感等诸多方面构成的,它被视为个人形象的重要组成部分。

二、通话时应遵奉的原则

(1)倾听是理解对方的起点,善于倾听正是判断的基础尤其是在电话交谈中,双方靠声音传递信息,倘若不认真听,就无法准确地交流信息、沟通感情。当然,静静地倾听,不随便打断对方讲话,并不意味着完全不出声。在听的时候,应时而辅助简单的"嗯""是""好的"等短语作为呼应,让对方感觉你确实在认真听着,以示尊重。

(2)在电话里说话的方式是说话人形象和气质的体现,因为言为心声,所以首先要口齿清楚,有节奏感,不可说得太快太慢,以免对方摸不着头脑,要问或提问一下,切忌不管对方是否清楚,只顾自己一味讲下去;其次,语气语调要温和,音量适中,让对方觉得你的声音是带着微笑的,娓娓而谈才会让人感到舒服和和谐;再次,在通话的时候,不能干别的事情,如果万不得已,应当向对方说明:"对不起,稍等一会儿,我要处理一件急事";最后,切忌喋喋不休,要简明扼要、主次分明,并要节省双方的时间。

(3)在回答电话时,应该确定对方是谁,是哪一单位的,以及目的如何,这些基本事宜一定要搞清楚,为处理问题和今后联系方便。

(4)在通话时,应该具有超乎寻常的忍耐心和包容心如果对方语焉不详,对于自己想要说的话没做好充分准备,那不防多给对方一个机会,并舒缓其情绪,使其得以畅所欲言万万不可带有半点的轻慢乃至嘲笑口气,这是对他人的亵渎,也是对自己人格的亵渎。

三、接听电话礼仪

根据礼仪规范,受话人接听电话时,由于具体情况有所不同,需要分为程序要求、语调要求和代接电话要求等三个方面,以下对其进行分别而论。

(一)程序要求

1.接听及时

电话铃一旦响起,即应立即停止自己所做之事,尽快予以接答,接听电话是否及时,实质上反映着一个人待人接物的真实态度。

如有可能,在电话铃响以后,应亲自接听,不要让别人代劳,不要铃响许久,甚至连打几次之后,才姗姗来迟去接电话。这不能说明你派头大,而只说明你妄自尊大。不过,铃声才响过一次,就拿起电话也显得操之过急有时,还会令对方没反应过来而大吃一惊。但不管怎样,还是本着实在及时的原则,如果就坐在电话机旁,响一下就接听也无妨,但语气别生硬,因特殊原因,致使铃响许久才接电话的话,须在通话之初就向发话人表示歉意

在日常生活和工作中,正常情况下,不允许不接听他人打来的电话,尤其是如约而来的电话,因为这又牵扯到一个人的诚信问题

2.应对谦和

接电话时,受话人应努力使自己的所作所为合乎礼仪,特别重要的,是要注意下列几点:

首先,拿起话筒后,即应自报家门,“你好,这里是……”不论是家中还是公司里,自报家门和发话问好,一是出于礼貌,二是说明有人正在认真接听

其次,在通话时,即使有急事,也要力求聚精会神地接听电话不允许三心二意,心不在焉,或是把话筒置于一旁,任其自言自语。在通话过程中,对发话人的态度应当谦恭友好,当对方身份较低或有求于已时,更应表现得不卑不亢

最后,当通话终止时,不要忘记向发话人道声“再见”即使发话人忽视了首先向受话人说“再见”的礼节,你也不能以无礼还无礼当通话因故暂时中断后,要等候对方再拨进来,既不要扬长而走,也不要为此而责怪对方,正确的做法是让谈话正常进行,而且要自然。

3.主次分明

就在电话铃声响起的瞬间,即以电话交谈为当时活动的中心,而绝不应当不明主次,随意分心。

4.专心接听

接听电话时,不要同时与人交谈,不要看文件、看电视、听广播、吃东西,千万不要对发话人表示对方的电话“来的不是时候”。万一在会晤重要客人或举行会议期间有人打来电话,而且此刻的确不宜与其深谈,可向其略微说明原因,表示歉意,并再约一个具体时间,届时由自己主动打电话过去,若对方是长途的话,尤须注意别让对方再打过来。约好了时间,即须牢记并遵守在下次通话时,还要再次向

对方致以歉意。

（二）语调要求

用清晰而愉快的语调接电话，能显示出说话人的职业风度及可亲的性格。所以，若保持平和的语调，答话前先做一次深呼吸，就能使自己很冷静且反应正常，说话应清晰，要注意措辞，说话时要面带微笑，使声音听起来更有热情不妨在电话机旁放面镜子，以随时提醒自己语调要平稳安详，不可时而细语似水，时而高嚎如狼，更不能时而悲泣难抑，时而狂笑不止，这都是一个人不懂得自控自制的表现。

要是在通话时想打喷嚏或咳嗽，应偏过头，掩住话筒，并说声“对不起”千万不要边谈话边嚼口香糖或喝茶水之类。另外要注意不要使房间里的背景声音干扰电话交谈。比如隔壁的办公室正在装修，电钻正发出刺耳的噪音，应先向对方解释原因，以求理解，并对由此带来的不便表示歉意。

说话就是人际交往的一个主要内容，电话中说话更有较多的挑战和礼数，若做不好，就会影响接听电话质量。因此，从你的语调入手，改善自己的应答习惯，相信对你的电话礼节乃至整个人际关系都大有帮助。

（三）代接电话要求

在日常生活里，经常有必要为家里人、公司同事及领导代接、代转电话，可以说这已是个普通性、经常性的活动，所以代接代转电话时，尤其需注意礼尚往来、尊重隐私、记忆准确、传达及时和注意方式等五个方面的问题。

1. 礼尚往来

同事、家人之间，互相代接电话，本是互利互助之事，连电话都懒着为人代接的人，在现实生活和工作中，是难以取信于人的。所以，代接电话就是讲究个礼尚往来，有来有往，也是做人的基本准则之一。

2. 尊重隐私

在代接电话时，千万不要热心过度，充当什么“包打听”，向发话人询问对方与其所找之人的关系，以及“打破沙锅问到底”的无礼纠缠，当别人通话时，要根据实际情况，或是埋头做自己的事，或是自觉走开，千万不可故意侧耳“旁听”，更不要没事找事，主动插嘴，这种参与意识是要不得的。

3. 记录准确

对发话人要求转达的具体内容，最好认真做好笔录，在对方讲完之后，还应略微把要点重复一下，以验证自己的记录是否足够准确，免得误事，因为一旦代为转达，你就要尽到责任记录他人电话，应包括通话者单位、姓名、联系方式、通话时间、通话要点、是否要求回电话、回电话时间等等几项基本内容。

4. **传达及时**

接听寻找他人的电话时，先要弄明白“对方是谁”“现在找谁”这两个问题若对方不愿讲第一个问题，可不必勉强，若对方要找的人不在，可先以实相告，然后再询问对方“有什么事情?”若是二者先后次序颠倒了，就可能使发话人产生疑心不到万不得已时，不要把代人转达的内容，再托第二人代为转告。否则，一是可能使转答内容大变样，二是难保不会耽误时间。

四、拨打电话礼仪

(一)时间适宜

通话唯有在适宜之时进行，才能事半功倍。打电话，若不考虑时间问题，往往便会引起一些不必要的麻烦。考虑通话的时间问题，实际上要考虑两个问题，其一是拨打电话的时间选择，其二，通话时间的长短把握。

1. **选择时间**

打电话应当选择适当的时间。按照惯例，通话的时间原则有二：一是双方预先约定电话通话时间，二是对方便利的时间。一般说来，若是利用电话谈公事，尽量在受话人上班 10 分钟以后或下班 10 分钟以前拨打，这时对方可以比较从容地应答，不会有匆忙之感。除有要事必须立即通告外，不要在他人休息时间之内打电话，例如，每日早晨 7 点之前，晚上 10 点之后以及午休时间等等在用餐之时拨打电话，也不合适。

拨打政务电话，尽量要公事公办，不要有闲言碎语，也不能在他人的私人时间，尤其是节假日时间里，去麻烦对方。另外，要有意识地避开对方通话的高峰时段、业务繁忙时段、生理厌倦时段，这样通话效果会更好。给国外通话，一定要注意时差问题，否则难免打扰他人。

2. **通话时长**

在一般通话情况下，每一次通话的具体长度应有意识地加以控制，基本的原则是：以短为佳，宁短勿长。千万不能如泻堤之水，滔滔不绝。通话应遵循三分钟原则，即在打电话时，发话人应当自觉地、有意识地将每次通话的长度，限定在 3 分钟之内，尽量不要超过这一限定。

(二)体谅对方

发话人在打电话时，应当善解人意，将心比心，对受话人多多体谅不论彼此双方关系如何、熟识到哪种程度，对于这一点都不要疏忽大意在把握通话时间时，尤须对此加以关注。在通话开始后，除了自觉控制通话长度外，必要时还应注意受话人的反应。比如，可以在通话开始之时，先询问一下对方，现在通话是否方便倘若不便，可约另外的时间，届时再把电话打过去。倘若通话时间较长，如超过 3 分钟，亦应先征求一下对方意见，并在结束时略表歉意。在对方节假日、用餐、睡觉时，万不得已打电话影响了别人，不仅要讲清楚原因，而且万勿忘记说一声“对不起”。在他人上班时间内，原则上不要为了私事，而通话妨碍对方。

（三）内容合理

在通话时，要求发话人内容合理简练，这不只是礼仪上的规范，而且也是法定通话长度的必要前提根据礼仪规范，发话人要做到内容简练，就必须注意以下几个方面。

1. 事先准备

每次通话之前，发话人应该做好充分准备，把受话人的姓名、电话号码、谈话要点等必不可少的内容列出一张“清单”，这样一来，由于准备充分，通话时便可照此办理，就不会出现打错电话、现说现想、缺少条理、丢三落四的情况。另外，拨号的同时要调整好自己的情绪，电话接通后，首先要自报家门：“你好！我是某某，劳驾请让某某某先生接电话好吗？”，或者“你好！我是某某某，请问某某小姐在吗？”。注意，电话接通后说好第一句话直接影响通话效果。

2. 简明扼要

在通话之时，发话人讲话务必求实，不求虚假客套。问候完毕，即开宗明义，直入主题，少讲空话，不说废话。绝不可罗嗦不止、节外生枝、无话找话、短话长说。使用公共电话，而身后有人排队时，一定要自觉主动地尽快终止通话切勿表演欲望顿生，当众发嗲撒娇，大演爱情戏剧，或是故意拖延时间，与排队者作对。

3. 表现文明

具体说来，必须注意以下几个重要环节：

（1）语言文明

在通话时，发话人不仅不能使用“脏、乱、差”的语言，而且还须铭记，有三句话非讲不可，它们被称为“电话基本文明用语”它们所指的是：

1）在通话之初，要向受话人首先恭恭敬敬地道一声：“您好！”然后方可再言其他。切勿一上来就“喂”，或是开口便讲自己的事情。

2）在问候对方后，接下来须自报家门，以便对方明确来者何人。这里有四种模式可以借鉴，第一种，报本人的全名，第二种，报本人所在单位，第三种，报本人所在单位和全名，如：“你好！我是某某公司的某某某，请问……”，第四种，是报本人所在单位、全名以及职务，即在某某后加上你的职务，便于对方理解和适应场合对话。其中第一种模式适于日常的私人交往，后三种多用于政务交往，而第四种又最为正规。

3）是在终止通话前，双方预感即将结束的片刻，发话人应主动先说一声“再见”要是少了这句礼貌用语，就会使终止通话显得有些突兀，并使自己有礼始而无礼终，那同样会使对方受到伤害和不解。

(2)态度文明

发话人在通话时,除语言要“达标”外,在态度方面也要好自为之,不可草率。对于受话人,即使是对下级,也不要厉声呵斥,态度粗暴无理;即使是对领导,也不要低三下四,阿谀奉承。

(四)其他要求

电话若需要总机接转,勿忘对总机的接线员(也称话务员)问候一声,并且还要加上“谢谢”或“请”“麻烦”“劳驾”等词。

碰上要找的人不在,需要接听电话之人代找或代为转告、留言时,态度同样要文明有礼,乃至要更加客气。

通话时电话忽然中断,依礼节需由发话人立即再拨,并说明通话中断系线路故障所致,万不可不了了之,或等受话人一方打来电话。

五、使用手机的礼仪

随着手机的日益普及,手机礼仪越来越受到关注,在国外,如澳大利亚电讯的各营业厅就采取了向顾客提供“手机礼节”宣传册的方式宣传手机礼仪。

公共场合特别是楼梯、电梯、路口、人行道等地方,不可以旁若无人地使用手机;会议中、和别人洽谈的时候,最好的方式还是把手机关掉,起码也要调到震动状态,这样既显示出对别人的尊重,又不会打断发话者的思路。而那种在会场上铃声不断,并不能反映你“业务忙”,反而显示出你缺少修养,因为在会场或会谈的短短时间里,你不和别人联系天也不会塌下来!在一些场合,比如在看电影时或在剧院打手机是极其不合适的,如果非得回话,或许采用静音的方式发送手机短信是比较适合的;在餐桌上,关掉手机或是把手机调到震动状态还是必要的,不要正吃到兴头上的时候,被一阵烦人的铃声打断;无论业务多忙,为了自己和其他乘客的安全,在飞机上都不要使用手机;使用手机,特别是在公共场合,应该把自己的声音尽可能地压低一下,而绝不能大声说话,以赢取路人的眼球;在一切公共场合,手机在没有使用时,都要放在合乎礼仪的常规位置,无论如何,都不要在并没使用的时候放在手里或是挂在上衣口袋外。放手机的常规位置:一是随身携带的公文包里,二是上衣的内袋里。

手机短信的越来越广泛地使用,使得它也成为手机礼仪关注的焦点。在一切需要手机震动状态或是关机的场合,如果短信的声音此起彼伏,那么和直接接、打手机又有什么区别?所以,在会议中、和别人洽谈的时候即使用手机接收短信,也要设定成震动状态,不要在别人能注视到你的时候一边和别人说话,一边查看手机短信。在短信的内容选择和编辑上,应该和通话文明一样重视。因为通过你发的短信，意味着你赞同至少不否认短信的内容，也同时反映了你的品味和水准，所以不要编辑或转发不健康的短信。

工作实施标准

一、酒店员工被叫电话服务形象

1. 工作目的

掌握电话被叫服务的基本礼仪和技巧，塑造酒店员工良好的电话礼仪形象。

2. 实训要求

熟练掌握电话被叫服务礼仪的规范，严格按照实训规范要求进行。

3. 工作准备

酒店或模拟现场

4. 实施标准

内容	实施标准	注意事项
被叫服务礼仪	1. 铃响第3声接听电话，并使用礼貌语言问候“您好”，随后报出自己所在单位：“这里是××酒店，请问我能为您做什么？” 2. 在通话过程中，发声要自然，忌用假嗓，声调要柔和、热情、清脆、愉快，音量适中，带着笑容通话效果最佳。 3. 认真倾听对方的讲话内容，为表示在专心倾听并理解对方的意思，应不断报以“好”“是”等话语作为反馈。 4. 做好电话记录，按照5W1H原则作好记录(When 何时②Who 何人③Where 何地④What 何事⑤Why 为什么⑥HOW 如何进行。在工作中这些资料都是十分重要的。对打电话，接电话具有相同的重要性。电话记录既要简洁又要完备，有赖于5W1H技巧。 5. 接到找人的电话应请对方稍等，尽快去叫人；如果要找的人不在，应诚恳地询问：“有事需要我转告吗？”或“能告诉我您的电话号码，等他回来给您回电话，好吗？” 6. 接听电话时，遇上访客问话，应用手势(手掌向下压压，或点点头)表示“请稍等”。 7. 若接听的是邀请电话或通知电话时，应诚意致谢。 8. 要结束电话交谈时，一般应当由打电话的一方提出，然后彼此客气地道别，说一声“再见”，再挂电话，不可只管自己讲完就挂断电话	1. 要微笑——微笑的声音可以通过电话传递给对方一种温馨愉悦之感。 2. 嘴不可太靠近话筒，送出给对方振痛耳膜的声音或失真的声音都是失礼的。不能对着话筒发出咳嗽的声音。 3. 不要在办公场所长时间打私人电话，不要用电话聊天。 4. 不能将单位领导的私人电话号码和要害部门的电话号码随意告诉对方。 5. 电话要轻拿轻放。 6. 不要边吃东西边打电话不要在通话时把话筒夹在脖子下头、不要抱着电话机随意走动 。打电话时，应停止一切不必要的动作，采取正确站姿、坐姿

二、酒店员工主叫电话服务形象

1. 工作目的

掌握电话被叫服务的基本礼仪和技巧，塑造酒店员工良好的电话礼仪形象。

2. 实训要求

熟练掌握电话被叫服务礼仪的规范，严格按照实训规范要求进行。

3. 工作准备

酒店或模拟现场

4. 实施标准

内容	实施标准
主叫服务礼仪	1. 打电话前，应准备好打电话的内容，电话接通后应简明扼要地说明问题，不要占用太长的通话时间。 2. 如通话时间较长，应首先征询对方是否现在方便接听。 3. 当对方已拿起听筒，应先报出自己的所在单位和姓名。若对方回应时没有报出他们所在单位和姓名，可询问："这里是…吗?"或"请问您是…吗?"对方确认后，可继续报出自己打电话的目的和要办的事。 4. 在通话过程中，发声要自然，忌用假嗓，音调要柔和、热情、清脆、愉快，音量适中，带着笑容通话效果最佳。 5. 认真倾听对方的讲话内容，为表示正在专心倾听并理解对方的意思，应不断报以"好""是"等话语作为反馈。 6. 打给领导者的电话，若是秘书或他人代接，应先向对方问好，后自报职务、单位和姓名，然后说明自己的目的；若领导人不在可询问或商议一下再打电话的时间

计划、决策与实施

学习情境一	酒店员工职业形象塑造			
工作过程七	酒店员工电话形象塑造			
学生行为	进行成员任务分配，制订工作计划，经小组反复酝酿，讨论计划的科学合理性，完善和做出最终决策；通过教师讲解及引导掌握电话礼仪规范，并能较好地运用于工作实际，进而熟练掌握酒店员工电话形象塑造的技能，并进行总结			
教师行为	督导学生分组讨论，讲解电话形象的概念，遵循原则，接打电话的要求，手机使用礼仪。设计酒店不同岗位接打电话的工作场景，督导学生按小组进行电话形象模拟比赛。审核学生工作计划，提出修改建议，回答学生提问，引导学生做出正确的决策并实施，对学生的具体分析和完成各项任务进行答疑与督导，并观察学生的表现			
计划、决策与实施	序号	实施步骤	操作要领	参考资料详细地址
	1			
	2			
	3			
	4			

续 表

计划、决策与实施	序号	实施步骤	操作要领	参考资料详细地址
	5			
	6			
	7			
	8			
	9			
	10			
组长签字		组　别		
教师签字		日　期		

评价、检查与反馈

学习情境一	酒店员工职业形象塑造					
工作过程七	酒店员工电话形象塑造					
学生行为	1. 对酒店员工电话形象塑造工作任务完成情况进行自我检查和反思，填写检查表。 2. 把学习成果制作成 PPT 进行汇报，总结学习中的收获与体会，进行自我评价，并对本小组的成员表现进行逐一评价，填写评价单和学习反馈单					
教师行为	听取学生成果汇报，检查学生学习任务完成情况，并指出不足及修改建议，对学生的学习表现进行评价，通过学生教学反馈总结教学的不足，制订工作改进计划					
评价	评价类别	项目	子　项　目	个人评价	教师评价	组内互评
	专业能力（60%）	资讯（15%）	搜集信息查找资料（5%）			
			引导问题回答（10%）			
		计划实施（20%）	工作流程的正确性（2%）			
			方案设计科学性（3%）			
			实施操作正确性（10%）			
			知识的运用（5%）			
		检查（5%）	全面性、准确性（3%）			
			异常情况排除（2%）			
		结果（20%）	演示汇报（10%）			
			知识技能掌握（10%）			
	社会能力（20%）	团结协作（10%）	对小组的贡献（5%）			
			小组合作配合情况（5%）			

续 表

<table>
<tr><td rowspan="6">评
价</td><td>评价类别</td><td>项目</td><td>子 项 目</td><td>个人评价</td><td>教师评价</td><td>组内互评</td></tr>
<tr><td rowspan="2">社会能力(20%)</td><td rowspan="2">敬业精神(10%)</td><td>吃苦耐劳精神(5%)</td><td></td><td></td><td></td></tr>
<tr><td>学习纪律性(5%)</td><td></td><td></td><td></td></tr>
<tr><td rowspan="2">方法能力(20%)</td><td>计划能力(10%)</td><td></td><td></td><td></td><td></td></tr>
<tr><td>决策能力(10%)</td><td></td><td></td><td></td><td></td></tr>
<tr><td rowspan="9">检
查</td><td>序号</td><td>检查项目</td><td>检查标准</td><td colspan="2">学生自检</td><td>教师检查</td></tr>
<tr><td>1</td><td>目标认知</td><td>工作目标明确,工作计划周密,具有可操作性</td><td colspan="2"></td><td></td></tr>
<tr><td>2</td><td>理论知识</td><td>基础理论知识的全面掌握</td><td colspan="2"></td><td></td></tr>
<tr><td>3</td><td>基本技能</td><td>能够运用基本的理论进行实践思考、分析、解决问题</td><td colspan="2"></td><td></td></tr>
<tr><td>4</td><td>学习能力</td><td>能在教师指导下,全面掌握相关知识和技能</td><td colspan="2"></td><td></td></tr>
<tr><td>5</td><td>工作态度</td><td>主动参与,积极完成工作任务</td><td colspan="2"></td><td></td></tr>
<tr><td>6</td><td>团队合作</td><td>积极与他人合作,共同完成任务</td><td colspan="2"></td><td></td></tr>
<tr><td>7</td><td>工具运用</td><td>熟练利用资料自学,利用网络进行资料查询</td><td colspan="2"></td><td></td></tr>
<tr><td>8</td><td>任务完成</td><td>保质保量完成任务</td><td colspan="2"></td><td></td></tr>
<tr><td>教学反馈</td><td colspan="6">我对学习本工作过程的意见或建议:</td></tr>
<tr><td>组长签字</td><td colspan="3"></td><td>组 别</td><td colspan="2"></td></tr>
<tr><td>教师签字</td><td colspan="3"></td><td>日 期</td><td colspan="2"></td></tr>
</table>

工作过程八　前厅部员工职业形象塑造

任务布置

<table>
<tr><td>学习情境一</td><td colspan="2">酒店员工职业形象塑造</td></tr>
<tr><td>工作过程八</td><td colspan="2">前厅部员工职业形象塑造</td></tr>
<tr><td>教师行为</td><td colspan="2">1. 引导学生明确工作任务及资讯问题，随机对学生实行分组，组成本工作过程的学习小组。
2. 讲解或引导学生学习酒店前厅服务礼仪的基础知识，掌握其基本技能，解答学生提问</td></tr>
<tr><td>学生行为</td><td colspan="2">在教师引导及示范下，明确学习任务及要求，分组学习知识链接，查阅资料和文献，找出资讯问题的答案，学习酒店前厅部员工的各岗位服务礼仪</td></tr>
<tr><td>工作任务</td><td colspan="2">掌握前厅部员工的仪容仪表礼仪、言谈礼仪、举止礼仪等知识，从而实现酒店前厅部员工良好职业形象塑造的目的</td></tr>
<tr><td rowspan="8">资讯</td><td rowspan="7">资讯问题</td><td>1. 什么是前厅？</td></tr>
<tr><td>2. 为什么前厅部员工要俱备良好的礼仪修养？</td></tr>
<tr><td>3. 前厅部员工仪容仪表方面的要求有哪些？</td></tr>
<tr><td>4. 前厅部员工言谈礼仪方面的要求有哪些？</td></tr>
<tr><td>5. 前厅部员工行为举止礼仪方面的要求有哪些？</td></tr>
<tr><td>6. 如果客人所问的是总台所有服务员都不知道的内容，应该怎么办？</td></tr>
<tr><td>7. 总台各岗位接待服务礼仪有哪些共性？</td></tr>
<tr><td>资讯引导</td><td>以上资讯问题请查阅本书知识链接，同时参考以下书籍和网页：
1.《酒店礼仪》，张文编著，华南课理工大学出版社，1999 年版。
2.《酒店礼仪》，李光、达明编，伊犁人民出版社，2000 年版。
3.《现代礼仪教程》，胡锐主编，浙江大学出版社，2004 年版。
4.《社交礼仪教程》，金正昆著，中国人民大学出版社，2005 年版。
5. 温晓婷，现代酒店知识与管理Ⅰ，Ⅱ【M】. 北京：中国商业出版社，2000.11.
6. 朱承强，现代饭店管理（第 2 版）【M】. 北京：高等教育出版社，2011.07.
7.《你的礼仪价值百万（精华版）》，周思敏著，中国旅游纺织出版社，2012 年版。
8. http://www.zhongguoliyi.org/ 中华礼仪网。
9. http://www.welcome.org.cn/zhongguoliyi/ 中国礼仪网。
10. http://www.chmh.com/index.asp 中国酒店。
11. http://www.chinahotel.org.cn/ 中国饭店协会网站</td></tr>
</table>

知识链接

前厅部也称大堂部,位于饭店的门厅处,是饭店组织客源、销售客房商品,联络和协调各部门的对客服务,并为客人提供前厅系列服务的综合性部门。前厅是酒店的门面,是酒店客人出入最多,最重要的公共活动场所。前厅部服务人员是代表整个酒店接待每位宾客,因而,前厅部员工的精神面貌、办事效率、服务态度、服务技巧、礼貌礼节以及组织纪律性都直接影响着酒店的形象,关系到整个酒店的服务质量。良好的仪表仪容代表了前厅部工作人员对酒店和工作的热爱,对宾客的尊重,反映了酒店高品质的服务水准和追求卓越的企业精神。

一、仪表仪容

酒店员工的仪容仪表不仅体现员工的个人素质,而且反映酒店的精神面貌,体现酒店的服务水准,是客服务质量的组成部分之一。前厅部员工由于与客人接触机会最多,所以更应注意自己的仪容仪表,在从后台进入服务区域之前,应先检查仪容仪表。具体要求如下:

(1)头发整齐,保持清洁,不得有头屑。发型美观大方,经常梳理,男服务员发角侧不过耳,后不过领;女服务员长发需用黑色发结束起,不得加其他头饰。

(2)面容清洁,男服务员经常修面,不留胡须;女服务员化淡妆,不可浓妆艳抹。

(3)上岗必须穿酒店规定的制服以及鞋袜,男员工穿黑色袜子,女员工穿肉色丝袜。

(4)服装必须熨烫平整,钮扣齐全,干净整洁,证章端正佩戴在左胸处。皮鞋保持清洁光亮。

(5)不可戴戒指、项链、耳饰、手镯、手链等饰物(结婚戒指除外)。

(6)手部保持清洁,经常修剪指甲,女服务员不允许涂指甲油。

(7)皮鞋保持清洁光亮。

(8)经常洗澡,身上无异味,并保持皮肤健康。

(9)上岗时应保持面带微笑,表情和蔼可亲,精神饱满,做到机警、专注、友好、自然、亲切。

二、言谈规范

(1)与客人谈话时必须站立,与客人保持一步半距离(80 厘米~1 米)。

(2)三人以上对话,应用相互都懂的语言。

(3)与客人谈话时要精神集中,留心客人吩咐,不得漫不经心,左顾右盼。

(4)与客人谈话时要准确、简洁、清楚、表达明白。说话时要注意按轻重缓急,讲求顺序,不要喋喋不休。

(5)与客人谈话的声音以两个人能够听清楚为限,语调平稳、轻柔,速度适中。

(6)谈话时目光应注视对方,表情自然,保持微笑。

(7)谈话时不能做出伸懒腰、打哈欠、玩东西等动作,不唾沫四溅。

(8)谈话时不要涉及对方不愿谈及的内容和隐私。

(9)回答客人问题时不得直说“不知道”,应以积极的态度帮助客人,或婉转地回答问题。

(10)遇客人心情不佳,言语过激,也不要露不悦的神色,要以“客人永远是对的”准则对待客人。

(11)不要与同事在客人面前说家乡话,扎堆聊天。

(12)不要与同事议论客人的短处或讥笑客人不慎的事情(如跌倒、打碎物件等)。应主动帮助客人。

(13)不得偷听客人的谈话。如遇有事需找谈话中的客人时,应先说声“对不起”(Excuse me)征得客人同意后再同客人谈话。

(14)接听电话时,应先报清楚自己的岗位和姓名,然后客气地询问对方“我能为您做些什么”。

(15)离开面对的客人,一律讲“请稍候”,回来后继续为客人服务时,要说:“对不起,让您久等。”不得一言不发就开始服务。

(16)不要只和一位客人谈话太久,而忽略了其他需要你服务的客人。否则会耽搁其他客人的宝贵时间,同时会使他们感到受到歧视。

(17)送别客人时,主动征求意见,并讲“再见”“欢迎您再次光临”。

(18)解答客人问题时必须站立,语气温和耐心,双目注视对方;对客人的问话听不清时,应说:“对不起,请您再说一遍。好吗?”处理问题时语气要婉转。如对客人的问题一时答不上来,应先致歉意再查询,当客人对回答表示感谢时,应说:“不客气,不必谢。”

三、举止规范

(1)举止要端庄稳重,落落大方,表情自然诚恳,和蔼可亲,精神振奋,情绪饱满。

(2)前厅部员工应以正确的站姿为客人提供服务。

(3)双手不得插腰、插入衣裤或随意乱放,不得敲桌子或玩弄其他物品。

(4)工作岗位上,身体不得东倒西歪,前倾后靠,不得伸懒腰、驼背、耸肩。

（5）坐姿要端正，腰部挺起，胸前挺，双肩平正放松，坐时应坐椅子的三分之二不要坐在过沿上。手自然放在双膝上，双膝并拢。不能在椅子上前俯后仰，摇腿跷脚或跨在椅子、沙发的扶手上或架在茶几上。

（6）行走要轻而稳，上体正直，抬头，眼平视，两臂自然地前后摆动，肩部放松。切忌晃肩摇头，上体左右摇摆。

（7）员工的手势要求规范适度。在向客人批示方向时，要将手臂自然前伸（上身稍前倾，以示尊重），手指并拢掌心向上，指向目标，切忌用手指或笔杆指点。谈话时手势不宜过多，幅度不宜过大。另外，在使用手势时还要尊重各国不同的习惯。

（8）在客人面前，任何时候不得有以下行为：打喷嚏、打哈欠、伸懒腰、挖耳鼻、剔牙、打饱嗝、挖眼屎、搓泥垢、修指甲、吸烟、吹口哨、哼歌曲等，这是极不礼貌的举止，必须杜绝。

（9）在客人面前不得经常看手表。

（10）为客人服务时，不得流露出厌烦、冷淡、愤怒、僵硬的表情，不得扭捏作态、吐舌、做鬼脸。

（11）在服务、工作、打电话和与客人交谈时，发现有客人走近，应立即示意，以表示已注意到他（她）的到来。不得无所表示，等客人先开口。

（12）为客服务时，先主客人后随员，先女宾后男宾。

（13）接待客人时，要全神贯注，不许用粗鲁和漠不关心的态度待客，要与客人保持目光接触（Keep an eye contact），不能将眼光注视着计算机屏幕或别的目标，更不能与其他服务员闲聊。

（14）平等待客，不得歧视客人。无论是外国人还是国内客人，是白人还是黑人，是港澳台同胞还是海外华人，都要一视同仁，不得有任何歧视。

（15）要与客人保持应有的距离，不可过分随意。不得与客人开玩笑，打逗，不要表示过分亲热，严格掌握好分寸，不要随意打听客人的年龄、职务、工资等私事，也不要轻易地问宾客所带物品，如服装及金银饰品的价格、产地等，以免引起误会。

工作实施标准

一、前厅接待服务礼仪

1. 工作目的

熟练掌握前厅各岗位人员服务礼仪要求及注意事项，塑造酒店前厅部员工良好的职业形象。

2. 实训要求

严格按照实训规范要求进行。

3. 工作准备

酒店前厅或模拟现场

4. 实施标准

(1)大堂经理职业形象塑造

<table>
<tr><th>内容</th><th>实施标准</th><th>注意事项</th></tr>
<tr><td>迎宾</td><td>1. 主动、亲切问候。
2. 精神集中,使前厅处在自己的视觉范围内</td><td rowspan="3">1. 做到仪表整洁,仪容端正,仪态大方,精神饱满,面带微笑,思想集中,讲究自己的形象。
2. 如遇客人投诉,要表示理解、重视,善解人意,逐步引导,理解投诉者的心情,细心地安慰,并尽力为之解决,并做好书面记录。
3. 当宾馆提出询问时,要尽力给予全面详细的答复,使对方感到可信满意;对确实不了解、没把握的不要不懂装懂,更不能不负责任地给予答案,要婉转地向宾客说明。
4. 对宾客所提出的问题做到百问不厌,不要无礼地对待客人。
5. 在听取宾客投诉时要迅速根据实际情况做必须的核查,不能主观臆断、轻率地表态,要妥善解决,以免饭店遭受不必要的名誉和经济损失。
6. 大堂经理应时刻记住使用礼貌用语,态度诚恳,彬彬有礼,语气婉转,出言谨慎。在任何场合不与宾客争辩,做到得理也得让人。
7. 所有的解决方案和结果都应存档</td></tr>
<tr><td>答复问询</td><td>1. 集中精力倾听、尊重客人。
2. 适时提问或重复客人的问题,以明确客人目的。
3. 礼貌地答复客人或指明方向。
4. 向客人道别</td></tr>
<tr><td>处理投诉</td><td>1. 虚心听取客人的意见,保持冷静,表示同情,如:“我完全理解你的心情。”“对不起,发生这类事情,我感到很遗憾”。给予关心,不转移目标,记录要点。
2. 把将要采取的措施和所需要的时间告诉客人。
3. 采取行动,果断地解决问题,并将结果告诉客人,征求客人的意见。
4. 对大声喧嚷、脾气火暴客人的投诉,另择场所,单独接待。加强安抚,使之心态平稳,态度诚恳,语气温和</td></tr>
</table>

(2)应接员职业形象塑造

<table>
<tr><th>内容</th><th>实施标准</th><th>注意事项</th></tr>
<tr><td>迎宾</td><td>规范站立于门厅两侧</td><td rowspan="2">1. 开车门原则是先女宾后男宾,先外宾后内宾,先右后左;难以明确以上情况,则先开朝大门一侧的后门,再开前门,最后开另一侧的后门。
2. 对外宾要用外语。
3. 为宾客开车门,佛教界和伊斯兰教人士不能将手置于车门框上沿。
4. 如遇老弱病残客人,必要时应给予搀扶。
5. 车辆离开时为他们开启大门并目送客人离去</td></tr>
<tr><td>宾客光临时迎接</td><td>1. 主动用敬语热情问候:
“先生/小姐,早上/中午/晚上好,欢迎光临。”用手示意,请客人进入。
2. 若是常客,问候时宜以姓名招呼。
3. 如客人行李较多,应帮助提拿</td></tr>
</table>

续 表

<table>
<tr><th>内容</th><th>实施标准</th><th>注意事项</th></tr>
<tr><td>散客乘车到达迎接</td><td>1. 引导车辆停妥。
2. 为宾客开启车门。一手将车门打开 70 度,另一手指并拢伸直,置于车门框上沿,两脚稍分开站立,上体微微前倾,两眼余光注视车的上沿,轻声提醒客人小心,以免碰头</td><td rowspan="2">6. 宾客离店时为他们开起大门并目送客人离去。
7. 如果宾客需要出租车时,要帮助他们联系车辆,替客人拉开车门,请客人上车,并核实行李件数。一切完毕后,为客人关上车门并面带微笑地挥手与客人告别。
8. 迎送中外宾客要一视同仁。
9. 做好日常值勤工作,保持岗位周围的卫生和整洁。
10. 如遇宾客询问,应礼貌地给予回答。如不能确切告知时,应请同事或上级解决,决不可将错就错或将不确切的信息传递给客人</td></tr>
<tr><td>团体客人到达迎接</td><td>1. 事先做好准备。
2. 车子停稳后,站立车门一侧维持秩序。
3. 对客人点头问好。
4. 对行动不便的客人或行李较多的客人提供帮助,客人全部下车完毕,指挥司机将车开走。</td></tr>
</table>

(3)行李服务员职业形象塑造

<table>
<tr><th>内容</th><th>实施标准</th><th>注意事项</th></tr>
<tr><td>引导客人办理登记手续</td><td>1. 在客人左前方两三步处引领,并不时向后用点头或微笑保持接触。
2. 遇到拐弯处,要用手势向客人示意</td><td rowspan="4">1. 按站立服务的规范要求,立于大门两侧,向抵店的客人微笑点头,以表示欢迎。
2. 行李到达时,卸下行李,问清行李件数,同时记下宾客所乘的车辆号码,如有问题可据此查找行李下落。
3. 宾客物品要轻拿轻放,切忌不在乎地随地乱丢或叠起乱压。待客人办完手续后,按服务台接待员安排的房号将行李送进客房。
4. 引客人进房前,应放下行李,先按门铃,再敲门;里面没回声再开门。
5. 随客人房后,要迅速把行李物品放在行李架山上或按宾客的吩咐要求放好,随后可向客人介绍房间设施和使用方法。告别后随即退出,切勿逗留或索取小费。
6. 送客离店时,应再次清点行李件数,用行李车送至大门,并负责装到车上,并提醒客人交回房间钥匙</td></tr>
<tr><td>客人登记</td><td>等候在客人身后约 1.5 米处,替客人看行李</td></tr>
<tr><td>陪送宾客上电梯</td><td>1. 用一只手挡住梯门敬请客人进入。
2. 电梯到达时,应示意宾客先步出电梯</td></tr>
<tr><td>离开房间</td><td>1. 微笑地向客人道别:“先生(或小姐、夫人等)请好好休息,再见。”
2. 面对客人,后退一步,再转身退出房间,将门轻轻拉上,不可以用力过猛,以免发生巨响而惊吓宾客。
3. 向客人道谢,祝客人旅途愉快</td></tr>
</table>

(4)大堂清洁员职业形象塑造

内容	实施标准	基本要求
大堂清洁员职业形象塑造	1. 在大堂清理卫生时,不可妨碍客人的自由走动。 2. 操作时,如果有客人朝自己的方向走来,应主动让道,必须时放置警告牌,提醒客人以免滑倒。 3. 在客人休息处清理烟灰缸、废纸及其他杂物时,动作要轻快,遇到客人要点头示意。 4. 如果在高处擦拭玻璃幕墙时,要注意下面有无客人经过,避免工具掉落伤及客人。 5. 工作中要提醒客人留意,给客人带来不便时要使用“请当心”“劳驾”“打扰您了”等礼貌用语	客人第一

二、总台服务礼仪

1. 工作目的

熟练掌握总台员工服务礼仪要求及注意事项,塑造总台员工良好的职业形象。

2. 实训要求

严格按照实训规范要求进行。

3. 工作准备

酒店前厅总台或模拟现场

4. 实施标准

内容	实施规范
接待员职业形象塑造	1. 仪表整洁,仪容端庄。 2. 敬请客人填写住宿登记单后,尽可能按客人要求安排房间。 3. 当宾客较多时,要按先后顺序依次办理入住手续,做到办理一个、接待另一个、招呼后一个,务必不使宾客感到受冷落。 4. 在不失礼的情况下,仔细验看、核对客人的证件与登记单。确认无误后即迅速交还并致谢。 5. 把住房钥匙交给宾客时应有礼貌。 6. 重要客人进房后,要及时用电话询问客人:“这个房间您觉得满意吗?”“您还有什么事情,请尽管吩咐,我们随时为您服务!” 7. 碰到客人投诉时,要耐心倾听,绝不能与客人争辩或驳斥。 8. 及时做好客史档案工作,以便下次接待时能提供个性化服务。 9. 如果饭店客房已满,无法安排客人入住,要迅速与相近饭店联系,尽快安排客人到其他饭店入住

续 表

内容	实施规范
问讯员职业形象塑造	1. 仪表整洁,仪容大方,站立端正,思想集中,随时接受宾客的问讯。 2. 对宾客应一视同仁,有问必答,百问不厌,用词得当,简单明了,不能说“也许”“可以”“大概”之类没有气氛或含糊不清的话。 3. 自己能回答要随时回答,不推诿;对不清楚的事不要不懂装懂,不要轻率地说:“我不知道”。确实无法回答时,应表示歉意。 4. 在回答宾客询问时,要当好客人的参谋,及时向他们提供游览景点,交通工具,购物和娱乐场院所,风味小吃等有关信息。 5. 要及时把信件,汇款等邮件交给住店宾客,不能随意拖延,交递时要微笑,招呼、敬语当先。 6. 无论是收取还是分发邮件,一定要准确无误。 7. 对离店客人的信件要及时按客人留下的新地址转达或退回原地,体现对客人认真负责的精神。 8. 为宾客代办各种票务工作要按宾客的要求去办,如确有困难要耐心解释,求得客人谅解。 9. 接受来电查询,应热情帮助解决。 10. 在无法满足宾客要求时,不要随意编造理由,致歉态度要诚恳,以求对方谅解。 11. 在宾客因误解、不满而投诉时,要耐心听取宾客的意见,不得随意推托或置之不理
预订员职业形象塑造	1. 仪表整洁,仪态端庄,精神饱满,注意讲究坐、立、行的姿态。 2. 热情接待宾客的来电、电传、电报或上门等各种形式的预订,并及时给以答复。 3. 如有房间要及时登记,填写订房单,并对宾客表示感谢。如因客满,无法接受预订,应表示歉意。不能简单地说:“对不起,客满了。”而应该说:“请您稍等到,我仔细给您查一下。”查证确实无房后再说:“实在抱歉,已经满了,谢谢您对我们店的厚爱,欢迎今后光临。”并热心为客人推荐同类饭店。 4. 如宾客用电话订房,要注意使用电话的礼貌,敬语当先,礼貌待客,及时记录宾客的要求,并向客人重复一遍,防止差错。 5. 如因某种原因出现订房纠纷,要冷静分析原因,妥善解决,不能当面与宾客争吵。凡属饭店的责任,要内部协调,主动承担,凡属宾客的责任,也要牢记“顾客就是上帝”的格言,设法安排
收银员职业形象塑造	1. 服饰整洁,仪容端庄,微笑站立,恭候客人的到来。 2. 热情接待每一位宾客,笑脸相迎,动作迅速。 3. 住店日期要当场核对,不能有丝毫含糊。主动请求客人将款项核对,避免宾客对账目提出异议。 4. 工作时要时时想到把方便让给客人,把困难留给自己。 5. 结账完毕,向宾客亲切致谢:“谢谢,欢迎再次光临。” 6. 注意工作环境卫生和整洁

续 表

内容	实施规范
商务中心文员职业形象塑造	1. 服饰整洁,仪态大方,坚守岗位,恭候来宾。 2. 要主动热情地为宾客服务,微笑问候:"小姐(先生),您有什么事要我帮忙吗?" 3. 按照客人的要求,热情而负责地提供准确、细心、周到的打字、复印、电话、传真等业务,杜绝差错。 4. 本着"宾客到上,信誉第一"的宗旨对客户高度负责,代客保密。 5. 注重信誉,确保质量,收费公道。 6. 不得用工作之便以权谋私。 7. 碰到客人对服务有不满时,态度要谦和,语气要婉转,不得与客户争辩。 8. 保持工作环境卫生整洁,使客人感到方便,舒适
外币兑换员职业形象塑造	1. 仪表整洁,仪容端庄,精神饱满,随时恭候来宾。 2. 宾客到来,礼貌问候,主动招呼,并提供迅速,准确,周到的服务。 3. 当客人兑换外币时,当场自填兑换单。 4. 收到款项要准确清点,及时核对,并唱收唱付。 5. 对兑换的外币如有疑问,应由识别机识别,不可自作主张,避免与宾客发生误会或争执。 6. 万一与宾客发生纠纷,要妥善处理,不要在柜台前与宾客争论不休。 7. 严格执行国家的外汇政策,讲究职业道德不可以以权谋私,不违反纪律,不做有损人格、国格的事情。 8. 兑换完毕,向宾客致谢,欢迎下次光临
话务员职业形象塑造	1. 服饰整洁,仪态大方,集中精神,坚守岗位。 2. 按电话礼节接听电话,首先通报饭店中,英文名称,切忌一开口就"喂"。 3. 带着笑容应接,声音中更体现服务热情。 4. 为客人接线,动作要快而准,务必不出差错。 5. 发音准确,清晰,语速适中,态度和气,切忌粗暴无礼;要避免使用"我不知道""我现在很忙""什么"等不耐烦的语句。 6. 如果对方要接听电话的客人不在,应问对方是否留言,另外,要做记录,复述认可,以免差错。 7. 讲究职业道德,不偷听他人电话,若偶尔听到一些内容,应严保秘密。 8. 通话结束,应热情道谢

计划、决策与实施

学习情境一	酒店员工职业形象塑造
工作过程八	前厅部员工职业形象塑造
学生行为	进行成员任务分配,制订工作计划,经小组反复酝酿,讨论计划的科学合理性,完善和做出最终决策;通过教师讲解及引导掌握前厅部各岗位员工良好的礼仪规范要求,能较好地运用于工作实际,进而熟练掌握酒店前厅部员工职业形象塑造的技能,并进行总结

续 表

教师行为	督导学生分组讨论，设计前厅不同岗位的工作场景，督导学生按小组进行服务礼仪模拟比赛。审核学生工作计划，提出修改建议，回答学生提问，引导学生做出正确的决策并实施，对学生的具体分析和完成各项任务进行答疑与督导，并观察学生的表现			
计划、决策与实施	序号	实施步骤	操作要领	参考资料详细地址
	1			
	2			
	3			
	4			
	5			
	6			
	7			
	8			
	9			
	10			
组长签字		组 别		
教师签字		日 期		

评价、检查与反馈

学习情境一	酒店员工职业形象塑造					
工作过程八	前厅部员工职业形象塑造					
学生行为	1. 对前厅部员工职业形象塑造工作任务完成情况进行自我检查和反思，填写检查表。 2. 把学习成果制作成 PPT 进行汇报，总结学习中的收获与体会，进行自我评价，并对本小组的成员表现进行逐一评价，填写评价单和学习反馈单					
教师行为	听取学生成果汇报，检查学生学习任务完成情况，并指出不足及修改建议，对学生的学习表现进行评价，通过学生教学反馈总结教学的不足，制订工作改进计划					
评价	评价类别	项目	子 项 目	个人评价	教师评价	组内互评
	专业能力（60%）	资讯（15%）	搜集信息查找资料（5%）			
			引导问题回答（10%）			
		计划实施（20%）	工作流程的正确性（2%）			
			方案设计科学性（3%）			
			实施操作正确性（10%）			
			知识的运用（5%）			

续 表

	评价类别	项目	子项目	个人评价	教师评价	组内互评
评价	专业能力（60%）	检查（5%）	全面性、准确性（3%）			
			异常情况排除（2%）			
		结果（20%）	演示汇报（10%）			
			知识技能掌握（10%）			
	社会能力（20%）	团结协作（10%）	对小组的贡献（5%）			
			小组合作配合情况（5%）			
		敬业精神（10%）	吃苦耐劳精神（5%）			
			学习纪律性（5%）			
	方法能力（20%）	计划能力（10%）				
		决策能力（10%）				

	序号	检查项目	检查标准	学生自检	教师检查
检查	1	目标认知	工作目标明确，工作计划周密，具有可操作性		
	2	理论知识	基础理论知识的全面掌握		
	3	基本技能	能够运用基本的理论进行实践思考、分析、解决问题		
	4	学习能力	能在教师指导下，全面掌握相关知识和技能		
	5	工作态度	主动参与，积极完成工作任务		
	6	团队合作	积极与他人合作，共同完成任务		
	7	工具运用	熟练利用资料自学，利用网络进行资料查询		
	8	任务完成	保质保量完成任务		

教学反馈	我对学习本工作过程的意见或建议：		
组长签字		组　别	
教师签字		日　期	

工作过程九　客房部员工职业形象塑造

任务布置

<table>
<tr><td>学习情境一</td><td colspan="2">酒店员工职业形象塑造</td></tr>
<tr><td>工作过程九</td><td colspan="2">客房部员工职业形象塑造</td></tr>
<tr><td>教师行为</td><td colspan="2">1. 引导学生明确工作任务及资讯问题，随机对学生实行分组，组成本工作过程的学习小组。
2. 讲解或引导学生学习酒店客房服务礼仪的基础知识，掌握其基本技能，解答学生提问</td></tr>
<tr><td>学生行为</td><td colspan="2">在教师引导及示范下，明确学习任务及要求，分组学习知识链接，查阅资料和文献，找出资讯问题的答案，学习酒店客房部员工的各岗位服务礼仪</td></tr>
<tr><td>工作任务</td><td colspan="2">掌握客房部员工的仪容仪表礼仪、言谈礼仪、举止礼仪等知识，从而实现酒店客房部员工良好职业形象塑造的目的</td></tr>
<tr><td rowspan="6">资讯</td><td rowspan="5">资讯问题</td><td>1. 在酒店中，客房处于什么样的地位？</td></tr>
<tr><td>2. 为什么客房部员工要俱备良好的礼仪修养？</td></tr>
<tr><td>3. 客房部员工仪容仪表方面的要求有哪些？</td></tr>
<tr><td>4. 客房部的主要工作职责是什么？</td></tr>
<tr><td>5. 前厅部员工行为举止礼仪方面的要求有哪些？</td></tr>
<tr><td>资讯引导</td><td>以上资讯问题请查阅本书知识链接，同时参考以下书籍和网页：
1.《酒店礼仪》，张文编著，华南课理工大学出版社，1999 年版。
2.《酒店礼仪》，李光、达明编，伊犁人民出版社，2000 年版。
3.《现代礼仪教程》，胡锐主编，浙江大学出版社，2004 年版。
4.《社交礼仪教程》，金正昆著，中国人民大学出版社，2005 年版。
5. 温晓婷，现代酒店知识与管理Ⅰ，Ⅱ【M】. 北京：中国商业出版社，2000. 11.
6. 朱承强，现代饭店管理(第 2 版)【M】. 北京：高等教育出版社，2011. 07.
7.《你的礼仪价值百万(精华版)》，周思敏著，中国旅游纺织出版社，2012 年版。
8. http://www. zhongguoliyi. org/ 中华礼仪网。
9. http://www. welcome. org. cn/zhongguoliyi/ 中国礼仪网。
10. http://www. chmh. com/index. asp 中国酒店。
11. http://www. chinahotel. org. cn/ 中国饭店协会网站</td></tr>
</table>

知识链接

客房是酒店的主体，是酒店的主要组成部门，是酒店存在的基础，在酒店中占有重要地位。客房是客人在酒店中逗留时间最长的地方，客人对客房更有“家”的感觉。因此，客房的卫生是否清洁，服务人员的服务态度是否热情、周到、服务项目是否周全丰富等，对客人有着直接影响，是客人衡量“价”与“值”是否相符的主要衣据，所以客房服务质量是衡量整个饭店服务质量，维护饭店声誉的重要标志。

一、客房部员工仪容仪表

（1）头发整齐光洁，发型大方得体，不得梳理怪异发型，不得使用浓烈气味的发乳。

（2）面部：男员工不能留胡须，不能大鬓角，面部干净整洁，鼻毛不外露；女员工上岗须画淡妆，但不可浓妆艳抹。

（3）口腔：上岗前不吃带异味食品，饭后漱口，保持口腔清洁无异味。

（4）双手：经常洗手，保持双手干净清洁，经常修剪指甲，不留长指甲，不得涂带颜色指甲油，指甲内不得存有泥污。

（5）制服。

1）员工上岗必须穿工作分工和季节变化所配发的工作服。

2）经常洗澡，经常更换内衣，做到身上无异味，做好个人卫生。

3）员工着西装时要系好配发的领带或领结，必须穿白衬衫并将毛衣、内衣等衣服穿在衣服里面，不得出衬衣外。

4）男员工穿黑色袜子，女员工穿肉色袜子，不能穿尖高跟鞋、铁底鞋、非黑色鞋、尖嘴鞋、凉鞋、拖鞋、球鞋、波鞋上班，最好穿中跟以下黑色皮鞋或布鞋。不可穿花袜、白袜，应穿肉色丝袜，冬天穿裤子时可配深色棉袜。工鞋须光亮且干净，整洁无破损。

5）工牌：员工上岗必须配戴工牌，工牌必须按要求戴。

6）装饰物：员工上岗不可戴耳环、戒指，只许戴婚戒，且只许戴一枚，配戴手表必须是普通样式，不能戴时装表或卡通表。

7）表情：上岗时应保持面带微笑，表情和蔼可亲，精神饱满，做到机警、专注、友好、自然、亲切。

8）整体要求：整齐、清洁、悦目。

二、客房部员工的举止礼仪

(1)客房服务人员在日常工作中要着装整洁,注意仪表,举止大方,态度和蔼。

(2)在客人面前不要吃东西、饮酒、吸烟、掏鼻孔、揩鼻涕、挖耳朵、挖眼屎、搓泥垢、搔痒,不要穿拖鞋、撸衣袖、打饱嗝、伸懒腰、哼小调和打喷嚏、打哈欠。咳嗽时应用手帕捂住嘴,面向一旁,避免发出声音。

(3)遇到熟悉的客人应主动打招呼,但不要问"到哪里去"和"吃过饭没有"。

(4)在客人面前,不要争吵和争论,不要高声呼叫,搬动物品或夜晚走路的脚步声要轻,如意外碰到客人或踩了脚,应立即道歉。

(5)在公共场所不要随地吐痰,乱扔果皮、纸屑。揩鼻涕时,可用手帕掩住口鼻,用过的手帕不要打开看。

(6)在公共场所(如大厅、走廊)如遇客人要主动让路,非急事不能超越客人,更不能从客人中间穿过,如需超越时应说"对不起"。在接待工作中应迎客在前,送客在后,禁止穿工衣在公共场所(如花园、大厅、商场等)闲逛。

(7)坐、立、行走姿势要端正,行走时应挺胸,目视前方,脚步要轻。迎送客人站立时不能背靠墙壁。

(8)尊重客人的风俗习惯,对奇装异服、举止特殊、相貌奇特的客人不得议论、嘲笑或模仿。在客人面前不要交头接耳,更不能小声讲大声笑,严禁与客人开玩笑。

(9)工作期间不许大声喧哗,不准开玩笑,不准哼小曲,要保持工作地点或客房的安静环境。进客房时,要敲门。敲门时,要注意既不能猛敲,也不能相隔很长时间再敲门,要有节奏地轻敲。轻敲一下后如没有人回答,稍隔片刻再缓敲两次,待客人同意后再轻轻开门进入,并用温柔的语调对客人说:"对不起,打扰您了""我是×楼层服务员,现在可以为您整理房间吗?"征得客人同意后再整理、打扫房间。做完卫生,退出客人房间时,要对客人说"谢谢,再见。"

(10)征求客人意见时,态度要诚恳,要实事求是,工作中有差错时不回避。如客人误会或发脾气时要保持冷静和克制的态度,不要与客人争吵,及时向领导汇报,由领导处理。

(11)凡事要讲礼貌,事事要细致入微。在服务工作中做到"六主动":主动问好打招呼;主动引路;主动开门;主动介绍设施情况;主动按电梯;主动征求客人意见。做到"五个一样":外客与内客一个样;生客与熟客一个样;闲时与忙时一个样;检查与不检查一个样;领导在场与不在场一个样。

(12)解答客人问题时必须起立,站立姿势要好,背不能倚靠他物。讲话语气要温和耐心,双目注视对方,集中精神倾听,以示尊重客人对客人的问话或托办事项未听清楚时要同客人说:"先生(小姐),对不起,请再讲一遍好吗?"或者"对不起,先生(小姐),我在把您的留言重复一遍好吗?"这样就可以在服务工作中出现差错。

(13)客人来到酒店入住时,客房服务人员要主动向客人打招呼问好,笑脸相迎。客人入住后在为客人服务的过程中,应按先主后宾,先女宾后男宾的顺序进行服务。对老弱病残客人,要主动搀扶。

(14)要经常保持笑容,要微笑服务,态度要和蔼,说话要亲切,音量要适中,答话要明确迅速。绝不可以将不良情绪带到岗位上来影响工作,更不能流露在脸上。

工作实施标准

一、楼层接待员职业形象塑造

1. 工作目的

熟练掌握楼层接待员服务礼仪要求及注意事项,塑造楼层接待员良好的职业形象。

2. 实训要求

严格按照实训规范要求进行。

3. 工作准备

酒店客房部或模拟现场

4. 实施标准

内容	实施标准
楼层接待员职业形象塑造	1. 仪表整洁,仪容端庄,精神饱满,恭候来宾。 2. 热情问候入住宾客:"您好,欢迎光临!"并行30°鞠躬礼。 3. 逢节假日,要对宾客致特别的问候,如:"节日好,欢迎光临,""欢迎您的到来"。 4. 对新婚宾客要热情祝贺:"欢迎下榻本店,衷心祝愿你们新婚愉快!"。 5. 对客人手中的行李物品,可察言观色,主动提供帮助,但不得硬性坚持把宾客手中的东西拿过来,要尊重宾客的意愿。 6. 对于老、幼、弱、病、残的宾客,要及时适度地搀扶,给予关心和帮助。 7. 引领宾客时位于宾客侧前方两三步处,按客人的步频向前引导。 8. 开门后要侧身一旁,礼貌地敬请宾客先进入。 9. 客人进房后,针对不同的客人习惯和需要,灵活掌握是否递香巾、送茶水。 10. 对于不太了解如何使用房间、设备的宾客,要及时、有礼貌地做些介绍。 11. 要婉转地向宾客说明清楚客房内冰箱里饮料的收费方式。 12. 在确认宾客没有其他需求后,应立即离开,不得逗留。走时可说:"有事请吩咐。"退出房间时,应先后退一步,再转身走出,同时把门轻轻拉上。 13. 如宾客需要在房内用膳,要及时按宾客的具体要求通知餐饮部,按时送入。 14. 宾客还想了解诸如商场、美容等其他的服务应为之介绍。 15. 宾客身体如有不适,要主动关心,询问是否需要诊治。 16. 当宾客提出房内设备需要维修时,应立即与工程部联系,及时解决。 17. 当客人离开房间时,送客人到电梯旁,并客人"旅途愉快",说声"再见。" 18. 要尽量满足宾客提出的一切正常需求

二、客房清洁员职业形象塑造

1. 工作目的

熟练掌握客房清洁员服务礼仪要求及注意事项，塑造客房清洁员良好的职业形象。

2. 实训要求

严格按照实训规范要求进行。

3. 工作准备

酒店客房或模拟现场。

4. 实施标准

内容	实施标准
客房清洁员职业形象塑造	1. 清洁客房时，将工作车靠墙放置，不要离门太近，以免妨碍他人。 2. 进入房间 (1)按门铃、敲门。 ①首先检查一下房门是否挂着“请勿打扰”牌或上“双锁”。 ②站在门外中间位置，离门距离保持40厘米，目光平视开门线。轻轻敲三下门，声音不要太大，使客人听到为标准，同时报身份“housekeeping”和“服务员”如客人答应，即可开门进入。 ③在门外等候10秒钟，倾听房内动静，如无反应，可重复以上程序两遍。 (2)开门 。 (如无客人回音)将钥匙插入锁内轻轻转动，轻推钥匙或轻握住门柄将门轻轻开启，开门同时，重报部门或工作职务称。同时将清洁车挡住房门，以防止服务员清理房间时非住客进入房间。敞开房门。将房门推到90度角，如客人此时在房间内，需礼貌询问“我可以为您整理房间吗?”如客人不在房间或客人表示可以整理服务，服务员方可进入房间。整理服务时要始终将门敞开着。 3. 进入房间后尽量不要挪动客人放在房间里的物品。 4. 离开房间。 如客人在房间内，应向客人致以谢意，然后将房门轻轻带上后离开房间。如客人没在房间，将门锁好后应再验证是否确实关好

计划、决策与实施

学习情境一	酒店员工职业形象塑造
工作过程九	客房部员工职业形象塑造
学生行为	进行成员任务分配，制订工作计划，经小组反复酝酿，讨论计划的科学合理性，完善和做出最终决策；通过教师讲解及引导掌握客房部各岗位员工良好的礼仪规范要求，能较好地运用于工作实际，并进行总结

续 表

教师行为	督导学生分组讨论，设计客房部不同岗位的工作场景，督导学生按小组进行服务礼仪模拟比赛。审核学生工作计划，提出修改建议，回答学生提问，引导学生做出正确的决策并实施，对学生的具体分析和完成各项任务进行答疑与督导，并观察学生的表现			
计划、决策与实施	序号	实施步骤	操作要领	参考资料详细地址
	1			
	2			
	3			
	4			
	5			
	6			
	7			
	8			
	9			
	10			
组长签字		**组　别**		
教师签字		**日　期**		

评价、检查与反馈

学习情境一	酒店员工职业形象塑造					
工作过程九	客房部员工职业形象塑造					
学生行为	1. 对客房部员工职业形象塑造工作任务完成情况进行自我检查和反思，填写检查表。 2. 把学习成果制作成 PPT 进行汇报，总结学习中的收获与体会，进行自我评价，并对本小组的成员表现进行逐一评价，填写评价单和学习反馈单					
教师行为	听取学生成果汇报，检查学生学习任务完成情况，并指出不足及修改建议，对学生的学习表现进行评价，通过学生教学反馈总结教学的不足，制订工作改进计划					
评价	评价类别	项目	子　项　目	个人评价	教师评价	组内互评
	专业能力（60%）	资讯（15%）	搜集信息查找资料（5%）			
			引导问题回答（10%）			
		计划实施（20%）	工作流程的正确性（2%）			
			方案设计科学性（3%）			
			实施操作正确性（10%）			
			知识的运用（5%）			

续 表

<table>
<tr><td rowspan="11">评
价</td><td>评价类别</td><td>项目</td><td>子 项 目</td><td>个人评价</td><td>教师评价</td><td>组内互评</td></tr>
<tr><td rowspan="4">专业能力（60%）</td><td rowspan="2">检查（5%）</td><td>全面性、准确性（3%）</td><td></td><td></td><td></td></tr>
<tr><td>异常情况排除（2%）</td><td></td><td></td><td></td></tr>
<tr><td rowspan="2">结果（20%）</td><td>演示汇报（10%）</td><td></td><td></td><td></td></tr>
<tr><td>知识技能掌握（10%）</td><td></td><td></td><td></td></tr>
<tr><td rowspan="4">社会能力（20%）</td><td rowspan="2">团结协作（10%）</td><td>对小组的贡献（5%）</td><td></td><td></td><td></td></tr>
<tr><td>小组合作配合情况（5%）</td><td></td><td></td><td></td></tr>
<tr><td rowspan="2">敬业精神（10%）</td><td>吃苦耐劳精神（5%）</td><td></td><td></td><td></td></tr>
<tr><td>学习纪律性（5%）</td><td></td><td></td><td></td></tr>
<tr><td rowspan="2">方法能力（20%）</td><td>计划能力（10%）</td><td></td><td></td><td></td><td></td></tr>
<tr><td>决策能力（10%）</td><td></td><td></td><td></td><td></td></tr>
<tr><td rowspan="9">检
查</td><td>序号</td><td>检查项目</td><td>检查标准</td><td colspan="2">学生自检</td><td>教师检查</td></tr>
<tr><td>1</td><td>目标认知</td><td>工作目标明确，工作计划周密，具有可操作性</td><td colspan="2"></td><td></td></tr>
<tr><td>2</td><td>理论知识</td><td>基础理论知识的全面掌握</td><td colspan="2"></td><td></td></tr>
<tr><td>3</td><td>基本技能</td><td>能够运用基本的理论进行实践思考、分析、解决问题</td><td colspan="2"></td><td></td></tr>
<tr><td>4</td><td>学习能力</td><td>能在教师指导下，全面掌握相关知识和技能</td><td colspan="2"></td><td></td></tr>
<tr><td>5</td><td>工作态度</td><td>主动参与，积极完成工作任务</td><td colspan="2"></td><td></td></tr>
<tr><td>6</td><td>团队合作</td><td>积极与他人合作，共同完成任务</td><td colspan="2"></td><td></td></tr>
<tr><td>7</td><td>工具运用</td><td>熟练利用资料自学，利用网络进行资料查询</td><td colspan="2"></td><td></td></tr>
<tr><td>8</td><td>任务完成</td><td>保质保量完成任务</td><td colspan="2"></td><td></td></tr>
<tr><td>教学反馈</td><td colspan="6">我对学习本工作过程的意见或建议：</td></tr>
<tr><td>组长签字</td><td colspan="2"></td><td>组 别</td><td colspan="3"></td></tr>
<tr><td>教师签字</td><td colspan="2"></td><td>日 期</td><td colspan="3"></td></tr>
</table>

工作过程十　餐饮部员工职业形象塑造

任务布置

<table>
<tr><td>学习情境一</td><td colspan="2">酒店员工职业形象塑造</td></tr>
<tr><td>工作过程十</td><td colspan="2">餐饮部员工职业形象塑造</td></tr>
<tr><td>教师行为</td><td colspan="2">1. 引导学生明确工作任务及资讯问题，随机对学生实行分组，组成本工作过程的学习小组。
2. 讲解或引导学生学习餐饮服务礼仪的基础知识，掌握其基本技能，解答学生提问</td></tr>
<tr><td>学生行为</td><td colspan="2">在教师引导及示范下，明确学习任务及要求，分组学习知识链接，查阅资料和文献，找出资讯问题的答案，学习餐饮部员工的各岗位服务礼仪</td></tr>
<tr><td>工作任务</td><td colspan="2">掌握餐饮部员工的仪容仪表礼仪、言谈礼仪、举止礼仪等知识，从而实现酒店餐饮部员工良好职业形象塑造的目的</td></tr>
<tr><td rowspan="9">资讯</td><td rowspan="8">资讯问题</td><td>1. 餐饮部的主要工作职责是什么？</td></tr>
<tr><td>2. 为什么餐饮部员工要俱备良好的礼仪修养？</td></tr>
<tr><td>3. 餐饮部员工仪容仪表方面的要求有哪些？</td></tr>
<tr><td>4. 餐饮部员工言谈礼仪方面的要求有哪些？</td></tr>
<tr><td>5. 为什么各岗位服务员在餐厅服务要做到“三轻”</td></tr>
<tr><td>6. 值台员有哪些接待礼仪？</td></tr>
<tr><td>7. 引位员有哪些接待礼仪？</td></tr>
<tr><td>8. 餐饮部员工行为举止礼仪方面的要求有哪些？</td></tr>
<tr><td>资讯引导</td><td>以上资讯问题请查阅本书知识链接，同时参考以下书籍和网页：
1.《酒店礼仪》，张文编著，华南课理工大学出版社，1999 年版。
2.《酒店礼仪》，李光、达明编，伊犁人民出版社，2000 年版。
3.《现代礼仪教程》，胡锐主编，浙江大学出版社，2004 年版。
4.《社交礼仪教程》，金正昆著，中国人民大学出版社，2005 年版。
5. 温晓婷，现代酒店知识与管理Ⅰ,Ⅱ【M】. 北京：中国商业出版社，2000. 11.
6. 朱承强，现代饭店管理(第 2 版)【M】. 北京：高等教育出版社 2011. 07.
7. http://www.zhongguoliyi.org/ 中华礼仪网。
8. http://www.welcome.org.cn/zhongguoliyi/ 中国礼仪网。
9. http://www.chinahotel.org.cn/index.html 中国饭店协会。
10. http://www.canyin168.com/Index.html 职业餐饮网。
11. http://www.canyin.com/ 中国餐饮网。
12. http://www.eatworld.org/ 餐饮世界网。
13. http://www.theworlds50best.com/page/home.html 世界 50 最佳餐厅官方网站。
14. http://www.riztparis.com 法国巴黎里兹饭店官方网</td></tr>
</table>

知识链接

俗话说:民以食为天。作为宾客“家外之家”的酒店,其两大功能就是为客人提供膳食和住宿服务。而酒店餐饮部就是主要解决宾客饮食问题的部门。随着社会生产力的高度发展,人们生活水平不断提高,人们在政治、经济、商贸、旅游、科技、文化等方面的交流日益频繁,家务劳动社会化程度日益提高,这些都使得现代餐饮朝着设备舒适、环境优美、产品风味突出及服务质量优良的方向发展。餐饮服务代表饭店的管理水平和声誉,是树立饭店高品质形象的重要组成部分。餐饮部员工提供的服务,包括餐前的预订、迎领、点菜、点酒,到就餐中的上菜、斟酒、分菜、换碟,再到就餐后的结账、送别等,时间长、环节复杂。服务人员的仪容仪表、行为举止、服务技能等会直接反映一个饭店的服务质量和管理水平。

一、仪容

(1)保持头发干净,无头皮屑。男服务员注意头发的清洁与整型。发际不得盖住耳朵、衣领,不留鬃发。女服务员头发前不盖眉,后不披肩。长发需用黑色发结束起,不得加其他头饰。

(2)男服务员每天上班要保持面部的清洁,养成勤洗脸、勤剃须的习惯。女服务员注意面部皮肤的修饰与保养,熟悉掌握基本的面部美容化妆知识,淡妆上岗。

(3)不戴耳环、手镯、项链等华丽显眼的装饰品,不得佩戴饭店规定以外的饰物。

(4)手部保持清洁,经常修剪指甲,女服务员不允许涂指甲油。员工上班不得佩带私人手机、MP3 等。

(5)养成良好的卫生习惯。经常洗澡,身上无异味,并保持皮肤健康。

(6)上岗时应保持面带微笑,表情和蔼可亲,精神饱满,做到机警、专注、友好、自然、亲切。

二、着装礼仪

(一)制服着装礼仪

(1)按酒店统一规定着装,制服应干净、整齐、笔挺无破损。

(2)纽扣要全部扣好,穿西装制服时,不论男、女第一颗纽扣须扣上,不得敞开外衣、卷起裤脚、衣袖,领带必须结,工号牌要端正地挂在饭店指定佩戴的位置。

(3)制服外衣衣袖、衣领处、制服衬衣领口,不得显露个人衣物,制服外不得显有个人物品,如纪念章、笔、纸张等,制服衣袋不得多装物品,显得鼓起。

（4）穿黑色平跟皮鞋或布鞋，随时保持皮鞋光亮和布鞋的干净，鞋子大小必须合脚以免长期站立服务造成疲劳或意外。女员工只准着肉色袜，其他颜色和带花边、通花的袜子一律不得在上班时间穿着，袜头不得露出裙脚，袜子不得有破洞；男服务员要穿深色的袜子。

（5）非工作需要，不得在店外穿制服，亦不得带出店外。

三、举止礼仪

（1）微笑，是员工最起码应有的表情。

（2）面对客人应表现出热情、亲切、真实、友好的态度，做到精神振奋，情绪饱满，不卑不亢。

（3）客人讲话时应眼望对方，全神贯注，用心倾听，不得东张西望，心不在焉。

（4）服务时，须使用规范的站姿、坐姿、走姿、手势进行，双手不得叉腰，交叉胸前或插入衣裤。不抓头、搔痒、挖耳、抠鼻孔，不得敲桌子或玩弄其他物品。

（5）餐厅内行走要迅速，但不得跑步，不得二人并肩而行、搭膊、挽手，与客人相遇应靠边而走，不得从二人中间穿行，请人让路要讲对不起，不得横冲直撞，粗俗无礼。

（6）不得随地吐痰，乱丢杂物。

（7）不得当众整理个人衣物。

（8）不得将任何物件夹于腋下。

（9）在客人面前不得经常看手表。

（10）咳嗽、打喷嚏时应侧身向后，并说对不起，

（11）不得谈笑、大声说话、喊叫、乱丢乱碰物品，发出不必要的声响。

（12）任何时候不得在餐厅内抽烟、吃东西。

（13）在酒店内不得打私人电话、传私人电话，家从有急事来电，应从速简洁结束通话。

（14）要注意自我控制，随时注意自己的言行举止。

（15）在为客人服务时不得流露出厌烦、冷淡、愤怒、僵硬、紧张和恐惧的表情，不得扭捏作态，做鬼脸、吐舌、眨眼。

（16）员工在服务、工作、打电话和与客人交谈时，如有客人走近，应立即示意，以表示自己注意他（她）们的来临。不得无所表示，等客人先开口。

（17）要轻易接受客人的礼物，如不能拒绝，应报告上级按有关规定处理。

（18）不能和客人约会。

四、言谈礼仪

（一）言谈的基本要求

（1）与客人谈话时，必须站立与客人保持一步半距离（80 厘米～1 米）左右。

（2）声调要自然、清晰、柔和、亲切，不要装腔作势，声量不要过高，亦不要过低，以免客人听不清楚，或干扰其他客人进餐。

（3）不准讲粗话，使用蔑视和污辱性语言。

（4）三人以上对话，要用相互都懂的语言。

（5）不得模仿他人的语言语调和谈话。

（6）不开过分的玩笑。

（7）已经答应客人的事一定要尽力办好，不得无故拖延。

（8）说话要注意艺术，多用敬语，注意“请”“谢”字不离口。

（9）不得以任何借口顶撞、讽刺、挖苦客人。

（10）要注意称呼客人姓氏，末知姓氏之前，要称呼“先生”或“女士”。

（11）指第三者时不能讲“他”，应称“那位先生”或“那位女士”。

（12）无论从客检手上接过任何物品，都要讲谢谢。

（13）客人讲“谢谢”时，要答“不用谢”，不得毫无反应。

（14）客人来时要问好，注意讲“欢迎您到××楼大酒店”，客人走时，注意讲“祝您愉快”，或“欢迎您下次光临”。

（15）任何时候不准讲“喂”或说“不知道”。

（16）离开面对的客人，一律讲“请稍候”。如果离开时间较长，回来后要讲“对不起，让您久等了”。不得一言不发就开始服务。

（二）餐厅服务中的礼貌用语

礼貌用语要做到“七声”“十字”，“七声”即问候声、征询声、感谢声、道歉声、应答声、祝福声、送别声；“十字”即您好、请、谢谢、对不起、再见。

1. 问候声

（1）“先生（小姐）您好！欢迎光临。”“中午（晚上）好，欢迎光临！”“欢迎您来这里进餐”“欢迎您！一共几位？请这里坐。”

（2）“请问先生（小姐）有预订吗？是几号房间（几号桌）。”

（3）“请跟我来”“请这边走”

2. 征询声

（1）先生（小姐），您坐这里可以吗？”

（2）“请问先生（小姐），现在可以点菜了吗？”“这是菜单，请您选择。”

(3)“请问先生(小姐)喜欢用点什么酒水(饮料)? 我们这里有……”

(4)“对不起,我没听清您的话,您再说一遍好吗?”

(5)“请问先生(小姐)喜欢吃点什么? 我们今天新推出……(我们的特色菜有……)”

(6)“请问,先生还需要点什么? “您用些……好吗?”

(7)“请问先生现在可以上菜了吗?”

(8)“请问先生,我把这个菜换成小盘可以吗?”“请问,可以撤掉这个盘子吗?”

(9)“请问先生,上一个水果拼盘吗? 我们这里水果有……”

(10)“您吃得好吗?”“您觉得满意吗?”“您还有别的事吗?”

(11)“现在可以为您结账吗?”

3. 感谢声

(1)感谢您的意见(建议),我们一定改正。”

(2)“谢谢您的帮助。”

(3)“谢谢您的光临。”

(4)“谢谢您的提醒。”

(5)“谢谢您的鼓励,我们还会努力。”

4. 道歉声

(1)“真对不起,这个菜需要时间,请您多等一会好吗?”

(2)“对不起,让您久等了,这是××菜。”

(3)“真是抱歉,耽误了你很长时间。”

(4)“对不起,这个品种刚刚卖完,××菜和它的口味、用料基本相似。”

(5)“对不起,我把您的菜上错了。”

(6)“实在对不起,我们重新为您做一下好吗?”

(7)“对不起,请稍等,马上就好!”

(8)“对不起,打扰一下。”

(9)“实在对不起,弄脏您的衣服了,让我拿去洗好吗?”

5. 应答声

(1)“好的,我会通知厨房,按您的要求去做。”

(2)“好的,我马上就去。”

(3)“好的,我马上安排。”

(4)“是的,我是餐厅服务员,非常乐意为您服务。”

(5)“谢谢您的好意,我们是不收小费的。”

(6)“没关系,这是我应该做的。”

(7)“我明白了。”

6.祝福声

(1)“祝您用餐愉快。”

(2)“新年好”“新年快乐”“圣诞快乐”“节日快乐”

(3)“祝您新婚愉快。”

(4)“祝您早日康复。”

(5)“祝您生日快乐。”

(6)“祝您心情愉快。”

7.送别声

(1)“先生(小姐)慢走,欢迎下次光临。

(2)“先生(小姐)再见。”

(3)“请慢走”“请走好。”

8.餐厅其他礼貌用语

(1)“请用茶”“请用毛巾”“请您用酒”。

(2)“您的菜上齐了,请品尝。”

(3)“请您对我们的服务和菜肴多提宝贵意见。”

9.礼貌用语注意事项

(1)注意面向宾客,笑容可掬,眼光停留在宾客眼鼻三角区不得左顾右盼,心不在焉。

(2)要垂手恭立,身体微微前倾,双手交叉握于腹部;距离当(一般以一米左右为宜),不要倚靠他物。

(3)要举止温文,态度和蔼,能用语言讲清的尽量不加手势。

(4)要进退有序,事毕要先后退一步,然后再转身离开,以示对宾客的尊重,不要扭头就走。

(5)讲话要讲普通话,外语以英语为主,不用污言秽语,语调亲切、热情诚恳,不要粗声粗气或矫揉造作,说话要清楚流利,意思表达要准确,以对方听得到为准,讲话速度要低于客人,不可因个人心情不佳,影响语言效果。客人之间说话不要打扰,如需要打扰时可在说话间隙说“对不起,打扰一下”经客人同意后再讲,说话结束后应说谢谢。

工作实施标准

一、迎宾员职业形象塑造

1. 工作目的

熟练掌握餐厅迎宾员服务礼仪要求及注意事项，塑造餐厅迎宾员良好的职业形象。

2. 实训要求

严格按照实训规范要求进行。

3. 工作准备

酒店餐厅或模拟现场

4. 实施标准

内容	实施标准	基本要求
迎宾员职业形象塑造	1. 着装端庄、整洁、仪容端庄，站姿规范。 2. 迎宾员要提前5分钟在餐厅门旁恭候来宾。 3. 精神饱满，精力集中，注视过往宾客。当客人走近餐厅约1.5米处，应热情问候："小姐（先生）您好，欢迎光临！""小姐（先生）晚上好，请！" 4. 客人离开餐厅时，礼貌道别："小姐（先生），谢谢您的光临，请慢走。再见！"语调柔和、亲切，并致以鞠躬礼	1. 迎宾要求主动、积极，答问要热情、亲切。 2. 如遇雨天，要主动收放客人的雨具，客人离去时及时递雨具

二、引位员职业形象塑造

1. 工作目的

熟练掌握餐厅引位员服务礼仪要求及注意事项，塑造餐厅引位员良好的职业形象。

2. 实训要求

严格按照实训规范要求进行。

3. 工作准备

酒店餐厅或模拟现场

4. 实施标准

内容	实施标准
问候礼仪	宾客进入后，立即迎上，微笑问候："小姐（先生），你好！""晚上好！""请问，预订过吗？""请问，一共几位？"客人同时到达，要先问候女宾，再问候男宾

续 表

内容	实施标准
安排座位	问清后开始引位。应礼貌地说“请跟我来”“这边请”“里边请”并用手示意，把客人引到适当的位置入坐或进入包厢；将情侣或夫妇引到较安静的餐桌就坐，便于小声交谈；服饰华丽、打扮时髦、容貌漂亮的小姐，可引领显眼的中心位置；举家或亲朋好友聚餐，引领到餐厅靠里的一侧，即使其安心进餐，又不影响干扰其他人的用餐；年老、体弱的宾客，尽可能安排在离入口较近的位置，便于出入，并帮助他们就座；有明显生理缺陷的客人，要注意安排在适当的位置，能遮掩其生理缺陷，以示体贴；如客人需要到指定位置，要尽量给予满足；如其他宾客已占用时，应礼貌地说明；靠近厨房出入口处的位置，是最不受客人欢迎的位置，应对被安排在这张餐桌上用餐的客人多说几句礼貌话，如：“小姐（先生），十分抱歉。今天客人太多，委屈您了，下次光临一定为您安排个好座位。”以示关心与热情
送客	客人就餐完毕结账时，应礼貌送客，主动话别：“再见，欢迎下次光临！”

三、值台员职业形象塑造

1. 工作目的

熟练掌握餐厅值台员服务礼仪要求及注意事项，塑造餐厅值台员良好的职业形象。

2. 实训要求

严格按照实训规范要求进行。

3. 工作准备

酒店餐厅或模拟现场。

4. 实施标准

项目	实施标准
热情迎宾	1. 开餐前，提前10分钟站立在各自负责的餐台位置，做好迎客准备。 2. 当宾客走近餐桌时，要主动迎上，微笑问候，按先主宾后主人，先女宾后男宾的顺序拉椅助座。拉椅的动作要适度，用双手和右脚尖轻松快捷地将椅子向后撤，待客人屈膝入座时轻推椅，使客人坐好坐稳。要注意顺应客人入座的节奏进行，做到平衡，自然，切勿操之过急，以免碰到客人。 3. 宾客需脱衣摘帽时，应给协助，并按顺序挂好，但切将衣物倒提，以防衣袋内的物品掉落。重衣服要用衣架挂好，以防衣服折皱走样。 4. 客人就坐后，应及时递香巾，茶水；递送时要从右到左依次进行并有招呼声，送茶时切忌使手指接触杯口，避免发出碰撞声。 5. 如有儿童，应该把儿童安排在单座的高椅子上

续 表

项目	实施标准
恭请点菜	1. 精神集中,随时观察客人点菜的示意,及时地用双手将菜单从左侧递上。 2. 当请客人点菜时,不要催促,让客人有充分的时间选择,做决定,同时要保持适当的距离。 3. 接受客人点菜时,应始终面带微笑地站在客人左侧,上身稍向前倾,认真听取客人选定的菜肴、点心,并作好记录。 4. 当客人一时不能决定点什么菜时,应当好参谋,热情推荐本餐的名菜,特色菜,创新菜及时令菜。要讲究说话方式和语气,充分尊重客人的意愿。 5. 如客人点的菜已售完,应礼貌地致歉解释,求得谅解,并婉转地向客人建议点其他类菜。 6. 客人点的菜在菜单上没有列出的,应尽量设法满足,不可一口回绝"没有"可以说:"请您稍等,我马上与厨师商量一下,尽满足您的要求。"如确有困难,应向客人致意说明。 7. 当客人点完菜,还应主动征询客人需要什么酒类饮料。全部记好后,再礼貌地复述一遍,得到客人确认后,迅速将菜单送到厨房,尽量减少客人等候的时间
席间服务	1. 取出餐巾,礼貌地安放在客人腿部。 2. 斟酒,上菜要严格按操作规程进行,切忌手指触及杯子及菜肴;切忌站在同一个位置为二位客人同时斟酒;切忌越过客人头项上菜。 3. 新上一道菜,应简要介绍菜名及其特色,并将菜肴的最佳部位对着主宾和主人。 4. 宴会上菜,应按主桌在前,陪桌在后的顺序进行。宴会的斟酒要按先主宾后主人,先女宾后男宾的次序进行,然后按顺时针方向依次斟酒。宾主祝酒时,要站立在适当的位置上,不随意走动,保持场面安静。 5. 开拉酒水饮料瓶盖时,应在客人的侧后方朝外拉开,倒香槟酒或其他冰镇酒要用餐巾包好酒瓶再倒,以防酒水喷洒或滴落在客人身上。 6. 要掌握上菜的时间和间隔,一般来说,客人点菜后 10 分钟内凉菜要摆上台,热菜不超过 20 分钟。也不能只管上菜,造成桌面上杂乱现象;如桌面上无位时,应拿走剩菜最少的菜,但要征求客人意见以免引起客人的不满。 7. 有些菜肴烹饪时间较长,应向客人说明,以免客人因久等而不耐烦。 8. 如客人不慎将餐具等物品落在地上,要速上前取走和更换。 9. 菜上齐后,应告诉客人:"菜已上齐上了,请慢用。" 10. 如有来电找宾客,应走近客人身旁,轻声告知,不可在远处高声呼。 11. 当正在为一张餐桌上的客人服务时,还要兼顾其他各桌客人的需求,用眼睛,手势语言等示意,及时上前照应,或轻声告辞:"请稍等,马上就来。" 12. 当客人对一道菜特别喜爱,想再买一份带走时,应主动为其提供食品袋,并妥为包装,方便客人带走。 13. 当客人问及菜肴的原料,品种时,要乐意介绍;有问必答,如一时回答不上来时,应说:"实在抱歉,我不清楚,让我问清楚后再告诉您。" 14. 已有醉意的客人,当其还在继续喝酒又不听劝阴或发生粗鲁行为时,要尽量忍让,并请示餐厅经理来处理。 15. 值台时一定要脸带微笑,神情专注,用目光环视四周,随时应答客人的招呼,做到忙而不乱,有条不紊。 16. 值台时,要坚守岗位,站姿规范,不倚墙靠台,不搔头摸耳,不串岗闲聊。 17. 即使营业时间已过,客人没有散席,也绝不能有催促或忙于收拾,打扫,关灯等不礼貌的逐客之举,整个的清扫应在所有宾客离开后进行

续 表

项目	实施标准
结帐送客	1. 客人餐毕,应把账单放在垫有小方巾的手盘上或放在账单内,从客人左侧递上;账单一般放在主人的桌餐边,不要直接交到客人手里,并小声说:“小姐(先生),请您过目,共计××元”。 2. 如果是让客人签字,服务员要立上送,同时有礼貌地请宾客出示酒店欢迎或房间钥匙,检查要认真,过目要迅速。 3. 当客人付款或签单后,要表示感谢。 4. 客人结完账起身离座时,应及时拉椅让路,方便客人离开,同时提醒有否忘记随身物品,并友好话别:“小姐(先生),欢迎您下次再来,再见!”恭身施礼目送客人离去

四、走菜员职业形象塑造

1. 工作目的

熟练掌握餐厅走菜员服务礼仪要求及注意事项,塑造走菜值台员良好的职业形象。

2. 实训要求

严格按照实训规范要求进行。

3. 工作准备

酒店餐厅或模拟现场。

4. 实施标准

项目	实施标准
走菜员职业形象塑造	1. 配合值台员工作,及时取得联系并随时与厨房互通情况,搞好协作,适时上菜。 2. 要做到:冷菜先上,热菜要及时上,火候菜要随做随上,以保证色、香、味、形不走样。 3. 安放餐具及上菜等一律用托盘,不应用手直接端拿,以免手指触及碗碟、菜肴,影响食品卫生。 4. 走菜繁忙时,天热亦不得挽袖卷裤。 5. 走菜途中,严禁私自品尝。 6. 走菜时,注意步姿的端正和自然,遇到客人要主动让道

计划、决策与实施

学习情境一	酒店员工职业形象塑造
工作过程十	餐饮部员工职业形象塑造
学生行为	进行成员任务分配,制订工作计划,经小组反复酝酿,讨论计划的科学合理性,完善和做出最终决策;通过教师讲解及引导掌握餐饮部各岗位员工的礼仪规范要求,能较好地运用于工作实际,并进行总结

续　表

教师行为	督导学生分组讨论，设计餐饮部不同岗位的工作场景，督导学生按小组进行服务礼仪模拟比赛。审核学生工作计划，提出修改建议，回答学生提问，引导学生做出正确的决策并实施，对学生的具体分析和完成各项任务进行答疑与督导，并观察学生的表现			
计划、决策与实施	序号	实施步骤	操作要领	参考资料详细地址
	1			
	2			
	3			
	4			
	5			
	6			
	7			
	8			
	9			
	10			
组长签字			组　别	
教师签字			日　期	

评价、检查与反馈

学习情境一	酒店员工职业形象塑造					
工作过程十	餐饮部员工职业形象塑造					
学生行为	1. 对餐饮部员工职业形象塑造工作任务完成情况进行自我检查和反思，填写检查表。 2. 把学习成果制作成 PPT 进行汇报，总结学习中的收获与体会，进行自我评价，并对本小组的成员表现进行逐一评价，填写评价单和学习反馈单					
教师行为	听取学生成果汇报，检查学生学习任务完成情况，并指出不足及修改建议，对学生的学习表现进行评价，通过学生教学反馈总结教学的不足，制订工作改进计划					
评价	评价类别	项目	子　项　目	个人评价	教师评价	组内互评
	专业能力（60%）	资讯（15%）	搜集信息查找资料（5%）			
			引导问题回答（10%）			
		计划实施（20%）	工作流程的正确性（2%）			
			方案设计科学性（3%）			
			实施操作正确性（10%）			
			知识的运用（5%）			

续 表

<table>
<tr><td rowspan="13">评
价</td><td>评价类别</td><td>项目</td><td>子 项 目</td><td>个人评价</td><td>教师评价</td><td>组内互评</td></tr>
<tr><td rowspan="4">专业能力（60%）</td><td rowspan="2">检查（5%）</td><td>全面性、准确性（3%）</td><td></td><td></td><td></td></tr>
<tr><td>异常情况排除（2%）</td><td></td><td></td><td></td></tr>
<tr><td rowspan="2">结果（20%）</td><td>演示汇报（10%）</td><td></td><td></td><td></td></tr>
<tr><td>知识技能掌握（10%）</td><td></td><td></td><td></td></tr>
<tr><td rowspan="4">社会能力（20%）</td><td rowspan="2">团结协作（10%）</td><td>对小组的贡献（5%）</td><td></td><td></td><td></td></tr>
<tr><td>小组合作配合情况（5%）</td><td></td><td></td><td></td></tr>
<tr><td rowspan="2">敬业精神（10%）</td><td>吃苦耐劳精神（5%）</td><td></td><td></td><td></td></tr>
<tr><td>学习纪律性（5%）</td><td></td><td></td><td></td></tr>
<tr><td rowspan="2">方法能力（20%）</td><td>计划能力（10%）</td><td></td><td></td><td></td><td></td></tr>
<tr><td>决策能力（10%）</td><td></td><td></td><td></td><td></td></tr>
<tr><td rowspan="9">检
查</td><td>序号</td><td>检查项目</td><td colspan="2">检查标准</td><td>学生自检</td><td>教师检查</td></tr>
<tr><td>1</td><td>目标认知</td><td colspan="2"></td><td></td><td></td></tr>
<tr><td>2</td><td>理论知识</td><td colspan="2"></td><td></td><td></td></tr>
<tr><td>3</td><td>基本技能</td><td colspan="2"></td><td></td><td></td></tr>
<tr><td>4</td><td>学习能力</td><td colspan="2"></td><td></td><td></td></tr>
<tr><td>5</td><td>工作态度</td><td colspan="2"></td><td></td><td></td></tr>
<tr><td>6</td><td>团队合作</td><td colspan="2"></td><td></td><td></td></tr>
<tr><td>7</td><td>工具运用</td><td colspan="2"></td><td></td><td></td></tr>
<tr><td>8</td><td>任务完成</td><td colspan="2"></td><td></td><td></td></tr>
</table>

续 表

教学反馈	我对学习本工作过程的意见或建议：		
组长签字		组　别	
教师签字		日　期	

学习情境二　旅游政务人员职业形象塑造

学习情境分析

本学习情境以旅游政务人员美好的职业形象塑造为工作目标，通过模拟真实的工作场景，引导学生完成现代旅游政务服务认知、旅游政务人员得体个人形象塑造、见面礼仪形象塑造、办公室礼仪形象塑造、接待礼仪形象塑造、宴请礼仪形象塑造、拜访礼仪形象塑造、馈赠礼仪形象塑造七个工作过程，由易到难，循序渐进，使学生能熟练、规范的塑造旅游政务人员美好的职业形象。

学习目标

知识目标：掌握旅游政务人员个人形象礼仪、见面礼仪、办公室礼仪、接待礼仪、宴请礼仪、拜访及馈赠礼仪的基本知识。

技能目标：熟悉旅游政务礼仪的内涵，能在工作中进行恰当的仪容修饰，得体地穿戴和搭配，正确地运用仪态礼仪；能较好地运用介绍礼仪、名片礼仪、握手礼仪、办公室礼仪、接待礼仪、宴请礼仪开展工作，能在拜访别人或接受馈赠时做到有礼有节，从而塑造旅游政务人员良好的职业形象。

情感目标：培养学生的服务意识，使其养成良好的职业素养，树立良好的职业形象，在理论与实践的结合中提升个人能力，适应旅游政务工作的需要。

工作过程一　旅游政务人员个人形象塑造

任务布置

学习情境一	旅游政务人员职业形象塑造
工作过程一	旅游政务人员个人形象塑造
教师行为	1. 引导学生明确工作任务及资讯问题，随机对学生实行分组，组成本工作过程的学习小组。 2. 讲解或引导学生学习旅游政务人员个人形象礼仪的基础知识，掌握其基本技能，解答学生提问

续 表

<table>
<tr><td>学生行为</td><td colspan="2">在教师引导及示范下，明确学习任务及要求，分组学习知识链接，查阅资料和文献，找出资讯问题的答案，学习酒店前厅部员工的各岗位服务礼仪</td></tr>
<tr><td>工作任务</td><td colspan="2">掌握旅游政务人员的仪容礼仪、着装礼仪、举止礼仪等知识，从而实现旅游政务人员良好职业形象塑造的目的</td></tr>
<tr><td rowspan="6">资讯</td><td rowspan="5">资讯问题</td><td>1. 旅游政务人员的涵义是什么？</td></tr>
<tr><td>2. 为什么旅游政务人员要俱备良好的礼仪修养？</td></tr>
<tr><td>3. 旅游政务人员仪容方面的要求有哪些？</td></tr>
<tr><td>4. 旅游政务人员着装方面的要求有哪些？</td></tr>
<tr><td>5. 旅游政务人员举止礼仪方面的要求有哪些？</td></tr>
<tr><td>资讯引导</td><td>以上资讯问题请查阅本书知识链接，同时参考以下书籍和网页：
1.《现代礼仪教程》，胡锐主编，浙江大学出版社，2004 年版。
2.《社交礼仪教程》，金正昆著，中国人民大学出版社，2005 年版。
3.《你的礼仪价值百万（精华版）》，周思敏著，中国旅游纺织出版社，2012 年版。
4.《商务礼仪》赵敏著，人民邮电出版社，2014 年版。
5. http://www.zhongguoliyi.org/ 中华礼仪网。
6. http://www.welcome.org.cn/zhongguoliyi/ 中国礼仪网</td></tr>
</table>

知识链接

旅游政务人员是伴随着现代旅游业的高速发展而产生的一个新的就业群体，主要包括国家各级旅游机关工作人员及旅游事业单位工作人员。政务人员是政府及单位工作形象的代表，是政务人员自身素质及单位管理水平的具体体现，也是政务人员所处的社会政治、文化发展状况的表现。

一、仪容礼仪

男性政务人员一般做到面部清洁即可，只是发型方面有一些特殊要求，比如：不宜剃光头，鼻毛不外露，也不宜蓄胡子、留长发，一般有“前不过眉，侧不过耳，后不及衣领”的说法，也不得漂染彩发；女性政务人员发型一般以短发、束发和盘发为宜，不应漂染艳丽的彩发。要化淡妆，尽量做到美化、自然、得法、协调，并且不宜在公共场合化妆，如果确实有特殊需要，可在化妆间或洗手间进行化妆。政务人员要注意个人卫生。包括头、脸、口腔、牙齿、指甲的清洁，要勤洗头、勤洗澡、勤换衣服和鞋袜，勤修剪指甲，保持干净卫生。不当众修剪指甲、剔牙、挖耳、挖鼻、打哈欠、伸懒腰等等。与人谈话时应保持一定距离，声音不要太大，不要对人口沫四溅。

二、着装礼仪

“人靠衣裳马靠鞍”，一定程度上讲，给人留下的第一印象，大多是从服饰开始的，政务人员也不例外。穿一身得体的衣服，不仅能体现出职业特色，也会使公众对政务机关整体的工作效能和精神风貌产生良好感受。这既是对服务对象的尊重，也使着装者有一种职业的自豪感、责任感。

政务人员着装总要求是整洁、协调、庄重、自然。着装要与时间(time)、地点(place)、场合(occasion)相协调，符合TPO原则。男性政务人员在正式场合着装应保持在三种色彩之内，一般以黑色、深蓝色、灰色西装为宜，白色或浅色衬衣，系领带，穿深色皮鞋、深色袜子。这里需要说明一下，在正式场合忌穿宽条纹西装，衬衣在隆重场合最好是白色的，不要穿运动鞋或布鞋，袜子忌穿白色或者是尼龙丝质的，此外，男性政务人员穿着西装还应该注意以下几个细节：

(1)穿单排两扣西装，只扣上面一个扣子；单排三扣西装，一般可扣上面两个或中间一个扣子；双排扣西装，应将纽扣都扣上。正式场合穿西装一般应扣上扣子，落座后可敞开。

(2)穿西装时，应配长袖衬衣，系领带，若不系领带，衬衣的第一个扣子不要扣上，衬衣袖应长出西装衣袖约2.5厘米，衬衣领应高出西装领1厘米左右。

(3)领带的颜色要与西装与衬衣的颜色相协调，以单色、深色为主。领带的长度要适当，以达到皮带扣下缘为宜。系领带时，衬衣的第一个扣子要扣好；如果佩戴领带夹，一般夹在第四与第五个扣子之间。

(4)除了背心之外，最好不要再穿其他内衣，如果穿的话，内衣的领圈和袖口也不要露出来。在西装里面不应穿羊毛衫。

女性政务人员在正式场合着装应掌握“袖长及腕，裙长过膝，裤长至脚面”的原则，一般选择套装或套裙装为主，颜色应以灰色、藏青色等冷色调为主，面料可选择半毛制品或亚麻制品，后者最好混有人造纤维。但是在正式场合，忌穿皮裙。此外，还要注意以下几个细节：

(1)在正式场合，应穿半高跟鞋，鞋子颜色应与裙装颜色相协调，以黑色、棕色为宜。

(2)着裙装应当选配同肤色相近的长袜，切忌穿着抽丝、漏洞的袜子。

(3)饰品要求。

1)一些高档饰品，尤其是珠宝饰品，适合在隆重的社交场合佩戴，不适合在工作、休闲时佩戴；吊唁、丧礼场合只适合戴戒指、珍珠项链和素色饰品。

2）一般佩戴金银珠宝首饰不应超过三种，在色彩、质地上应协调一致，除耳环外，佩戴的同类饰品不宜超过一件。

3）佩戴饰物时，颜色应与季节相符合，金色、深色饰品适合于冷季佩戴，银色、艳色的饰品适合于暖季佩戴。

政务人员身份的特殊性，决定了其着装要庄重得体，而不能过于随意化、个性化。虽然穿什么衣服是每个人的自由，但办公室毕竟不是超市，也不是休闲娱乐场所，穿着过于暴露、凉鞋光脚，是与办公室严谨、规范的氛围格格不入的。政务人员的着装，事实上是一个文化符号，是权力、责任、形象的外在表现，规范的着装，是由现代社会管理者的本质决定的。

三、举止礼仪

政务人员要做到勤于政务、爱岗敬业、忠于职守，一心一意做好本职工作，应“坐有坐相，站有站相“，站立时切忌歪头、斜胯、弯腿，双手交叉合抱于胸或手插裤袋；坐时切忌摇头晃脑、前腑后仰、歪肩斜背、半躺半坐、跷“二郎腿”；走时切忌东摇西晃、左顾右盼、无精打采、惊惶失措、抢先拖后或边走边大声说笑等一副懒散、冷漠、邋遢、萎靡不振的样子。递接物品，应该使用双手，以示对对方的恭敬与尊重。如果是文件、名片等，应将正面朝向对方；如果是尖利的物品，应将尖利一方朝向自己，而不应指向对方。在接物时，应该双手接，对接过来的物品要表示关注，同时点头示意道谢，不应该漫不经心。不在公共场合，尤其是楼梯、电梯、路口、人行道等人来人往之处旁若无人地使用手机。

政务人员在注重服饰美的同时更强调言谈之美、举止之美。言谈既要重视自己“说什么”，又要重视自己“如何说”，不讲脏话、粗话、黑话、黄话、怪话，要讲文雅的普通话、通俗话。言谈应显得热情、亲切、和谐、友善、耐心，不要急躁、生硬、嘲讽、轻慢、狂妄。

在社交活动中，政务人员应注意与人为善、广结善缘，妥善地协调自己的各种人际关系，高度重视自己的每一位社交对象，着力维护政府、单位形象与政务人员形象，注重检点自己的行为举止，不失自己的身份。一方面要掌握分寸，防止表现失当；另一方面要公私分明，防止假公济私；第三是远离财色，防止腐败变质；第四要正视权力，防止钱权交易。应注重从细节上培养成为一个行为有修养、举止有风度、大方得体的优秀政务人员。

计划、决策与实施

<table>
<tr><td>学习情境二</td><td colspan="4">旅游政务人员职业形象塑造</td></tr>
<tr><td>工作过程一</td><td colspan="4">旅游政务人员个人形象塑造</td></tr>
<tr><td>学生行为</td><td colspan="4">进行成员任务分配，制订工作计划，经小组反复酝酿，讨论计划的科学合理性，完善和做出最终决策；通过查资料及教师引导掌握政务人员个人形象的礼仪规范要求，能较好地运用于工作实际，并进行总结</td></tr>
<tr><td>教师行为</td><td colspan="4">督导学生分组讨论、学习，模拟旅游政务人员按小组进行个人形象比赛。审核学生工作计划，提出修改建议，回答学生提问，引导学生做出正确的决策并实施，对学生的具体分析和完成各项任务进行答疑与督导，并观察学生的表现</td></tr>
<tr><td rowspan="11">计划、决策与实施</td><td>序号</td><td>实施步骤</td><td>操作要领</td><td>参考资料详细地址</td></tr>
<tr><td>1</td><td></td><td></td><td></td></tr>
<tr><td>2</td><td></td><td></td><td></td></tr>
<tr><td>3</td><td></td><td></td><td></td></tr>
<tr><td>4</td><td></td><td></td><td></td></tr>
<tr><td>5</td><td></td><td></td><td></td></tr>
<tr><td>6</td><td></td><td></td><td></td></tr>
<tr><td>7</td><td></td><td></td><td></td></tr>
<tr><td>8</td><td></td><td></td><td></td></tr>
<tr><td>9</td><td></td><td></td><td></td></tr>
<tr><td>10</td><td></td><td></td><td></td></tr>
<tr><td>组长签字</td><td colspan="2"></td><td>组　别</td><td></td></tr>
<tr><td>教师签字</td><td colspan="2"></td><td>日　期</td><td></td></tr>
</table>

评价、检查与反馈

<table>
<tr><td>学习情境二</td><td>旅游政务人员职业形象塑造</td></tr>
<tr><td>工作过程一</td><td>旅游政务人员个人形象塑造</td></tr>
<tr><td>学生行为</td><td>1. 对旅游政务人员个人形象塑造工作任务完成情况进行自我检查和反思，填写检查表。
2. 把学习成果制作成 PPT 进行汇报，总结学习中的收获与体会，进行自我评价，并对本小组的成员表现进行逐一评价，填写评价单和学习反馈单</td></tr>
<tr><td>教师行为</td><td>听取学生成果汇报，检查学生学习任务完成情况，并指出不足及修改建议，对学生的学习表现进行评价，通过学生教学反馈总结教学的不足，制订工作改进计划</td></tr>
</table>

续 表

	评价类别	项目	子项目	个人评价	教师评价	组内互评
评价	专业能力（60%）	资讯（15%）	搜集信息查找资料(5%)			
			引导问题回答(10%)			
		计划实施（20%）	工作流程的正确性(2%)			
			方案设计科学性(3%)			
			实施操作正确性(10%)			
			知识的运用(5%)			
		检查（5%）	全面性、准确性(3%)			
			异常情况排除(2%)			
		结果（20%）	演示汇报(10%)			
			知识技能掌握(10%)			
	社会能力（20%）	团结协作（10%）	对小组的贡献(5%)			
			小组合作配合情况(5%)			
		敬业精神（10%）	吃苦耐劳精神(5%)			
			学习纪律性(5%)			
	方法能力（20%）	计划能力（10%）				
		决策能力（10%）				

	序号	检查项目	检查标准	学生自检	教师检查
检查	1	目标认知	工作目标明确，工作计划周密，具有可操作性		
	2	理论知识	基础理论知识的全面掌握		
	3	基本技能	能够运用基本的理论进行实践思考、分析、解决问题		
	4	学习能力	能在教师指导下，全面掌握相关知识和技能		
	5	工作态度	主动参与，积极完成工作任务		
	6	团队合作	积极与他人合作，共同完成任务		
	7	工具运用	熟练利用资料自学，利用网络进行资料查询		
	8	任务完成	保质保量完成任务		

续 表

教学反馈	我对学习本工作过程的意见或建议：		
组长签字		组　别	
教师签字		日　期	

工作过程二　旅游政务人员见面礼仪形象塑造

任务布置

<table>
<tr><td>学习情境二</td><td colspan="2">旅游政务人员职业形象塑造</td></tr>
<tr><td>工作过程二</td><td colspan="2">旅游政务人员见面礼仪形象塑造</td></tr>
<tr><td>教师行为</td><td colspan="2">1. 引导学生明确工作任务及资讯问题，随机对学生实行分组，组成本工作过程的学习小组。
2. 讲解或引导学生学习见面礼仪的基础知识，掌握其基本技能，解答学生提问</td></tr>
<tr><td>学生行为</td><td colspan="2">在教师引导及示范下，明确学习任务及要求，分组学习知识链接，查阅资料和文献，找出资讯问题的答案，学习见面礼仪知识</td></tr>
<tr><td>工作任务</td><td colspan="2">掌握介绍、握手、名片、打招呼、鞠躬、致意等礼仪知识，从而实现旅游政务人员良好的见面礼仪形象塑造的目的</td></tr>
<tr><td rowspan="6">资讯</td><td rowspan="5">资讯问题</td><td>1. 自我介绍有哪些类型，各自注意事项是什么？</td></tr>
<tr><td>2. 为他人作介绍的顺序是怎样的？</td></tr>
<tr><td>3. 握手的位置要求有哪些？</td></tr>
<tr><td>4. 握手顺序是怎样的？</td></tr>
<tr><td>5. 名片存放注意事项有哪些？</td></tr>
<tr><td>资讯引导</td><td>以上资讯问题请查阅本书知识链接，同时参考以下书籍和网页：
1.《现代礼仪教程》，胡锐主编，浙江大学出版社，2004 年版。
2.《社交礼仪教程》，金正昆著，中国人民大学出版社，2005 年版。
3.《你的礼仪价值百万（精华版）》，周思敏著，中国旅游纺织出版社，2012 年版。
4.《商务礼仪》赵敏著，人民邮电出版社，2014 年版。
5. http://www.zhongguoliyi.org/ 中华礼仪网。
6. http://www.welcome.org.cn/zhongguoliyi/ 中国礼仪网</td></tr>
</table>

知识链接

一、介绍

“第一印象是黄金”。介绍礼仪是礼仪中的基本、也是很重要的内容。介绍是人与人进行相互沟通的出发点，最突出的作用，就是缩短人与人之间的距离。在社交或商务场合，如能正确地利用介绍，不仅可以扩大自己的交际圈，广交朋友，而且有助于进行必要的自我展示、自我宣传，并且替自己在人际交往中消除误会，减少麻烦。

（一）自我介绍

1. 介绍的时机

应该在适当的时机及时进行自我介绍，比如：在社交场合中，与一个不相识的人单独相处时、进行业务推广时以及有不相识的人对自己表现出兴趣时，应当进行适当的自我介绍。在公共聚会上，打算和周围的陌生人相识；见到一个很久未见的同学，担心对方记不清自己以及求一个不了解自己的人办事的时候，应当进行适当的自我介绍，避免随后的沟通过程中尴尬。

2. 介绍的形式

自我介绍时应先向对方点头致意，得到回应后再向对方介绍自己的姓名、身份、单位等。自我介绍的具体形式有以下几种。

（1）应酬式。应酬式适用于某些公共场合和一般性的社交场合，这种自我介绍最为简洁，往往只包括姓名一项即可。

（2）工作式。工作式适用于工作场合，它包括本人姓名、供职单位及其部门、职务或从事的具体工作等。

（3）交流式。交流式适用于社交活动中，希望与交往对象进一步交流与沟通。它大体上应包括介绍者的姓名、工作、籍贯、学历、兴趣及与交往对象的某些熟人的关系。

（4）礼仪式。礼仪式适用于讲座、报告、演出、庆典、仪式等一些正规而隆重的场合。包括姓名、单位、职务等，同时还应加入一些适当的谦辞、敬辞。

（5）问答式。问答式适用于应试、应聘和公务交往。问答式的自我介绍，应该是有问必答，问什么就答什么。

3. 自我介绍的注意事项

（1）注意时间。注意时间即要抓住时机，在适当的场合进行自我介绍。自我介绍时要简洁,尽可能地节省时间,以半分钟左右为佳。

(2)讲究态度。讲究态度即进行自我介绍时,态度一定要自然、友善、亲切、随和。语气要自然增长,语速要正常,语音要清晰。

(3)真实诚恳。真实诚恳要求在进行自我介绍时要实事求是,真实可信,不可自吹自擂,夸大其词。

(二)他人介绍

1.介绍的顺序

为他人做介绍时,要遵守“尊者优先”的规则。为他人做介绍的先后顺序大体上有六种:

(1)先男后女。先男后女是指把男士引见给女士。这是最常见的一种方式。唯有女士面对尊贵人物时,才允许有例外。

(2)先少后老。先少后老即优先考虑被介绍人双方的年龄差异,通常适用于同性之间。

(3)先宾后主。先宾后主适用于来宾众多的场合,尤其是主人未必与客人个个相识的时候。

(4)先未婚者后已婚者。先未婚者后已婚者的顺序仅适用于对被介绍人非常知根知底的前提之下,要是拿不准,最好不要冒昧行事。

(5)先低后高。先低后高的适用于比较正式的场合,特别适用于职业相同的人士之间。

(6)先个体后团体。先个体后团体主要是指当新加入一个团体的人初次与该团体的其他成员见面时,负责人将新人介绍给团体的其他成员。

2.他人介绍的注意事项

(1)介绍人和被介绍人都应起立,以示尊重和礼貌;待介绍人介绍完毕后,被介绍双方应微笑点头示意或握手致意。

(2)介绍完毕后,被介绍者双方应依照合乎礼仪的顺序握手,并且彼此问候对方。问候语有“你好、很高兴认识你、久仰大名、幸会幸会”,必要时还可以进一步做自我介绍。

(3)在宴会、会议桌、谈判桌上,视情况介绍人和被介绍人可不必起立,被介绍双方可点头微笑致意;如果被介绍双方相隔较远,中间又有障碍物,可举起右手致意,或点头微笑致意。

(4)被介绍者在介绍者询问自己是否有意认识某人时,一般不应拒绝,而应欣然应允。实在不愿意时,则应说明理由。

二、握手礼仪

(一)握手的力度及位置

握手是为了表示热情友好,应当稍许用力,但以不握痛对方的手为限度。在一般情况下,握手不必用力,握一下即可。但也不能太轻,否则给人敷衍了事的感觉。

男士握女士的手应轻一些,不宜握满全手,只握其手指部位即可。男士与男士握手,应虎口相对,手掌相握。

(二)握手的顺序

在交际场合,握手时伸手的先后顺序讲究颇多,一般的顺序是等女士、长辈、已婚者、职位高者伸出手来之后,男士、晚辈、未婚者、职位低者方可伸出手去呼应。具体要求如下:

(1)职位、身份高者与职位、身份低者握手,应由职位、身份高者先伸手。

(2)女士与男士握手,应由女士首先伸出手来。

(3)已婚者与未婚者握手,应由已婚者先伸手。

(4)年长者与年幼者握手,应由年长者先伸手。

(5)长辈与晚辈握手,应由长辈首先伸出手来。

(6)主人与客人握手,迎客时主人应先伸出手来,与到访的客人相握,以表示热烈欢迎。客人告辞时,等客人先伸手后,主人再伸手与之相握,才合乎礼仪,否则有逐客的嫌疑。

(7)朋友和平辈之间则不用计较谁先伸手,一般谁伸手快,谁更为有礼。

(8)需要与之握手的人士较多,应注意握手的顺序,可以由近及远地依次与之握手。

注意,在正式场合:握手时伸手的先后次序主要取决于职位、身份。在社交、休闲场合,则主要取决于年纪、性别、婚否。

(三)握手的时间

握手的时间要恰当,长短要因人而异。握手时间控制的一般原则可根据双方的熟悉程度灵活掌握。初次见面握手时间不宜过长,以三秒钟为宜。切忌握住异性的手久久不松开,与同性握手的时间也不宜过长,以免对方欲罢不能。但也不能时间过短,会被人认为傲慢冷淡,敷衍了事。

(四)握手的禁忌

1.忌用左手

握手时须用右手,尤其在和外国人握手时,慎用左手与之相握。如果是右手有手疾或太脏，需用左手代替右手时，应先申明原因并致歉。

2. 忌戴手套墨镜

与人握手时，不可戴着手套和墨镜。只有女士在社交场合戴这薄纱手套握手才是被允许的。

3. 忌心不在焉

施握手礼时应专心致志，面带微笑看着对方，切忌左顾右盼、心不在焉。

4. 忌坐着握手

除非是年老体弱或者身体有残疾的人，握手双方应当站着而不能坐着握手。

5. 忌顾此失彼

在握手时如果有几个人，而你只同一个人握手，对其他人视而不见，这是极端不礼貌的。同一场合与多人握手时，与每个人握手的时间应大致相等，若握手的时间明显过长或过短，也有失礼仪。

6. 忌掌心向下压

一般情况下，把手自然大方地伸给对方就可以了。掌心向下压，会给人傲慢、盛气凌人的感觉。

三、名片礼仪

名片是一个人身份的象征，当前已成为人们社交活动的重要工具。联系业务、结交朋友，互留名片似乎成为初次相识时不可缺少的程序。因此，名片的递送，接受，存放也要讲究社交礼仪。

(一)索取和交换名片的规则

国际商务礼仪中的“三不准”名片不能随便进行涂改。名片上不能提供私宅电话。不印两个以上的头衔，可根据不同的交往对象给不同头衔的名片。

名片交换有一个规则就是地位低的人给地位高的，所以索取名片的时候会牵涉到相互位置问题。除非是熟人，否则直接向对方索取名片是很不礼貌的行为。通常“将欲取之，必先予之”，把自己的名片首先递给对方是索取名片最简单的方法，以希望有机会请教或以后如何联系方便为引，委婉地向对方索取名片，给自己和对方留以分寸。如果这种方法达不到目的，很可能是对方不想跟你联系，或没有与你继续交往的意愿，要尊重对方，切不可强行索要。

相互交换名片时要注意先后顺序，顺序处理不当会给人以不敬之感。

(1)身份低者先，身份高者后。譬如男士先给女士，晚辈先递给长辈，下级先递给上级，这是规则。

(2)被介绍者应先出示名片以与对方交换。

(3)邀请对方来访时,主人先递给客人。

(4)主动拜访时,则是客先主后。

(5)与多人交换名片时,可依照职位高低的顺序,也可按由近及远(圆桌则按顺时针方向旋转),依次进行,切勿跳跃式地进行。

(二)递送及接受名片的正确方法

1. 递送名片

递送名片最好是站着递给对方,如果自己坐着,待对方走过来时,应站起来,问候对方后再交换名片。递送名片时,用双手拇指和食指执名片两角,递到对方手上。名片方向要以方便接受者阅读为上,譬如若是外宾,就要把英文一面朝上,并按对方能顺着读出内容的方向呈递。

"沉默是金"不适用于呈递过程。呈递时间短的一句礼节性的话会让对方更容易接受您。若是自己的名字有难读或特别读法的,在递送名片时不妨加以说明,同时可顺便把自己"推销"一番,这会使人觉得有亲切感。

另外,随附在信封内的名片只需放进信封内,正面朝上即可。最好不要用回形针固定在信纸上,也不要将自己的名片用订书钉订在信封上。

2. 接受名片

名片印的是对方的名字,对名片的不重视实际上是对名片的主人不重视。在接受他人递过来的名片时,无论对方地位高低都应该给予尊重,接受名片时应:

(1) 起身迎接,把手里的事放下站起来双手或右手接过。

(2)表示谢意。

(3)有来有往,回敬对方本人的名片,如身上未带名片,应向对方说明原因、表示歉意,并主动做自我介绍。

(4)仔细阅读,阅读其一是表示对交往对象的重视,特别是将对方的姓名职衔念出声来,即可使对方产生一种被重视的满足感;其二,是为了了解对方的确切身份。

3. 名片的存放

接受过名片后,如何放置也有其讲究,切不可随意乱放。

(1)妥善地放在名片包里,上衣口袋里或办公室的抽屉里,以示尊重。

(2) 如果接下来与对方谈话,站立时应将名片拿在齐胸的高处,坐着时则可将名片放在桌子上,并保证不被其他东西压起来,但离开时千万不要忘记带走。

(3) 建议各位不要放在钱包里，虽然放在钱包里更容易携带，但是钱钞比较脏，你把名片跟钱币混放在一起，给别人不正规的感觉。

(4)不要随便地塞在口袋里或丢在包里，也不要在手中随意玩弄，否则会伤害对方的自尊，影响彼此的交往。

四、办公室礼仪

办公室是一个处理公司业务的场所，办公室的礼仪不仅是对同事的尊重和对公司文化的认同，更重要的是每个人为人处事、礼貌待人的最直接表现。在办公室遵守礼仪，是职场人士的基本要求。办公室礼仪要求如下：

(1)同事之间互尊互帮。

(2)不在公共办公区吸烟、扎堆聊天、大声喧哗；节约水电；禁止在办公家具和公共设施上乱写、乱画、乱贴；保持卫生间清洁；在指定区域内停放车辆。

(3)饮水时，如不是接待来宾，应使用个人的水杯，减少一次性水杯的浪费。不得擅自带外来人员进入办公区，会谈和接待安排在洽谈区域。最后离开办公区的人员应关电灯、门窗、及室内总闸。

(4)个人办公区要保持办公桌位清洁，非办公用品不外露，桌面码放整齐。当有事离开自己的办公座位时，应将座椅推回办公桌内。

(5)下班离开办公室前，使用人应该关闭所用机器的电源，将台面的物品归位，锁好贵重物品和重要文件。

(6)不用公司的电话长时间聊天，或打私人长途电话。

(7)在通道、走廊时要放轻脚步。无论在自己的公司，还是对访问的公司，在通道和走廊里不能一边走一边大声说话，更不得唱歌或吹口哨等。在通道、走廊里遇到上司或客户要礼让，不能抢行。

工作实施标准

一、打招呼

1. 工作目的

熟练地掌握打招呼礼仪，使之成为生活习惯。

2. 工作要求

严格按照实训步骤练习，并能掌握打招呼礼仪基本知识。

3. 工作准备

模拟现场。

4. **实施标准**

内容	实施标准	注意事项
打招呼	1. 在相熟悉的情况下，用得比较多的是标准式："您好""各位好""大家好"。 2. 在熟悉的情况下或是为了表示尊重，一般不用标准式，而是用时效式："早上好。" 3. 如果打招呼者不止一人，可统一打招呼，不一一具体到每个人；或由上而下，先招呼身份高者，后低者；或由近而远，先招呼距离近都，再招呼距离远者	1. 与西方人打招呼时，避免用中国式的方式。 2. 注意不同国家，打招呼的方式不同

二、握手

1. **工作目的**

熟练地掌握握手礼仪。

2. **工作要求**

严格按照实训步骤练习，并能掌握握手礼仪基本知识。

3. **工作准备**

模拟现场。

4. **实施标准**

内容	实施标准	注意事项
握手	1. 方式。两人相距约一步，上身稍向前倾，伸出右手，指挥张开，四指并拢，手掌相握。 2. 时间。一般礼节性的握手不宜时间过长，两手稍稍用力一握，3～5 秒即可。 3. 规则。年长者与年幼者，女子与男子，已婚者与未婚者，上级与下级，主人与客人，应由前者先伸出手，后者再相握	1. 不可坐着与他人握手，特别是遇到年长者，地位高者。 2. 握手时，不能有气无力，但也不能过分用力。 3. 不将左手放在裤袋里，不要边握手边拍对方肩部

三、致意

1. **工作目的**

熟练地掌握见面致意礼仪，使之成为生活习惯。

2. **工作要求**

严格按照实训步骤练习，并能掌握致意礼仪基本知识。

3. **工作准备**

模拟现场。

4. **实施标准**

内容	操作标准	注意事项
致意	1. 举手致意。公共场所与远处的熟人打招呼，一般不出声只是举起右手，掌心朝向对方，轻轻摆一下即可。摆幅不要太大。 2. 点头致意。不宜交谈的场合，头微微向下一动，不必幅度太大；与熟人在同一地点多次见面或有一面之交的朋友在社交场合相见，均可点头为礼。 3. 欠身致意。身体的上部微微向前一躬，这种致意方式表示对他人的恭敬，适用范围较广。 4. 脱帽致意。微微欠身，距离对方稍微远一点儿的那只手脱下帽子，然后将脱下的帽子置于大约与肩平行的位置，向对方致以问候之意	脱帽致意时，脱下的帽子不可以立即戴上，一般要等到脱帽礼全过程结束后才可以戴上

四、鞠躬

1. **工作目的**

熟练地掌握鞠躬礼仪。

2. **工作要求**

严格按照实训步骤练习，并能掌握鞠躬礼仪基本知识。

3. **工作准备**

模拟现场。

4. **实施标准**

内容	操作标准	注意事项
鞠躬	1. 问候招呼。以腰部为轴，上体前倾，同时双手在体前，右手搭在左手上，视线落在对方鞋尖部分，行15°左右的鞠躬礼。 2. 迎客。基本动作同上，行鞠躬礼。 3. 送客。基本动作同上，行45°或60°鞠躬礼	鞠躬起源于中国，现盛行于中国、日本、韩国、朝鲜等国家

五、介绍

1. **工作目的**

熟练地掌握介绍礼仪。

2. **工作要求**

严格按照实训步骤练习，并能掌握介绍礼仪基本知识。

3. **工作准备**

模拟现场。

4. 实施标准

内容	操作标准	注意事项
自我介绍	1. 标准式。简单介绍姓名即可,用于熟人、同事、朋友之间。 2. 工作式。介绍本人的姓名、单位及其部门、担负的职务或从事的具体工作等,用于工作之中或正式沟通。 3. 礼仪式。介绍姓名,单位,职务等应加入一些适宜的谦词,敬语等,适用于讲座、报告、演出、庆典等一些正规而隆重场合	1. 根据具体情景采用不同的方式。 2. 在介绍之前,要向对方打招呼,使双方有所准备
他人介绍	1. 不便直接作自我介绍,可以找一个既认识自己又认识对方的人作介绍。 2. 由他人作介绍,如果你是身份高者或是年长者,听他人介绍后,应立即与对方握手,表示很高兴认识对方。 3. 由他人介绍,如果你为身份低者或年轻者,当将自己介绍给对方时,应根据对方的反应做出相应的反应	3. 短暂的相遇可不必介绍。 4. 为他人做介绍,必须在对被介绍人情况都比较了解或对双方是否有结识的愿望有实在的把握的前提下才进行。 5. 介绍时,目光视线不能移向别处;语言应清晰、准确;手势应文雅
为他人做介绍	1. 介绍顺序。先把男士介绍给女士、年轻者介绍给年长者、地位低者介绍给地位高着、未婚者介绍给已婚者。 2. 重大的活动中,适合把身份高者、年长者和特邀佳宾介绍给大家。 3. 将众人介绍给一个人,须按身份高低顺序进行介绍	

六、使用名片

1. 工作目的

熟练地掌握见面礼仪,使之成为生活习惯。

2. 工作要求

严格按照实训步骤练习,并能掌握打招呼礼仪基本知识。

3. 工作准备

模拟现场。

4. 实施标准

内容	操作标准	注意事项
使用名片	1. 递送名片时,要把名片正面朝向上方。 2. 递送名片时,应有所表示,可说"请多指教"之类的客气话。 3. 接受名片应双手或用右手接,并点头致谢,说几句客气话,接受后要认真地看一遍。 4. 看完后,把名片放进上衣口袋里或放入名片包中,也可暂摆在桌面上显眼的位置,注意不要在名片上放任何物品	1. 切勿以左手递接名片。 2. 递换时,不要将名片背面朝向对方或颠倒着给对方。 3. 递名片时要注意分寸,不可滥发。 4. 切忌接过名片一眼不看就随手放在一边

计划、决策与实施

<table>
<tr><td>学习情境一</td><td colspan="4">旅游政务人员职业形象塑造</td></tr>
<tr><td>工作过程二</td><td colspan="4">旅游政务人员见面礼仪形象塑造</td></tr>
<tr><td>学生行为</td><td colspan="4">进行成员任务分配，制订工作计划，经小组反复酝酿，讨论计划的科学合理性，完善和做出最终决策；通过教师讲解及引导掌握旅游政务人员见面礼仪规范要求，能较好地运用于工作实际，并进行总结</td></tr>
<tr><td>教师行为</td><td colspan="4">督导学生分组讨论，设计旅游政务人员见面礼仪的工作场景，督导学生按小组进行见面礼仪模拟比赛。审核学生工作计划，提出修改建议，回答学生提问，引导学生做出正确的决策并实施，对学生的具体分析和完成各项任务进行答疑与督导，并观察学生的表现</td></tr>
<tr><td rowspan="11">计划、决策与实施</td><td>序号</td><td>实施步骤</td><td>操作要领</td><td>参考资料详细地址</td></tr>
<tr><td>1</td><td></td><td></td><td></td></tr>
<tr><td>2</td><td></td><td></td><td></td></tr>
<tr><td>3</td><td></td><td></td><td></td></tr>
<tr><td>4</td><td></td><td></td><td></td></tr>
<tr><td>5</td><td></td><td></td><td></td></tr>
<tr><td>6</td><td></td><td></td><td></td></tr>
<tr><td>7</td><td></td><td></td><td></td></tr>
<tr><td>8</td><td></td><td></td><td></td></tr>
<tr><td>9</td><td></td><td></td><td></td></tr>
<tr><td>10</td><td></td><td></td><td></td></tr>
<tr><td>组长签字</td><td colspan="2"></td><td>组　别</td><td></td></tr>
<tr><td>教师签字</td><td colspan="2"></td><td>日　期</td><td></td></tr>
</table>

评价、检查与反馈

<table>
<tr><td>学习情境一</td><td colspan="6">旅游政务人员职业形象塑造</td></tr>
<tr><td>工作过程二</td><td colspan="6">旅游政务人员见面礼仪形象塑造</td></tr>
<tr><td>学生行为</td><td colspan="6">1. 对旅游政务人员见面形象塑造工作任务完成情况进行自我检查和反思，填写检查表。
2. 把学习成果制作成PPT进行汇报，总结学习中的收获与体会，进行自我评价，并对本小组的成员表现进行逐一评价，填写评价单和学习反馈单</td></tr>
<tr><td>教师行为</td><td colspan="6">听取学生成果汇报，检查学生学习任务完成情况，并指出不足及修改建议，对学生的学习表现进行评价，通过学生教学反馈总结教学的不足，制订工作改进计划</td></tr>
<tr><td rowspan="17">评价</td><td>评价类别</td><td>项目</td><td>子项目</td><td>个人评价</td><td>教师评价</td><td>组内互评</td></tr>
<tr><td rowspan="10">专业能力（60%）</td><td rowspan="2">资讯（15%）</td><td>搜集信息查找资料(5%)</td><td></td><td></td><td></td></tr>
<tr><td>引导问题回答(10%)</td><td></td><td></td><td></td></tr>
<tr><td rowspan="4">计划实施（20%）</td><td>工作流程的正确性(2%)</td><td></td><td></td><td></td></tr>
<tr><td>方案设计科学性(3%)</td><td></td><td></td><td></td></tr>
<tr><td>实施操作正确性(10%)</td><td></td><td></td><td></td></tr>
<tr><td>知识的运用(5%)</td><td></td><td></td><td></td></tr>
<tr><td rowspan="2">检查（5%）</td><td>全面性、准确性(3%)</td><td></td><td></td><td></td></tr>
<tr><td>异常情况排除(2%)</td><td></td><td></td><td></td></tr>
<tr><td rowspan="2">结果（20%）</td><td>演示汇报(10%)</td><td></td><td></td><td></td></tr>
<tr><td>知识技能掌握(10%)</td><td></td><td></td><td></td></tr>
<tr><td rowspan="4">社会能力（20%）</td><td rowspan="2">团结协作（10%）</td><td>对小组的贡献(5%)</td><td></td><td></td><td></td></tr>
<tr><td>小组合作配合情况(5%)</td><td></td><td></td><td></td></tr>
<tr><td rowspan="2">敬业精神（10%）</td><td>吃苦耐劳精神(5%)</td><td></td><td></td><td></td></tr>
<tr><td>学习纪律性(5%)</td><td></td><td></td><td></td></tr>
<tr><td rowspan="2">方法能力（20%）</td><td>计划能力（10%）</td><td></td><td></td><td></td><td></td></tr>
<tr><td>决策能力（10%）</td><td></td><td></td><td></td><td></td></tr>
<tr><td rowspan="3">检查</td><td>序号</td><td>检查项目</td><td colspan="2">检查标准</td><td>学生自检</td><td>教师检查</td></tr>
<tr><td>1</td><td>目标认知</td><td colspan="2">工作目标明确，工作计划周密，具有可操作性</td><td></td><td></td></tr>
<tr><td>2</td><td>理论知识</td><td colspan="2">基础理论知识的全面掌握</td><td></td><td></td></tr>
</table>

续 表

	序号	检查项目	检查标准	学生自检	教师检查
检查	3	基本技能	能够运用基本的理论进行实践思考、分析、解决问题		
	4	学习能力	能在教师指导下,全面掌握相关知识和技能		
	5	工作态度	主动参与,积极完成工作任务		
	6	团队合作	积极与他人合作,共同完成任务		
	7	工具运用	熟练利用资料自学,利用网络进行资料查询		
	8	任务完成	保质保量完成任务		
教学反馈	我对学习本工作过程的意见或建议:				
组长签字			组　别		
教师签字			日　期		

拓展阅读

握手礼的渊源

传说古代,不同氏族部落的人,一旦相遇,如果没有恶意,就放下手中东西,各自伸出手掌,让对方抚摸,表示自己没有武器,以示友善。逐渐演化成为握手礼。

工作过程三　旅游政务人员接待礼仪形象塑造

任务布置

学习情境一	旅游政务人员职业形象塑造
工作过程三	旅游政务人员接待礼仪形象塑造
教师行为	1. 引导学生明确工作任务及资讯问题,随机对学生实行分组,组成本工作过程的学习小组。 2. 讲解或引导学生学习旅游政务人员接待礼仪形象的基础知识,掌握其基本技能,解答学生提问

续 表

<table>
<tr><td>学生行为</td><td colspan="2">在教师引导及示范下，明确学习任务及要求，分组学习知识链接，查阅资料和文献，找出资讯问题的答案，学习旅游政务人员接待礼仪知识</td></tr>
<tr><td>工作任务</td><td colspan="2">掌握接待的概念、类型、原则、规格、礼宾次序、接待程序及礼仪，从而实现旅游政务人员良好接待礼仪形象塑造的目的</td></tr>
<tr><td rowspan="11">资讯</td><td rowspan="10">资讯问题</td><td>1. 接待的涵义是什么？</td></tr>
<tr><td>2. 接待规格有哪些？</td></tr>
<tr><td>3. 接待过程中，不对等的礼宾次序排列规则是怎样的？</td></tr>
<tr><td>4. 接待计划制定应该考虑哪些因素？</td></tr>
<tr><td>5. 主人驾驶五人座小轿车与专职司机驾驶座次安排有什么区别？</td></tr>
<tr><td>6. 陪同引领服务应该注意哪些规范？</td></tr>
<tr><td>7. 为什么陪同引导服务时，不让客人走在外侧？</td></tr>
<tr><td>8. 政务人员上下楼梯应遵循哪些原则？</td></tr>
<tr><td>9. 为什么陪同引导客人上下楼梯要相差一级阶梯？</td></tr>
<tr><td>10. 为什么在电梯内，只要空间许可，应与客人保持30厘米左右的距离？</td></tr>
<tr><td>资讯引导</td><td>以上资讯问题请查阅本书知识链接，同时参考以下书籍和网页：
1.《现代礼仪教程》，胡锐主编，浙江大学出版社，2004年版。
2.《社交礼仪教程》，金正昆著，中国人民大学出版社，2005年版。
3.《你的礼仪价值百万（精华版）》，周思敏著，中国旅游纺织出版社，2012年版。
4.《商务礼仪》赵敏著，人民邮电出版社，2014年版。
5. http://www.zhongguoliyi.org/ 中华礼仪网。
6. http://www.welcome.org.cn/zhongguoliyi/ 中国礼仪网</td></tr>
</table>

知识链接

一、接待的概念

接待，亦即招待。在一般情况之下，是指对于前来接洽工作、参观学习、巡视检查或进行访问的团体或个人表示欢迎，给予照顾，安排活动，以及在此期间予以对方应有的礼遇。

接待礼仪就是指在接待工作中形成的尊重宾客的礼节和形式。

接待和拜访一样，同样可以起到增进联系、提高工作效率，交流感情、沟通信息的作用，同样是个人和单位经常运用的社会交往方式。接待工作做得好坏，往往是同本地区、本单位、本部门留给来访者的第一印象的优劣直接挂钩的，并且还会对宾主双方日后的交往与合作产生相当重要的影响。

二、接待的类型

（一）以接待对象为标准划分

1. 公务接待

公务接待是为完成上下级之间、平行机关之间的公务活动而进行的接待。

2. 商务接待

商务接待是针对一定的商务目的而进行的接待活动。

3. 上访接待

上访接待是指政府部门对上访群众的接待。

4. 朋友接待

朋友接待是指朋友之间为增进友谊、加强联系而进行的接待。

（二）以接待场所为标准划分

1. 室内接待

室内接待是指机关团体的工作人员在自己的办公室、接待室对各种来访者的接待。

2. 室外接待

室外接待是指对来访者到达时的迎接、逗留期间的陪访及送行时的接待。

三、接待的原则

无论是单位还是个人在接待来访者时，都希望客人能乘兴而来，满意而归。为达到这一目的，在接待过程中一定要遵循平等、热情、礼貌、友善的原则。

四、接待规格

接待规格，指的是接待工作的具体标准。它不仅事关接待工作的档次，而且被视为与对来宾的重视程度直接相关。

接待的规格应根据客人的具体情况而定，一般不可过高，也不可过低，以接待者身份与来访者身份对等为宜。具体采用什么接待规格，由主人确定。接待规格必须事先确定，安排好接待人员，否则客人到来后会造成无人照顾的尴尬场面。接待规格主要有以下几种：

1. 高格接待

高格接待即接待人员比来访人员身份高的接待。如果上级单位派人向下级单位口授指示、意见，兄弟单位派人来商谈重要事宜，下级单位有重要事情请示，这些情况，都要作高格接待，领导要适时出面作陪。

2. 对等接待

对等接待即接待人员与来访人员身份大体相等的接待。这是接待工作中最常见的。一般来的客人是什么级别，本单位也应派相应级别的同志接待作陪。

3. 低格接待

低格接待即接待人员是比来访人员身份低的接待。比如上级领导从地方路过或外地来的参观团等情况，都可做低格接待处理。这种接待中要特别注意热情、礼貌。

五、接待中礼宾次序

礼宾次序，又称礼宾序列，它所指的是在同一时间或同一地点接待来自不同国家、不同地区、不同团体、不同单位、不同部门、不同身份的多方来宾时，接待方应依照一定的惯例和规则约定俗成的方式，对其尊卑、先后的顺序或位次所进行的具体排列。

常见的礼宾次序有两大类：一类是旨在明确区分参与者的高低、上下、长幼等方面的关系的，目的是给高者、上者、长者以尊重和礼遇，表现主人的谦谦风度。另一类是为了显示所有参与者在权利地位上是一律平等。具体应按哪一类排定次序，应根据具体情况酌定。

(一)不对等关系，排序有规则

有些公关活动，如一些庆典、纪念等活动中的主席台座次，以及行走、坐车的前后左右等等，是必须明确按照地位的高低、职位的上下、关系的亲疏、年龄的长幼，以及实力的强弱来排列的。

1. 主席台位次的一般规则

就前后排关系而言，前排就座者为尊、为大、为高、为强，第二排次之，第三排更次，以此类推；

就同一排的关系而言，中者为尊、为大，两侧次之；就两侧同位者而言，右者为大、为长、为尊，左者为小、为次、为偏。

在政务礼仪中，中国的习惯是以左为上，国际惯例是以右为上。在主次位置排列上，我们国家大多数是沿用国际惯例，在照相和主席台排位时有时用中国习惯操作。

2. 接待过程中的次序规范

(1)就走路、入座而言，两人并行，右者为大；两人前后行，前者为尊；三人并行，中者为尊，右边次之，左边更次；三人前后行，前者为尊；三人并坐，中者为大，右地得次之，左边更次。

（2）室内围坐时，面对门口的中间位置为尊。

（二）关系若对等，宾客排序的方法

如果礼仪活动的双方或多方的关系是对等的，则可参考以下两种排列方法。

1. 按汉字的笔顺排列

如果是国内的礼仪活动，参与者的姓名或所在单位名称是汉字的，可以采用这种方法，以示各方的关系平等。具体排法如下：首先，按个人姓名或组织名称的第一个字的笔画多少，依次按由少到多的次序排列。

2. 按字母顺序排列

在涉外活动中，则一般应将参加者的组织或个人按英文或其他语言的字母顺序排列。具体方法如下：

先按第一个字母进行排列。当第一个字母相同时，则依第二个字母的先后顺序排列。当第二个字母相同时，则依第三个字母的先后顺序，以此类推。

六、接待程序及礼仪

（一）迎客的准备

“礼尚往来”是一种古老的传统美德。既有拜访，就有接待。拜访要讲究礼仪，接待当然也要讲究礼仪。就接待的准备而言，应注意如下方面：

1. 掌握来宾的基本状况

一定要充分掌握迎宾对象的基本状况，具体来说，可以分为以下四个方面。

（1）来宾尤其是主宾的个人情况。例如：姓名、性别、年龄、籍贯、民族、单位、职务、学历、特长、偏好、知名度，等等。必要时，还需要了解其出生年月、婚姻、健康状况、以及政治倾向与宗教信仰。

（2）来宾的具体人数。

（3）来宾此前有无正式来访的记录。如果来宾，尤其是主宾此前进行过访问，要了解前次来访的情况，同时在接待规格上要注意前后协调一致。无特殊原因，一般不宜随意在迎宾时升格或降格。

（4）来宾所通报自己一方的计划，例如，来访的目的、来访的行程、来访的要求等等，在力所能及的前提下，应当在迎宾活动中兼顾来宾一方的特殊要求，尽可能地对对方多加照顾。对于对方的意见、建议，要予以高度重视。

2. 制订具体计划

在一般情况下，一项接待计划不一定非要面面俱到不可。但是，根据常规，它至少要包括迎宾方式、交通工人、膳宿安排、活动日程、会谈会见、礼品准备、经费开支以及接待、陪同人员安排等各项基本内容。

(1)接待日程

接待日程,即接待来宾的具体日期安排。其基本内容应包括迎送、会见、谈判、参观、游览、宴请等。

在一般情况下,接待日程的具体安排应完整周全,疏密有致。它的制订,通常应由接待方负责,但亦须宾主双方先期有所沟通,并对来宾一方的要求充分予以考虑。接待日程一旦最后确定,即应向来宾立即进行通报。

(2)接待场所选择及布置

接待场所,有办公室、会客室、接待室等。接待一般的来访者,可在办公室进行。接待重要的客人,可选择专门用来待客的会客室。

在客人到达前要根据具体情况,把会客室精心收拾一番,比如一般情况下应先打扫卫生,适当准备一些香烟、水果、饮料、茶具,摆放一些鲜花,等等。

如果是商业或其他公务会谈,还应准备一些文具用品和可能用上的相关资料,以便使用和查询。总之,会客室的布置应本着整洁、美观、方便的原则。

在招待重要来宾的现场时,必须认真注意以下几点:

1)注意光线。招待来宾,一般宜在室内进行。而室内的光照,应以自然光源为主,人造光源为辅,切勿使光线过强或过弱。

2)注意温度。有条件的话,要对室内温度加以调控。考虑到正式场合来宾通常多穿套装、套裙、制服,故此室温以摄氏24度左右为最佳。

3)注意安静。为了使宾主的正式会谈不受打扰,待客地点的安静与否至关重要。此外,在进行室内布置时,亦须注意下列几点:一是地上可铺放地毯,以减除走动的噪声。二是茶几上可摆放垫子,以防放置茶杯时出声。三是必要时门轴上可添加润滑油,以免开关门时发出声响。

4)注意卫生。在接待客人的会客室、接待室等,一定要保持空气清新、地面爽洁、墙壁无尘、窗明洁净、用具干净。

5)注意陈设。室内的陈设要注意以下三点:一是要务求实用。

一般来讲,在待客的会客室内放置必要的桌椅和音响设备即可。必要时,还可放置一些盆花或插花。二是要以少为佳。即使是必要的陈设用品,也不要摆放或悬挂过量。三是要完整无缺。待客之处所使用的用品陈设,一般不应为残、破、次、损、坏、废之物。

(3)接站

来访者到来之前,要了解客人是乘坐什么交通工具而来。如果是带车来访,那么就在自家门口做好准备即可;如果是乘汽车、火车、飞机、轮船而来,就应做好接站的准备。接站时如单位有车应带车前往车站、码头或机场候客,同时还要准备一块接客牌,上面写上“迎接×××代表团”或“迎接×××同志”或“×接待处”等字样。迎接时要举起接客牌,以便客人辨认。妥善做好这些工作,能给客人以热情、周到的感觉,不至于因环境不熟、交通不便给客人带来困难和麻烦。

(4)安排食宿

在接待来访者时,在力所能及和符合规定的前提下,想方设法让被接待者吃得香、住得好,是确保接待工作在整体上取得圆满成功的重要一环。要做到:首先要了解客人的生活习惯;其次要尽力而为,不铺张浪费。

(5)接待者的服饰仪表

接待者对自己的服饰、仪表要做恰当的准备,不可随随便便。特别是夏季更应注意,不要穿背心、裤头、拖鞋接待客人。古今中外,人们都把主人仪表整洁与否同尊重客人与否直接联系起来。

(6)致词

欢迎词是迎接客人时使用的问候语言,一般情况下不需作出书面准备,但见到客人时要说“欢迎您的到来”“欢迎您指导工作”“欢迎光临”之类的话;对于一些隆重的接待,则要准备一些简短的书面欢迎词。另外,一般在重要的公务接待中,还要准备一些欢迎标语,以示对来访者的尊敬。

(7)交通工具

出于方便来宾的考虑,对其往来、停留期间所使用的交通工具,接待方亦须予以必要的协助。需要接待方为来宾联络交通工具时,应尽力而为;需要接待方为来宾提供交通工具时,应努力满足;而当来宾自备交通工具时,则应提供一切所能提供的便利。

(8)安保与宣传

接待重要来宾时,安全保卫与宣传报导两项具体工作通常也应列入计划之内。就安全保卫工作而言,一定要“谨小慎微”。不但需要制订预案,思想上高度重视,而且还需要注重细节,从严要求。就宣传报导而言,则应注意统一口径,掌握分寸,并报经上级有关部门批准。有关的图文报导资料,一般应向接待对象提供,并应自己存档备案。

(二)待客礼仪

良好的待客之礼,体现出主人的热情和殷勤。它既使客人感到亲切、自然、有面子,也会使自己显得有礼、有情、有光彩。

1. 迎宾

迎宾，亦称迎接、迎送。它是指在人际交往中，在有约在先的情况下，由主人一方派专人，前往来访者知晓的某一处所，恭候来访者的到来。有时，东道主一方为了表示对来访重要客人的敬意，往往还会在迎宾时举行一种约定俗成的仪式，即迎宾仪式，亦称欢迎仪式。“出迎三步，身送七步”这是我国迎送客人的传统礼仪。

2. 接待中的引导姿势

在接待中，有可能要给对方指示方向或引导就座位置，规范而优美的引导姿势就很重要了。

（1）正确做法是：掌心向上，手指自然并拢，以肘关节为轴，前臂自然上抬伸直。上体稍向前倾，面带微笑，自己的眼睛看着目标方向并兼顾对方是否意会到目标。

（2）如果陪客人、外宾参观访问，应提前 10 分钟到达；参观过程中，陪同人员应走在宾客的左前方，并超前两三步，时时注意引导，遇进出门户、拐弯或上下楼梯时，应伸手示意；当参观结束后，应将客人送至宾馆，然后礼貌地告别。

（3）引导中的顺序：

1）宾主并排行进。在宾主双方并排行进时，引导者应主动在外侧行走，而请来宾行走于内侧。若三人并行时，通常中间的位次最高，内侧的位次居次，外侧的位次最低。

2）宾主单行行进。在不宜并行时，一定要自觉遵守交通规则，单行行进。在单行行进时，应由引导者走在前，来宾行走于其后，以便由前者为后者带路。

3）出入房门。在出入房门时，引导者须主动替来宾开门或关门。此刻，引导者可先行一步，打开房门，待来宾先通过，随之再轻掩房门，赶上来宾。

4）出入电梯。出入无人控制的电梯时，引导者须先入后出，以操纵电梯。出入有人控制的电梯时，引导者则应后入后出，这样做主要是为了表示对来宾的礼貌。

5）上下楼梯，上楼时客在前，主在后，下楼则反之。女士特殊。

6）出入轿车。如果引导者与来宾乘车出行，宾主不同车时，一般应为引导者座车在前，来宾座车居后；宾主同车时尊长、来宾先上后下，秘书或其他陪同人员后上先下。即请尊长、来宾从右侧车门先上，秘书再从车后绕到左侧车门上车。下车时，秘书人员应先下，并协助尊长、来宾开启车门。

轿车座次安排通常有几种情况：

第一种，双排、三排座的小型轿车。如果由主人亲自驾驶，一般前排为上，后排为下，如图 2－3－1 所示。

如果由专职司机驾驶，通常后排为上，前排为下；以右为“尊”，以左为“卑”，如图 2－3－2 所示。

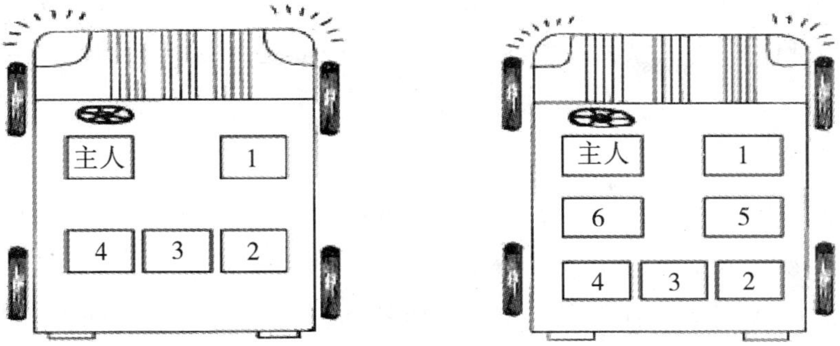

图 2－3－1

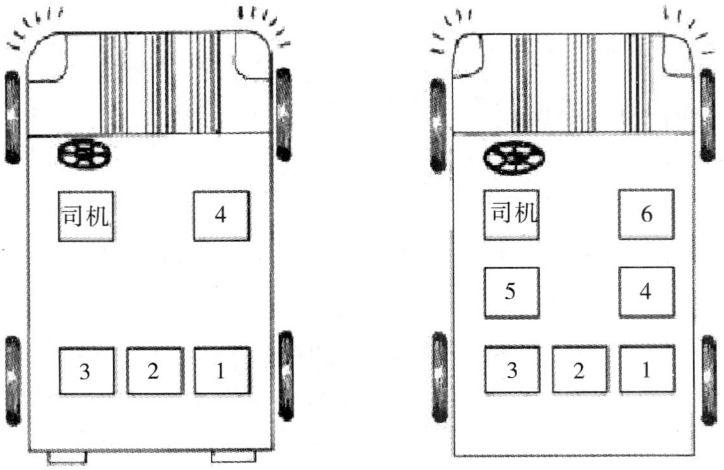

图 2－3－2

第二种，多排座的中型轿车。无论由何人驾驶，均以前排为上，后排为下；右高左低，如图 2－3－3 所示。

第三种，轻型越野车，简称吉普车。不管由谁驾驶，其座次尊卑依次为：副驾驶座，后排右座，后排左座。如图 2－3－4 所示。

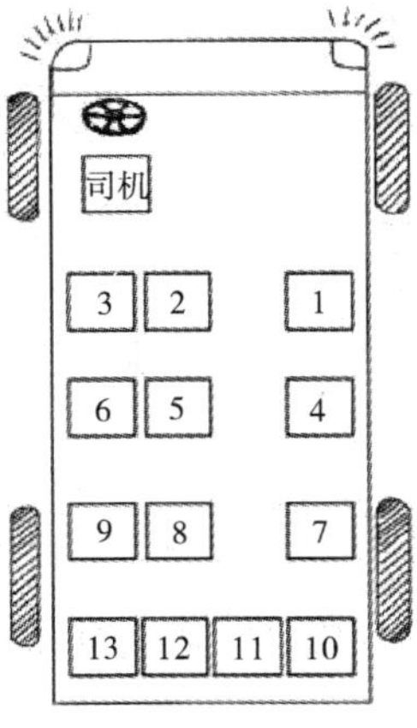

图 2－3－3

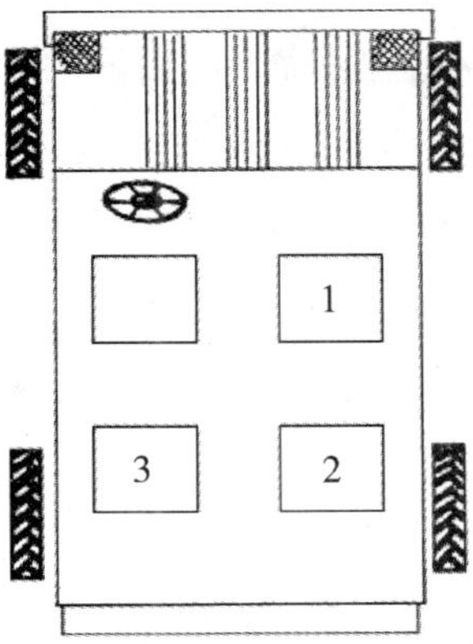

图 2－3－4

需要说明的是女士登车不要一只脚先踏入车内，也不要爬进车里。需先站在座位边上，把身体降低，让臀部坐到位子上，再将双腿一起收进车里，双膝一定保持合并的姿势。

3. 让座与介绍

如果是长者、上级或平辈，应请其坐上座。如果是晚辈或下属则请随便坐如果客人是第一次来访，应该介绍一下，并互致问候。

接待中的座次安排按照接待礼仪的约定俗成，在排列宾主之间的具体座次时，主要有以下几种方法。

(1) 面门为上

有时宾主双方会采用“相对式”就座，即宾主双方面对面而坐。采用“相对式”就座时，依照惯例，通常以面对房门的座位为上座，应让之于来宾；以背对房门的座位为下座，宜由主人自己在此就座。

(2) 以右为上

宾主双方在正式会面时，为了显示彼此之间亲密无间，往往会“平起平坐”，即宾主双方并排就座。这种座次的排列之法，亦称为“并列式”。“并列式”排位的标准做法，是客主双方面对正门并排就座。此时，以右侧为上，应请来宾就座；以左侧为下，应归主人自己就座。若宾主双方参与会见者不止一人，则双方的其他人员可分别按照各自身份的高低，由近而远在己方负责人一侧就座。

(3) 居中为上

如果来宾较少，而东道主一方参加会见者较多时，往往可以由东道主一方的人员以一定的方式围坐在来宾的两侧或四周，而请来宾居于中央。

(4) 佳座为上

在某些情况下，座次的尊卑难以由其所处的具体方位而决定，而是取决于座位的好坏。一般认为，长沙发优于单沙发，单沙发优于椅子，椅子优于凳子，较高的座椅优于较低的座椅，宽大舒适的座椅优于狭小而不舒适的座椅。

(5) 自由为上

接待同时来自不同单位、不同部门、不同职务的多方来访者时，若无特殊的要求，可不必为对方安排具体的座次，而任由其自由择座。有时，未及主人让座，来宾自行选择了座次，并且已经就座，此刻主人亦应顺其自然。客人坐在哪里，那里便是上座。

4. 敬茶

在待客中，为客人敬茶是待客的重要内容。

待客坐定，应尽量在客人视线之内把茶杯洗净。即使是平时备用的洁净茶杯，也要再用开水烫洗一下，使客人觉得你很注意讲卫生，避免因茶杯不洁而不愿饮用的尴尬局面。

5. 接待中的谈话

谈话是待客过程中的一项重要内容，是关系到接待是否成功的重要一环。

首先，谈话要紧扣主题。拜访者和接待者双方的会谈是有目的的，因此谈话要围绕主题，不要偏离主题。

其次，要注意谈话的态度和语气。谈话时要尊重他人，不要恶语伤人，不要强词夺理，语气要温和适中，不要以势压人。

再次，会谈还要注意认真倾听别人讲话，不要东张西望地表现出不耐烦的表情，应适时地以点头或微笑做出反应，不要随便插话。

（三）送客礼仪

送客是接待的最后一个环节，如果处理不好将影响到整个接待工作的效果。送客礼节，重在送出一份友情。

1. 婉言相留

无论是接待什么样的客人，当客人准备告辞时，一般应婉言相留，这虽是客套辞令，但也必不可少。

客人告辞时，并在客人起身后再起身。如果是家里接待客人，最好叫家中成员一起送客出门。分手时应充满热情地招呼客人"慢走""走好""再见""欢迎再来""常联系"，等等。

2. 送客有道

可将客人送至车站，机场或者大厅。应在客人的身影完全消失后再返回。否则，当客人走完一段路再回头致意时，发现主人已经不在，心里会有些不是滋味。

另外在家里或者办公室送客时，送毕返身进屋后，应将房门轻轻关上，不要使其发出声响。

到车站、码头或机场送客时，不要表现得心神不宁，以免客人误解在催他赶快离开。送客到机场，最好等客人通过安检后再返回。因为也许有些物品不让带上飞机而需要你保管。

如果客人比较坚决地谢绝主人相送，则可遵客人意思，不必强行送客。

工作实施标准

1. 工作目的

熟练地掌握接待礼仪。

2. 工作要求

严格按照实训步骤练习，并能掌握相关礼仪基本知识。

3. 工作准备

模拟现场。

4. 实施标准

<table>
<tr><th>内容</th><th>操作标准</th><th>注意事项</th></tr>
<tr><td>陪同引导服务</td><td>1. 协调行进速度。在陪同引导客人时，陪同人员应居于客人侧前方约0.5米左右，行进的速度须与对方相协调。
2. 及时关照提醒。陪同引导时，一定要处处以对方为中心。经过拐角，楼梯或道路坎坷、昏暗地段时，须提醒对方留意。
3. 采用正确的体态。陪同引导客人时，有必要采取一些特殊的体态。如请对方开始行进时，应面向对方，稍许欠身；在行进中与对方交谈或答复其提问时，头部和上身应转向对方。
4. 客人不熟悉行进方向和目的地时，应请其先行，同时也不应让其走在外侧</td><td rowspan="3">1. 以客人为中心，距离适合。
2. 电梯开门时须遵循“先出后进”原则，等里面的人出来之后，外面的人方可进去。
3. 进出电梯时，应侧身而行，以免碰撞，踩踏别人</td></tr>
<tr><td>引导客人上下楼梯</td><td>1. 坚持“右上左下”的原则，以方便对面上下楼梯的他人。
2. 服务人员上楼梯时应行在后，下楼梯时应行在前。
3. 距离以相差1级阶梯为宜</td></tr>
<tr><td>坐电梯</td><td>1. 无人驾驶的电梯，陪同人员须先进后出，以便为顾客控告电梯。
2. 有人驾驶的电梯，陪同人员后进后出。在电梯内，只要空间许可应与客人保持30厘米左右的距离</td></tr>
</table>

计划、决策与实施

<table>
<tr><td>学习情境二</td><td colspan="4">旅游政务人员职业形象塑造</td></tr>
<tr><td>工作过程三</td><td colspan="4">旅游政务人员接待礼仪形象塑造</td></tr>
<tr><td>学生行为</td><td colspan="4">进行成员任务分配，制订工作计划，经小组反复酝酿，讨论计划的科学合理性，完善和做出最终决策；通过教师讲解及引导旅游政务人员接待礼仪的规范要求，能较好地运用于工作实际，并进行总结</td></tr>
<tr><td>教师行为</td><td colspan="4">督导学生分组讨论，设计接待工作的不同工作场景，督导学生按小组进行服务礼仪模拟比赛。审核学生工作计划，提出修改建议，回答学生提问，引导学生做出正确的决策并实施，对学生的具体分析和完成各项任务进行答疑与督导，并观察学生的表现</td></tr>
<tr><td rowspan="5">计划、决策与实施</td><td>序号</td><td>实施步骤</td><td>操作要领</td><td>参考资料详细地址</td></tr>
<tr><td>1</td><td></td><td></td><td></td></tr>
<tr><td>2</td><td></td><td></td><td></td></tr>
<tr><td>3</td><td></td><td></td><td></td></tr>
<tr><td>4</td><td></td><td></td><td></td></tr>
</table>

续 表

	序号	实施步骤	操作要领	参考资料详细地址
计划、决策与实施	5			
	6			
	7			
	8			
组长签字		组　别		
教师签字		日　期		

评价、检查与反馈

学习情境二	旅游政务人员职业形象塑造					
工作过程三	旅游政务人员接待礼仪形象塑造					
学生行为	1. 对旅游政务人员接待礼仪形象塑造工作任务完成情况进行自我检查和反思，填写检查表。 2. 把学习成果制作成 PPT 进行汇报，总结学习中的收获与体会，进行自我评价，并对本小组的成员表现进行逐一评价，填写评价单和学习反馈单					
教师行为	听取学生成果汇报，检查学生学习任务完成情况，并指出不足及修改建议，对学生的学习表现进行评价，通过学生教学反馈总结教学的不足，制订工作改进计划					
评价	评价类别	项目	子　项　目	个人评价	教师评价	组内互评
	专业能力（60%）	资讯（15%）	搜集信息查找资料（5%）			
			引导问题回答（10%）			
		计划实施（20%）	工作流程的正确性（2%）			
			方案设计科学性（3%）			
			实施操作正确性（10%）			
			知识的运用（5%）			
		检查（5%）	全面性、准确性（3%）			
			异常情况排除（2%）			
		结果（20%）	演示汇报（10%）			
			知识技能掌握（10%）			
	社会能力（20%）	团结协作（10%）	对小组的贡献（5%）			
			小组合作配合情况（5%）			
		敬业精神（10%）	吃苦耐劳精神（5%）			
			学习纪律性（5%）			

续 表

<table>
<tr><td rowspan="3">评
价</td><td>评价类别</td><td>项目</td><td>子　项　目</td><td>个人评价</td><td>教师评价</td><td>组内互评</td></tr>
<tr><td rowspan="2">方法能力（20%）</td><td>计划能力（10%）</td><td></td><td></td><td></td><td></td></tr>
<tr><td>决策能力（10%）</td><td></td><td></td><td></td><td></td></tr>
<tr><td rowspan="9">检
查</td><td>序号</td><td>检查项目</td><td>检查标准</td><td colspan="2">学生自检</td><td>教师检查</td></tr>
<tr><td>1</td><td>目标认知</td><td>工作目标明确，工作计划周密，具有可操作性</td><td colspan="2"></td><td></td></tr>
<tr><td>2</td><td>理论知识</td><td>基础理论知识的全面掌握</td><td colspan="2"></td><td></td></tr>
<tr><td>3</td><td>基本技能</td><td>能够运用基本的理论进行实践思考、分析、解决问题</td><td colspan="2"></td><td></td></tr>
<tr><td>4</td><td>学习能力</td><td>能在教师指导下，全面掌握相关知识和技能</td><td colspan="2"></td><td></td></tr>
<tr><td>5</td><td>工作态度</td><td>主动参与，积极完成工作任务</td><td colspan="2"></td><td></td></tr>
<tr><td>6</td><td>团队合作</td><td>积极与他人合作，共同完成任务</td><td colspan="2"></td><td></td></tr>
<tr><td>7</td><td>工具运用</td><td>熟练利用资料自学，利用网络进行资料查询</td><td colspan="2"></td><td></td></tr>
<tr><td>8</td><td>任务完成</td><td>保质保量完成任务</td><td colspan="2"></td><td></td></tr>
<tr><td>教学反馈</td><td colspan="6">我对学习本工作过程的意见或建议：</td></tr>
<tr><td>组长签字</td><td colspan="3"></td><td>组　别</td><td colspan="2"></td></tr>
<tr><td>教师签字</td><td colspan="3"></td><td>日　期</td><td colspan="2"></td></tr>
</table>

工作过程四　旅游政务人员宴请礼仪形象塑造

任务布置

学习情境二	旅游政务人员职业形象塑造
工作过程四	旅游政务人员宴请礼仪形象塑造

续 表

<table>
<tr><td>教师行为</td><td colspan="2">1. 引导学生明确工作任务及资讯问题,随机对学生实行分组,组成本工作过程的学习小组。
2. 讲解或引导学生学习宴请礼仪的基础知识,掌握其基本技能,解答学生提问</td></tr>
<tr><td>学生行为</td><td colspan="2">在教师引导及示范下,明确学习任务及要求,分组学习知识链接,查阅资料和文献,找出资讯问题的答案,学习宴请礼仪知识</td></tr>
<tr><td>工作任务</td><td colspan="2">掌握宴请的类型、宴请组织礼仪、宴请现场礼仪、西餐礼仪等知识,从而实现旅游政务人员良好的宴请礼仪形象塑造的目的</td></tr>
<tr><td rowspan="6">资讯</td><td rowspan="5">资讯问题</td><td>1. 宴请有哪些类型,各自的特点是什么?</td></tr>
<tr><td>2. 宴请组织需要考虑哪些事项?</td></tr>
<tr><td>3. 中餐用餐礼仪要求有哪些?</td></tr>
<tr><td>4. 赴宴者怎样做才不失礼?</td></tr>
<tr><td>5. 西餐刀叉使用有哪些要求?</td></tr>
<tr><td>资讯引导</td><td>以上资讯问题请查阅本书知识链接,同时参考以下书籍和网页:
1.《现代礼仪教程》,胡锐主编,浙江大学出版社,2004 年版。
2.《社交礼仪教程》,金正昆著,中国人民大学出版社,2005 年版。
3.《你的礼仪价值百万(精华版)》,周思敏著,中国旅游纺织出版社,2012 年版。
4.《商务礼仪》赵敏著,人民邮电出版社,2014 年版。
5. http://www.zhongguoliyi.org/ 中华礼仪网。
6. http://www.welcome.org.cn/zhongguoliyi/ 中国礼仪网</td></tr>
</table>

知识链接

宴请是一种常见的社交活动,是社交场合中,表示欢迎、答谢等情感,促进彼此友谊,融洽气氛不可缺少的重要手段。早在《礼记·礼运篇》中,就有“夫礼之初,始于饮食”的结论。千百年来,人们在摆席设宴中形成了一整套纷繁复杂的礼仪。大到菜单的制定,小到餐具的使用。

在政务交往中,出于各种各样的实际需要,政务人士必会参加一些比较隆重的政务宴请。而在宴请过程中,对一些基本的宴请技巧和礼仪规则也是十分有讲究的。如果政务人士在宴请中,能够表现的从容自如、大方得体,那么通过宴请便能与被宴请者达成某种共识,拉近彼此距离。

一、宴请的类型

当前国际上通用的宴请形式有宴会、招待会、工作进餐、茶会等,而至于采取何种形式,一般根据活动的目的、邀请对象以及经费开支等因素来决定。

1.宴会

(1)国宴

国宴指国家元首、政府首脑举办的国家庆典宴会。通常情况下要求宴会厅悬挂国旗;宾主入席后乐队奏国歌;主人或主宾先后讲话,致祝酒辞;奏席间乐。

(2)正式宴会

正式宴会,是一种隆重而正规的宴请。它往往是为宴请专人而精心安排的、在比较高档的饭店或是其他特定的地点举行的、讲究排场及气氛的大型聚餐活动。对于到场的人数、穿着打扮、席位排列、菜肴数目、音乐演奏、宾主致辞等,往往都有十分严谨的要求和讲究。除不挂国旗,不奏国歌,其他同国宴。一般要求事先安排好座位,设有座位卡;请柬要注明服饰的要求,出席的客人数目是双数,一般都是邀请夫妇一起出席;对餐具、酒水等要求较高;通常在晚上举行,偶尔也在午间;一般有正式的致辞和祝酒。

(3)便宴

便宴用得最广,常见的有午宴、晚宴。它比较简便灵活,通常都形式从简,并不注重规模、档次。一般来说,便宴只安排相关人员参加,不邀请配偶。对穿着打扮、席位排列、菜肴数目往往不做过高要求,而且也不安排音乐演奏和宾主致辞,气氛随便,亲切,便于交际。

(4)家宴

在家中设宴招待客人,以示亲切、友好。相对于正式宴会而言,家宴最重要的是要制造亲切、友好、自然的气氛,使赴宴的宾主双方轻松、自然、随意,彼此增进交流,加深了解,促进信任。

2.招待会

招待会是指各种不配备正餐的宴请类型,一般备有食品和酒水,通常不排固定的席位,可以自由活动。常见的有酒会和冷餐会两种。

(1)冷餐会

冷餐会以冷食为主,也备一定数量的热菜,可站立进餐;客人可自由活动,自取菜肴、酒水;一般场面较大,常用于午餐。

(2)酒会

酒会以酒水及各种饮料为主,略备小吃(多为三明治、香肠、春卷),酒以鸡尾酒为多;一般时间安排为下午5~6点开始,晚上8~9点结束,不设座椅;客人来去自由,可在任何时候到达和退席。其特点是接触广泛,气氛活跃。

3. 茶会

茶会是一种简便的招待形式，一般在下午4点左右举行，也有的在上午10点左右举行。地点通常设在客厅，厅内摆放茶几、座椅，不排席位，对茶叶、茶具选择比较讲究，一般用陶、瓷茶具，也有选用咖啡做主饮料。但若是为贵宾举行的茶会，在入座时，主人要有意识的和主宾坐在一起，其他出席者可相对随意。

4. 工作餐

(1) 谁提议谁就是主人，餐馆由他定，时间双方定。

(2) 主人像在家里一样张罗、斟酒、索要菜单。

二、宴请的组织礼仪

(一) 根据宴请目的确定规格、种类

通常宴请的目的有节庆日聚会、工作交流、贵宾来访、会议闭幕。宴请的种类要根据宴请目的确定。

(二) 选择时间

时间选择应根据活动的实际需要，选择有意义的时间进行，并考虑避开对方的禁忌日及对方重要的节假日。

(三) 选择的地点

官方活动，较为正式和隆重，一般安排在政府、议会大厦或宾馆内。但不要在对方下踻的宾馆请客。

(四) 席位的编排、桌次排位

1. 原则

面门为上，以右为尊，离主人近者为高。

2. 桌次排列

以下示意图采用国际惯例。左右方位的确定以面对正门的位置为准。如图2－4－1所示。

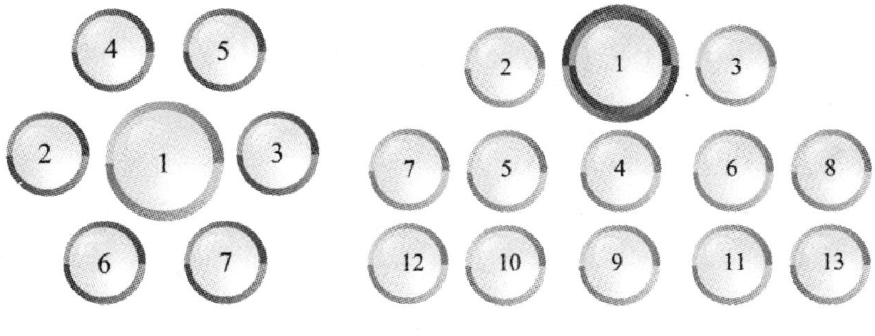

图2－4－1

2. **座次排列**

宴请中座位安排也有主次尊卑之分，主位面门或面南，其余座次安排与桌次安排原则相类似，具体安排可分为两种情况，如图 2－4－2 所示。

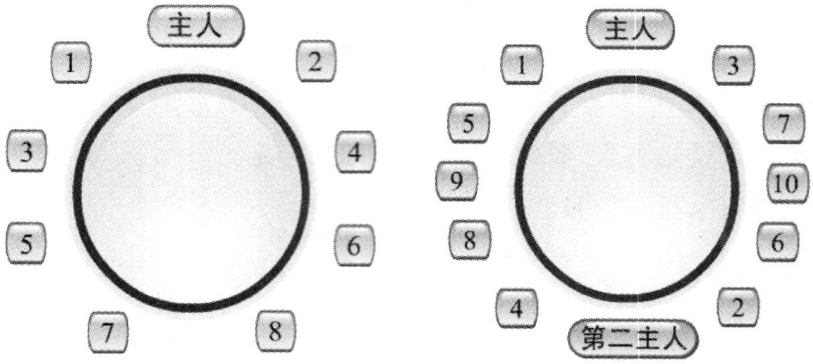

图 2－4－2

需要说明的是，如果主宾的身份高于主人，为表示对主宾的尊重，可以把主宾安排在主人的位置上，主人则坐在主宾的位置，即右侧的座位上，第二主人坐在主宾的左侧。

(五) 宴请的范围

适：适合目的（不请无关的人）；

少：各单位赴宴的人数少一点（避免顾此失彼）；

和：关注各方关系，避免“敌人”相遇；

偶：除工作餐外邀请配偶一起出席。

(六) 订菜

一般要考虑客人，特别是主宾的饮食偏好，特别是禁忌，每桌要摆放菜单。

(七) 邀请

可以单位名义或个人名义通过书面、电话、口头来邀请，请柬发送要提前 1 ~ 2 周，请柬发出后要打电话确认是否收到。请柬常用格式如下：

谨订于 × 年 × 月 × 日（星期 ×）× 时在 × × 酒店举行宴会

敬请光临

敬请回复

电话 × × × ×

× × ×（主人姓名）

三、宴请现场礼仪

(一)主人的礼节

1. 席前迎客

宴会开始前主人及少数工作人员应在宴会厅门口迎接客人,并向客人问好,握手、引领其入座。

2. 席间敬酒、敬菜

(1)请主客或长者先品尝,注意顺序。

(2)每一道菜端上桌,主人可简单介绍一下这道菜的色、香、味。

(3)分菜:用公筷、匙,数量大致相等,不要强人所难。

3. 席间临时来客

(1)立即起立,热情欢迎。

(2)为客人互相介绍,规格尽可能相同。

4. 斟酒

(1)顺序:第一主宾开始。

(2)姿势:客人身后右侧,不要紧贴,右手拿瓶,商标朝向客人。

(3)要点:瓶口不接触杯沿(啤酒例外),不拿起客人的酒杯。

5. 送客

(1)客人走在前面。

(2)将客人送至门口,为其开门。

(3)贵宾或长辈送到楼下或送上车。

(4)较正式场合、原迎宾线应站在门口。

(二)客人的礼节

1. 应邀

接到宴会邀请(无论是请柬或邀请信),能否出席要尽早答复对方,以便主人安排。一般来说,对注有 R. S. V. P.(请答复)字样的,无论出席与否,均应迅速答复。注有"Regrets only"(不能出席请答复)字样的,则不能出席时才回复,但也应及时回复。经口头约妥再发来的请柬,上面注有"To remind"(备忘)字样,只是起提醒作用,可不必答复。答复对方,可打电话或复以便函。

在接受邀请之后,不要随意改动。万一遇到不得已的特殊情况不能出席,尤其是主宾,应尽早向主人解释、道歉,甚至亲自登门表示歉意。

应邀出席活动之前,要核实宴请的主人,活动举办的时间地点,是否邀请了配偶,以及主人对服装的要求。活动多时尤应注意,以免走错地方,或主人未请配偶却双双出席。

出席宴会前,要做简单的梳洗打扮,女士要淡淡的修饰一下,显出秀丽高雅的气质。男士也要把头发和胡须整理和刮洗干净，穿上一套整洁大方、适合身份的衣服，容光焕发的赴宴。

2. 赴宴

参加宴会切记不要迟到，要按规定的时间准时赴宴，到达的时间应以提前五六分钟为宜，千万不能迟到一刻钟以上，身份高者可略晚到达（在欧美晚到二、三分钟显得有礼貌），一般客人宜略早到达。

抵达宴请地点，先到衣帽间脱下大衣和帽子，然后前往主人迎宾处，主动向主人问好。如是节庆活动，应表示祝贺。赴宴时要准备好名片，应与其他客人自由交谈，交谈面应宽些。

3. 入座

应邀出席宴请活动，应听从主人安排。如是宴会，进入宴会厅之前，先了解自己的桌次和座位，入座时注意桌上座位卡是否写着自己的名字，不要随意乱坐。男士在上桌之前要帮右边的女士拉开椅子，待女士坐稳后自己再入座，一般从座椅的左侧入座，入座后腰挺直，手放好，不能双手托腮或摆弄餐具。

4. 用餐

大家落座之后，主人拿餐巾，才能跟着拿餐巾。不管这时出现什么情况（如主人有饭前祷告的习惯），主人没拿餐巾之前不能拿餐巾。餐巾摊开后，先对折，再将褶线朝向自己，餐巾应被平铺于自己并拢的大腿上，其主要目的是为了"迎接"进餐时掉落下来的菜肴、汤汁，以防衣服弄脏。用餐时，绝不能把餐巾抖开，如围兜般围在身上或塞在颈口。而把餐巾的一角塞进腰带等，也是错误的。假如衣服的质地较滑，餐巾容易掉落，那应该以不醒目的方法，将餐巾两端塞在大腿下。

通常，不应以餐巾擦汗擦脸，擦手也要尽量避免。特别要注意的是，不可以用餐巾纸来擦餐具，一方面不雅观，另一方面会让人觉得你嫌弃餐具不干净，这样做有失风度。

入座后，主人招呼，即开始进餐。取菜时，不要盛得过多。盘中食物吃完后，如不够，可以再取。如由招待员分菜，需增添时，待招待员送上时再取。如果本人不能吃或者不爱吃的菜肴，当招待员上菜或主人夹菜时，不要拒绝，可取少量放在盘内，并表示"谢谢，够了"。对不合口味的菜，勿显露出难堪的表情。

用餐时，通常注意以下几方面。

（1）入座后姿势端正，脚踏在本人座位下，不可任意伸直，手肘不得靠桌缘，或将手放在邻座椅背上。

（2）用餐时须温文尔雅，从容安静，不能急躁。

（3）在餐桌上不能只顾自己，也要关心别人，尤其要招呼两侧的女宾。

（4）口内有食物，应避免说话。

（5）自用餐具不可伸入公用餐盘中夹取菜肴。

(6)必须小口进食,不要大口的塞。食物未咽下,不能再塞入口。

(7)取菜舀汤,应使用公筷公匙。

(8)吃进口的东西,不能吐出来,如系滚烫的食物,可喝水或果汁冲凉。

(9)送食物入口时,两肘应向内靠,不可向两旁张开,以免碰及邻座。

(10)自己手上持刀叉,或他们在咀嚼食物时,均应避免跟人说话或敬酒。

(11)好的吃相是食物就口,不可将口就食物。食物带汁,不能匆忙送入口,否则汤汁滴在桌布上,极为不雅。

(12)切记用手指掏牙,应用牙签,并以手或手帕遮掩。

(13)避免在餐桌上咳嗽、打喷嚏、呕气。当不经意间出现这些情况时,应说声"对不起"。

(14)喝酒宜各随意,敬酒以礼到为止,切记劝酒、猜拳、吆喝。

(15)如餐具坠地,可请侍者拾起。

(16)遇有意外,如不慎将酒、水、汤汁溅到他人衣服,表示歉意即可,不必恐慌赔罪,反使对方难为情。

(17)如欲取用摆在同桌其他客人面前的调味品,应请邻座客人帮忙传递,不可伸手横越,长驱取物。

(18)如系主人亲自烹调食物,勿忘给予赞赏。

(19)如吃到不洁或异味,不可吞入,应将入口食物轻巧的用拇指和食指取出,放入盘中,倘发现尚未吃的食物或仍在盘中的菜肴有昆虫或碎石,不要大惊小怪,宜候侍者走近,轻声告知侍者更换。

(20)食毕,餐具务必摆放整齐,不可凌乱放置。餐巾也应折好,放在桌上。

(21)主食进行中,不宜抽烟,如需抽烟,必须先征得邻座的同意。

(22)进餐的进度,宜与男女主人同步,不宜太快或太慢。

(23)餐桌上不能谈悲戚之事,否则会破坏欢愉的气氛。

(24)在宴席上,上鸡、龙虾、水果时,有时送上一小水盂(铜盆、瓷罐或水晶玻璃缸),水上飘有玫瑰花瓣或柠檬片,供洗手用。洗手时两手轮流沾湿指头,轻轻涮洗,然后用餐巾或小毛巾擦干。

5.饮酒

作为主宾参加外国举行的宴请,应了解对方的祝酒习惯,即为何人祝酒,何时祝酒等等,以便做必要的准备。通常情况下,碰杯时,主人和主宾先碰,人多时可同时举杯示意,不一定碰杯。祝酒时注意不要交叉碰杯,杯沿低于对方表示尊重。在主人和主宾致辞、祝酒时,应暂停进餐,停止交谈,注意倾听,也不要借此机会抽烟。喝酒时应先将嘴唇擦一擦,以免留有残渣;不要在嘴里咀嚼食物时,同时喝酒或饮料。别人在敬酒时,必须放下手中的餐具,停止进食。主人和主宾讲完话与贵宾席人员碰杯后,往往到其他各桌敬酒,遇此情况应起立举杯。碰杯时,要目视对方致意。

6. **离席**

宴会进行时,当你中途要离开现场,一定要向邀请者说明并致歉,不可一溜烟便不见了。和主人打过招呼,应该马上就走,不要拉着主人在大门聊个没完。因为当天对方要做的事情很多,现场还有很多客人等待他(她)去打招呼,你占了主人的时间,会造成主人在其他客人面前失礼。

7. **告别**

如果不想太引人注目,最好不要第一个告辞,也不要最后一个离开。在这期间什么时候告辞都可以,只是一旦告辞就应该爽快的离开。

四、西餐礼仪

在高级西餐厅就餐讲究礼仪,注重传统。

1. **服装**

在高级西餐厅用餐,男士西装革履,打领带或领结;女士着礼服,穿戴整齐。

2. **女士优先**

从进餐厅开始,贯穿服务全过程,注重对女士的尊重,始终坚持女士优先,如进门、拉椅、递菜单、酒水服务、点菜、上菜等。

3. **座次安排**

遵循以右为尊,近高远低,右高左低的原则,具体来说又分为一种是主人和主宾的席位安排在餐台的横向中间,另一种坐法是主人和副主人坐在长台纵向的两端。餐位的安排大致如图 2-4-3 所示。原则上男主宾(gentleman of honor)坐在女主人(hostess)右边,女主宾(lady of honor)坐在男主人(host)右边,而且多半是男女相间而坐,夫妇不坐在一起,以免各自聊家常话而忽略与其他宾客间的交际,如图 2-4-4 所示。

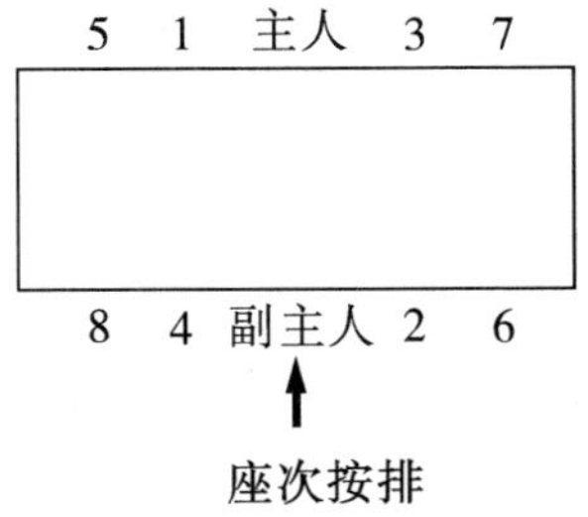

图 2-4-3

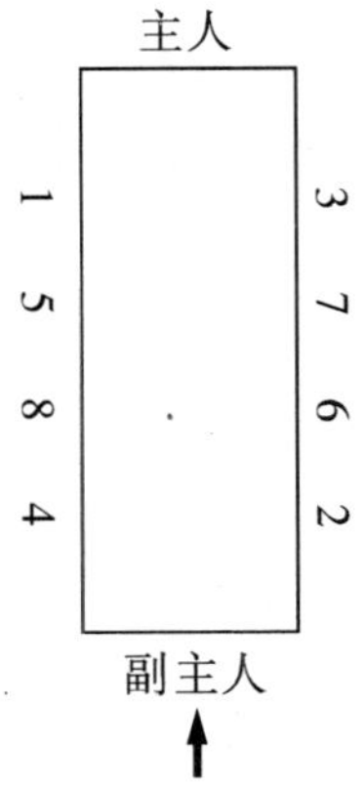

图 2-4-4

4. **坐姿**

保持上身端直,微前倾,一般不靠椅背,以示对来宾或主人的尊重。

5. **西餐餐具的使用**

(1)餐具的摆法

常用的西餐餐具主要有刀、叉、匙、盘、杯、碟等。餐具一般在开餐前均已摆好。其摆法非常有讲究,具体为:正面放食盘(汤盘),左手放叉,右手放刀,食盘上方放匙(汤匙或甜食匙),再上方放酒杯,从右起分别为烈性酒杯、葡萄酒杯、香槟酒杯、啤酒杯(水杯),面包奶油盘放在左上方,按上菜程序由外到里放置相应的刀叉,刀口向内,如图 2-4-5 所示。

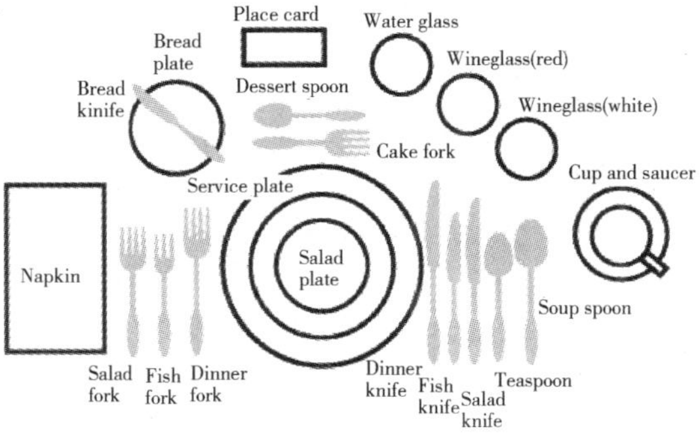

图 2-4-5

(2)刀叉的使用方法

西餐礼仪的基础是如何使用刀叉。如图 2-4-6 所示,右手持刀,左手持叉,右手中指和拇指挟住刀柄,食指放在刀背上;左手持叉与右手持刀的方法基本相同;拿勺用右手,勺柄间偏上,像拿钢笔一样。左撇子要向服务员说一声,以便调换一下。为了不使胳膊肘过分张开,要把刀、叉放在内侧,叉背朝上,刀刃朝自己方向,如图 2-4-7 所示。

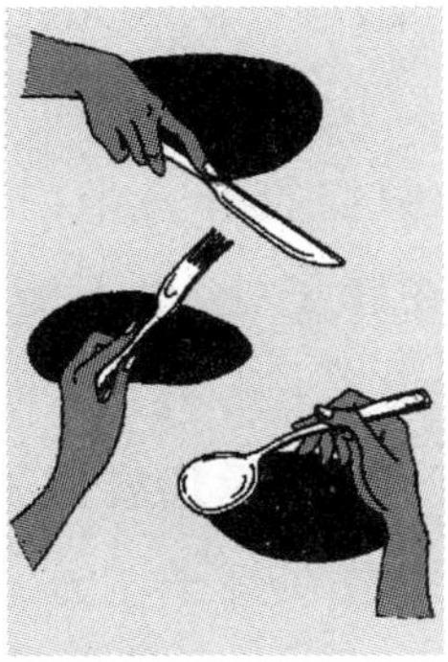

图 2-4-6

图 2-4-7

西餐的摆台有其固定的位置和距离，使用时左手拿叉、右手拿刀，按照由外到内的顺序切割食物。吃全餐时，需要多种刀叉，而刀叉的形状和规格大小不同，用途也各不相同。吃鱼、吃肉、吃菜所用的刀叉均有区别。吃肉用的刀带锯齿，比较锋利。同时，刀叉的数目和菜的道数相当，每一道菜都有其专用的刀叉，并按上菜的顺序由外至内排列，刀口向内。取用刀叉时，应按照上菜的顺序，吃一道菜换一套刀、叉，应从已排好的刀叉中由外自内陆续使用，不能颠倒次序。

用餐中，与人交谈放下刀叉，放成“八”，刀口向内，叉尖朝下；用餐结束后，刀、叉放在盘子中央偏右下方，叉的正面朝上，刀刃朝自己方向，如图 2－4－8 所示。

（用餐中）

（用餐结束后）

图 2－4－8

（3）匙的用法

西餐桌上的匙分为汤匙、糖匙、咖啡匙等。喝汤时，使用汤匙，用右手拇指和食指持汤匙柄，使匙侧起，顺汤碗靠自己的一侧伸入汤里，从内往外舀，汤匙不可以盛得太满。

汤用匙舀出时，从匙的旁边喝，不要用顶端舀喝；汤非常浓时，可把匙尖放入口中。最后可以一边把汤盘倾斜一边舀汤喝，不能将汤盘或汤碗端起来，喝个底朝天。

汤用有手柄的杯子盛时，先用匙尝两口（不是一口），假如温度适中，可以端起杯子喝。匙可用来取杯底的蔬菜块，喝完后再放到盘里或托盘上，不能用匙咂着喝。用匙尝吸时不能使它发出声音，不能一勺分几口喝完，应一次喝完。

（4）餐巾的使用

入座后，应先取下餐巾，小餐巾应完全打开，大餐巾只需打开一半，折成对折，折口朝着自己，放在膝盖上，不能像小孩子那样把它结在脖子处，也不能将其系在上衣的纽扣上或女士的裙腰上。

用餐过程中，中途需离开座位时，应将餐巾放在椅子上，表示还要回来；如放在桌子左方，则表示“一去不复返”了。餐毕，自然地将餐巾放在桌子左方，不必折叠得很整齐，那样反而不礼貌，在美国还会被理解为你还想让主人再请你吃一次。

使用餐巾时，可以用餐巾的一角轻轻地擦拭嘴边的菜汁、汤汁，吃水果洗手时，可用来擦一下手指头；喝饮料前，怕口红印在杯上，可先用餐巾稍微压一下嘴上的口红；万不得已要用牙签，或由口中拿出鱼骨，怕别人看到时，可用餐巾掩住不要让别人看到。但不能用来揩拭眼镜或抹汗，打喷嚏或咳嗽时也不能使用餐巾，更不能用餐巾擦桌子及餐具。

(5)酒杯的端法

葡萄酒杯、香槟酒杯等高脚杯，要用右手轻轻地端着。不端杯身是为了避免把体温传给杯中的酒。喝酒时要端着杯子静静地移到口边，而不要把嘴伸向酒杯。有的人习惯端酒杯时翘起小指或将小指离开杯子，这往往惹外国人的讨厌。饮酒时只用右手端杯即可，但在非正式场合，也可用左手扶在杯底。

6. 食物吃法

面包不能直接啃，撕成小块，送入嘴里。汤由内向外舀，汤匙1/3放入嘴里，喝完汤匙放入盘内，匙心朝上，柄向右边。

工作实施标准

1. 工作目的

熟练掌握社交宴请礼仪，了解主人如何迎宾及用餐时需注意的礼节。

2. 工作要求

按教材讲解的要求进行训练。

3. 工作准备

模拟现场。

4. 实施标准

内容	实施要求
主人礼仪	1. 在宴请之前，主人要做好充分准备，包括宴请的对象的拟定、宴请形式、请柬、席位安排、现场布置等。 2. 在宴请开始时，主人要热情接待，并在门口迎接客人，主动招呼问候客人。 3. 对待客人要礼貌，用敬语称呼客人，用征询和商讨的口气与客人谈话。 4. 创造轻松、愉快、和谐的环境。当客人较多时，主人要善于将他们互相介绍，协调关系，不要冷落部分客人。 5. 当客人告别时，应主动相送与客人话别，祝客人返家路上平安，欢迎并诚恳邀请客人再来做客
客人礼仪	1. 当收到请柬时，首先了解客人参加宴会的类型。 2. 接到宴会邀请，能否出席应尽早回复，以便主人做好安排。 3. 一旦答应邀请，不宜随意改动，万一遇到特殊情况不能出席宴会，尤其是主宾缺席应尽早向主人解释并道歉。 4. 应邀出席宴会前，核实宴请的时间和地点、是否邀请了配偶、有无服装要求等，以免出错。 5. 当宴会结束，应及时向主人表示感谢与道别

续 表

内容	实施要求
入席礼仪	1. 客人应邀出席宴请活动,应听从主人的安排。 2. 如果宴会的桌子较多,在进入宴会厅前,了解桌号、座位。入席注意看清楚桌号和自己的名字,不随便乱坐。 3. 如果邻座是长者和女士,应主动协助她们先坐下,然后自己再坐。 4. 入席就坐后,应注意自己的姿态。 5. 上菜前,将餐巾轻轻展开,放在膝盖上,而不是围在脖颈或系在胸前
进餐礼仪	1. 入座后主人招呼即开始进餐,在中国是以男主人为方,西方是以女主人为主。 2. 取菜时,不要盛得过多,盘中食物吃完后,如果不够,可以再取。 3. 若遇本人不能吃或不爱吃的菜肴,由服务员派菜或主人让菜时,不要拒绝,可取少量放在内,并说声:"谢谢,够了。"对不合口味的菜肴,勿显露出厌恶的表情。 4. 讲究吃相,吃东西时要文明,应闭嘴细吃慢咽,不可狼吞虎咽,不要发生声音,如汤,菜太热,待稍凉后再食用,不要用嘴吹。 5. 吃完的菜、鱼,以及用过的餐具等,都要放入盘内,不要吐在桌子上。 6. 剔牙时,应用手或餐巾遮住口,不要面对客人张嘴剔牙。 7. 招待外宾吃中餐时,不必说"招待不周""酒菜不好""今天没什么好招待"等之类的谦语,以免引起误解。 8. 注意中方与西方人的习惯,如欧美多以鸡胸脯为好,不能照中国人的习惯,以鸡腿或鸡翅敬客人。 9. 饮酒干杯时,即使不喝也应用嘴唇碰一碰杯子,以示敬意。 10. 进餐过程,由于不慎而发出声响,可轻轻说声"对不起"。 11. 不可中途退席,若确实有事,要向主人及周边的人表示歉意后再离席。 12. 当主人致词时,客人应停止用餐以保持安静
告别礼仪	礼仪宴请结束,男主人务必将客人送至大门口,客人与主人分手时应对主人的热情款待表示感谢

计划、决策与实施

学习情境二	旅游政务人员职业形象塑造
工作过程四	旅游政务人员宴请礼仪形象塑造
学生行为	进行成员任务分配,制订工作计划,经小组反复酝酿,讨论计划的科学合理性,完善和做出最终决策;通过教师讲解及引导掌握宴请礼仪的规范要求,能较好地运用于工作实际,并进行总结
教师行为	督导学生分组讨论,设计宴请的工作场景,督导学生按小组进行宴请服务礼仪模拟比赛。审核学生工作计划,提出修改建议,回答学生提问,引导学生做出正确的决策并实施,对学生的具体分析和完成各项任务进行答疑与督导,并观察学生的表现

续 表

计划、决策与实施	序号	实施步骤	操作要领	参考资料详细地址
	1			
	2			
	3			
	4			
	5			
	6			
	7			
	8			
	9			
	10			
组长签字		组 别		
教师签字		日 期		

评价、检查与反馈

学习情境二	旅游政务人员职业形象塑造					
工作过程四	旅游政务人员宴请礼仪形象塑造					
学生行为	1. 对旅游政务人员宴请礼仪形象塑造工作任务完成情况进行自我检查和反思，填写检查表 2. 把学习成果制作成PPT进行汇报，总结学习中的收获与体会，进行自我评价，并对本小组的成员表现进行逐一评价，填写评价单和学习反馈单					
教师行为	听取学生成果汇报，检查学生学习任务完成情况，并指出不足及修改建议，对学生的学习表现进行评价，通过学生教学反馈总结教学的不足，制订工作改进计划					
评价	评价类别	项目	子　项　目	个人评价	教师评价	组内互评
	专业能力（60%）	资讯（15%）	搜集信息查找资料（5%）			
			引导问题回答（10%）			
		计划实施（20%）	工作流程的正确性（2%）			
			方案设计科学性（3%）			
			实施操作正确性（10%）			
			知识的运用（5%）			
		检查（5%）	全面性、准确性（3%）			
			异常情况排除（2%）			

续 表

	评价类别	项目	子 项 目	个人评价	教师评价	组内互评
评价	专业能力（60%）	结果（20%）	演示汇报（10%）			
			知识技能掌握（10%）			
	社会能力（20%）	团结协作（10%）	对小组的贡献（5%）			
			小组合作配合情况（5%）			
		敬业精神（10%）	吃苦耐劳精神（5%）			
			学习纪律性（5%）			
	方法能力（20%）	计划能力（10%）				
		决策能力（10%）				

	序号	检查项目	检查标准	学生自检	教师检查
检查	1	目标认知	工作目标明确，工作计划周密，具有可操作性		
	2	理论知识	基础理论知识的全面掌握		
	3	基本技能	能够运用基本的理论进行实践思考、分析、解决问题		
	4	学习能力	能在教师指导下，全面掌握相关知识和技能		
	5	工作态度	主动参与，积极完成工作任务		
	6	团队合作	积极与他人合作，共同完成任务		
	7	工具运用	熟练利用资料自学，利用网络进行资料查询		
	8	任务完成	保质保量完成任务		

教学反馈	我对学习本工作过程的意见或建议：		
组长签字		组 别	
教师签字		日 期	

工作过程五　旅游政务人员拜访礼仪形象塑造

任务布置

<table>
<tr><td>学习情境二</td><td colspan="2">旅游政务人员职业形象塑造</td></tr>
<tr><td>工作过程五</td><td colspan="2">旅游政务人员拜访礼仪形象塑造</td></tr>
<tr><td>教师行为</td><td colspan="2">1. 引导学生明确工作任务及资讯问题，随机对学生实行分组，组成本工作过程的学习小组
2. 讲解或引导学生学习拜访礼仪的基础知识，掌握其基本技能，解答学生提问</td></tr>
<tr><td>学生行为</td><td colspan="2">在教师引导及示范下，明确学习任务及要求，分组学习知识链接，查阅资料和文献，找出资讯问题的答案，学习拜访礼仪知识</td></tr>
<tr><td>工作任务</td><td colspan="2">掌握拜访礼仪及要求，从而实现塑造旅游政务人员良好拜访礼仪形象的目的</td></tr>
<tr><td rowspan="5">资讯</td><td rowspan="4">资讯问题</td><td>1. 拜访前的准备工作有哪些？</td></tr>
<tr><td>2. 拜访中的举止礼仪有哪些要求？</td></tr>
<tr><td>3. 拜访中的开场白通常怎样表达？</td></tr>
<tr><td>4. 拜访外宾有哪些注意事项？</td></tr>
<tr><td>资讯引导</td><td>以上资讯问题请查阅本书知识链接，同时参考以下书籍和网页：
1.《现代礼仪教程》，胡锐主编，浙江大学出版社，2004 年版。
2.《社交礼仪教程》，金正昆著，中国人民大学出版社，2005 年版。
3.《你的礼仪价值百万（精华版）》，周思敏著，中国旅游纺织出版社，2012 年版。
4.《商务礼仪》赵敏著，人民邮电出版社，2014 年版。
5. http://www.zhongguoliyi.org/ 中华礼仪网。
6. http://www.welcome.org.cn/zhongguoliyi/ 中国礼仪网</td></tr>
</table>

知识链接

在工作中，因为出于各种原因，旅游政务人员可能要去拜访别人，这时就需要讲究礼仪，不可失礼于人，才能顺利地完成工作任务、拜访目的。

一、拜访前的礼仪

约好去拜访对方，无论是有求于人还是人求于己，都要从礼节上多多注意，避免对自己和单位的形象造成损害，在拜访前要做好充分的准备工作：

(1)要有约在先。

切勿未经约定便不约而至。尽量避免前往其私人居所进行拜访。约定拜访的时间注意要避开吃饭和休息、特别是午睡的时间。一般说来,下午四五点或晚上七八点是最恰当的拜访时间。

(2)要守时守约。

遵守时间是人们交往中极为重要的礼貌。失约是很失礼的行为。参加各种活动都应按约定的时间到达。如果太早到就会使主人因为没有准备好而感到难堪;迟迟不到则又会让主人和其他客人等候过久而不安。如因故迟到,要向主人和其他客人表示歉意。万一因故不能赴约,要有礼貌地尽早通知主人,并以适当的方式表示抱歉。

(3)注意自己的形象,拜访一定要衣冠整齐,修饰边幅。

(4)明确拜访目的。

(5)准备好资料和辅助工具。

二、拜访中的举止礼仪

(1)敲门或按门铃

不管是到拜访对象家里或者办公室,事先都要敲门或按门铃,等到有人应声允许进入或出来迎接时方可进去。不打招呼就擅自闯入,即使门原来就敞开着,也是非常不礼貌的。

讲究敲门的艺术。要用食指敲门,力度适中,间隔有序敲三下,等待回音。如无应声,可再稍加力度,再敲三下,如有应声,再侧身隐立于右门框一侧,待门开时再向前迈半步,与主人相对。

(2)要注意物品的搁放

拜访时如带有物品或礼品,或随身带有外衣和雨具等,应该搁放到主人指定的地方,而不应当乱扔、乱放。对室内的人,无论认识与否,都应主动打招呼。如果你带孩子或其他人来,要介绍给主人,并教孩子如何称呼。主人端上茶来,应从座位上欠身,双手捧接,并表示感谢。吸烟者应在主人敬烟或征得主人同意后,方可吸烟。和主人交谈时,应注意掌握时间。有要事必须要与主人商量或向对方请教时,应尽快表明来意,不要东拉西扯,浪费时间。

(3)要注意行为礼节规范

进屋随主人招呼入座后,要注意姿势,不要太过随便,即使是十分熟悉的朋友。架二郎腿、双手抱膝、东倒西歪也都是不礼貌的行为。如主人家有其他人在家，要微笑点头致礼；若主人送上茶水，应从座位上欠身，双手接过，并向主人表示感谢。

主人不让座不能随便坐下。如果主人是年长者或上级，主人不坐，自己不能先坐。主人让座之后，要口称“谢谢”，然后采用规矩的礼仪坐姿坐下。主人递上烟茶要双手接过并表示谢意。如果主人没有吸烟的习惯，要克制自己的烟瘾，尽量不吸，以示对主人习惯的尊重。主人端上果品，要等年长者或其他客人动手后，自己再取用。即使在最熟悉的朋友家里，也不要过于随便。

(4)要控制好拜访时间，掌握谈话技巧

拜访者一般不宜在主人家呆的时间太久，要根据情况控制好逗留的时间，掌握好交谈的技巧；与主人交谈要善于察言观色，选择时机表明拜访的目的。如果主人情绪较好、谈兴较浓，呆的时间可长一点；如果发现主人心不在焉，说明主人有厌倦情绪，应该及时收住话题，适时起身告辞。

(5)拜访时，要尊重主人的生活习惯

到别人家拜访，应尽量适应主人的习惯。如果主人客厅里没有摆放烟缸，说明主人没有吸烟习惯，应尽量克制不吸烟。如果主人没有主动邀请，最好不要到主人客厅以外的其他房间去。

(6)跟主人谈话，语言要客气

(7)在别人家吃饭时，若由于自己不慎而发生了异常情况，例如因用力过猛使刀叉撞击盘子发出声响，或因餐具被碰倒而打翻了酒水等等，应沉着不要慌张。如果刀叉碰出声音，可轻轻向主人说一声“对不起”。如餐具碰撞而将酒水打翻溅到邻座身上，可在表示歉意后协助擦干；但如对方是女士，只要把干净餐巾或手帕递上即可，应由她自己来擦干。

(8)在别人家中，事先未得许可就自行去开窗或开门，是没有礼貌的举动。并且在开门窗之前，也要为在座的其他客人的舒适着想。

(9)客人在进餐过程中擅自离席，是不太礼貌的。饭后，至少也应该待半小时再告辞，才不为失礼，否则，自己就好像是专为吃喝而来的。所以，假如你饭后需要立即离开的话，最好是不要接受吃饭的邀请。离开时，通常都是由主客或客人中年龄较长的已婚女士首先提出要走，等她(或他)准备动身走的时候，别人才可以跟着告辞。否则，无特殊的理由自己就不应先走。

(10)谈话时间不宜过长。起身告辞时，要向主人表示“打扰”之歉意。出门后，回身主动伸手与主人握别，说：“请留步。”待主人留步后，走几步，再回首挥手致意“再见”。

工作实施标准

1. 工作目的

熟练掌握社交宴请礼仪，了解主人如何迎宾及用餐时需注意的礼节。

2. 工作要求

按教材讲解的要求进行训练。

3. 工作准备

模拟现场。

4. 实施标准

内容	实施标准
拜访前准备	1. 拜访前应预约时间。如确需临时造访或推迟拜访，应征得主人同意并表示歉意。在时间选择上，尽量避开用餐时间。 2. 临时造访或礼节性拜访，时间不可太长，一般以半小时为宜。 3. 明确每次拜访的目的、准备好资料和辅助工具、根据拜访计划安排拜访时间；关于“准时”，不同国家、不同地区都会有不同的态度，这一点要搞清楚。所以无论准备去哪里拜访，都应该事先了解一下当地人的时间观念。 4. 拜访其他公司时，必须事先约定时间，但是访问的日期与时刻，应取决于对方的日程，除非对方任何时间都可以时，才由自己决定。不过，有一个时间要特别注意，千万别说“日期定在星期一上午”。通常，一般公司在星期一，常因商洽与会议而忙得不可开交。如果你将会面的时间定在这些时间，会造成对方的不便。 5. 约定会面时，除了定出访问的日期与时刻，同时还应将己方前去访问的人数、姓名、职务、将要商谈的事情概要，以及预计所需的时间告诉对方。如此一来，对方才能对会客室等作出安排，并安排之后的日程
会面细节	1. 拜访前，应打电话再次确认；以免约定时间太长对方将约定遗忘。 2. 进行拜访不宜迟到，通常出发的时间应比约好的时间提前 30～40 分钟。如果能提前 5 分钟到达对方的公司，是最为恰当的。 3. 要周到，到达对方公司时，应先脱掉外套或取下围巾，再向柜台人员说：“我是××公司的职员，名叫××，请找一下××部的××先生。此时，还要告诉对方是否事先约好。 4. 在对方的会客室，应坐在下座。 记得，当你前去拜访一家公司时，应坐下座。将你带到会客室的人，会请你坐上座，而你必须推辞。而在会客室里等待时，应当浅坐在沙发上。轻轻地坐在在沙发的最边缘，脊背挺直，腿不要盘起来而应整齐地并在一起。此外，当沙发较低时，应将腿略微偏向下座的一侧。 5. 不要将公事包放在会客室桌上。当你前往别的公司洽谈公事时，记得不要将公事包或皮包放在桌上，这有违反礼仪。一般较大的皮包类应放在自己的脚边。在取出资料时，也应注意不要将皮包放在桌子上，而应放在膝盖上。此外，当所携带的物品很多时，应只将工作所需的物品放在脚边，而将剩下的放在房间角落不显眼的地方。 6. 严禁与同行者闲聊，当有很多人同去其他公司访问而在会客室等待的期间，常会不知不觉就聊起来。然而，在会客室内聊天，是绝对禁止的。虽然，会客室让人觉得犹如密室，但实际上声音却会清楚地传向外边。若是让该公司的职员听见你正在闲聊，会做何感想？无论这种闲聊是与工作有关的事还是私事，都是不礼貌的行为。

续 表

内容	实施标准
会面细节	7. 寒暄问候好，应面带笑容。 8. 进行拜访，应询问对方意见，一旦进入公司，你和公司内的同事还有上司、往来客户之间的交往就会增多。这种交往不仅限于公司内部，有时还必须去对方家里登门拜访。无论与对方关系多么亲近，都应事先确定对方是否方便，然后再前往拜访，这样才合乎礼仪 9. 整理仪容，欢喜作客。 （1）发型得体。男性头发前不盖眉，侧不掩耳，后不及领。女性根据年龄、职业、场合的不同，梳理得当。 （2）面部清爽。男性宜每日剃须修面，女性宜淡妆修饰。保持口腔清洁。 （3）表情自然。目光温顺平和，嘴角略显笑意。 （4）手部清洁。定期修剪指甲并保持手部洁净。女性在正式场合不宜涂抹浓艳的指甲油。 10. 拜访友人，须事先约好。当我们经过很好的同事家附近时，有时会想顺便去拜访一下。而此时不事先联系就直接上门访问，是很失礼的。必须先打电话，询问对方自己能不能去拜访，对方是否方便。 11. 进行拜访，应避开用餐时间。去别人家里拜访时，必须注意时间，特别是留意吃饭时间。早上的访问应在 11 点之前结束。如果太早，就会和早餐发生冲突；如果太晚，又会涉及到吃午饭的问题。如果临近中午，最好应选在 10 点半至 11 点之间。超过 11 点半的访问，是绝对应当避免的。在此时访问，好象摆明了要对方为自己准备午饭似的。与傍晚时一样，过了 5 点，一般家庭都会开始准备晚饭。最迟应在下午 4 点左右访问，并在 5 点之前离去。 12. 访问时，应将大衣脱掉。家庭拜访时，也是同样道理，应先在门口将大衣、围巾和帽子脱掉，然后再去按门铃。 13. 寒暄应尽量简短。大门打开后，当然应问候对方，但在此处的寒暄应尽量简短，也不要在大门口反复鞠躬，说明访问的理由，以及询问对方的近况
开场白	易懂，简洁，新意，少重复，少说“我”，多说“您”“贵公司”，巧妙选择问候语很关键。 方式：开门见山式、赞美式、好奇式、热情式（寒暄）、请求式
会面礼仪	1. 握手 （1）一定要用右手握手。要紧握双方的手，时间一般以 1～3 秒为宜。过紧地握手，或是只用手指部分漫不经心地接触对方的手都是不礼貌的。 （2）被介绍之后，最好不要立即主动伸手。年轻者、职务低者被介绍给年长者、职务高者时，应根据年长者、职务高者的反应行事，即当年长者、职务高者用点头致意代替握手时，年轻者、职务低者也应随之点头致意。和年轻女性或异国女性握手，一般男士不要先伸手。 （3）握手时，年轻者对年长者、职务低者对职务高者都应稍稍欠身相握。有时为表示特别尊敬，可用双手迎握。男士与女士握手时，一般只宜轻轻握女士手指部位。男士握手时应脱帽，切忌戴手套握手。 （4）握手时双目应注视对方，微笑致意或问好，多人同时握手时应顺序进行，切忌交叉握手。 （5）在任何情况拒绝对方主动要求握手的举动都是无礼的，但手上有水或不干净时，应谢绝握手，同时必须解释并致歉。

续 表

<table>
<tr><th>内容</th><th>实施标准</th></tr>
<tr><td>会面礼仪</td><td>2. 介绍：根据公关礼仪的惯例，地位低者先介绍。比如，主人要先向客人把自己介绍一下；公关人员要把自己向贵宾做一个介绍；男士要把自己向女士作介绍。晚辈要把自己向长辈作介绍。位低者先介绍，这是非常重要的一个细节。当然有的时候也没有必要过分地拘谨，如果对方位低，但他忘了介绍了，位置高的人，先作个自我介绍也没有什么。但是，应该位低的人先做介绍，这是介绍的顺序，这一点很重要。这是对地位高的一种尊重。否则的话，人家不知道你是谁，即继续交谈、会显得很尴尬
3. 回应：路上若遇见熟人，要主动打招呼，互相问候，不能视而不见，把头扭向一边，擦肩而过。一位女士偶然在路上遇见不很熟悉的男士，理应点头招呼，但不要显得太热情，亦不要用冷冰冰的面孔来点头；一位男士偶然在路遇见不太相熟的女士，应首先打招呼，但表情不可过分殷勤。
4. 道别：对主人及其在场家人的接待表示感谢。要同主人和其他客人一一告别，说“再见”“谢谢”；主人相送时，应说“请回”“留步”“再见”。
5. 祝贺：祝贺是加强人际关系、增进友谊的重要方式之一。每逢他人在生活、事业、爱情等方面取得成功，或者遇上喜庆节日、令人高兴的集会，对当事人说一些赞美或祝贺的吉祥话语，可以使这种喜悦更添色彩。在祝贺时，一般应遵循态度要诚挚、用语要准确、方式要恰当三个原则。
6. 慰问是指以一定的形式，对遭遇困难或不幸的人员进行安抚和问候，力求使对方的心情稳定或者安适，具体要求：
(1)真心地表现出同情。慰问应当是积极的，而不宜是消极的；同情应当重在鼓励，而不宜让对方感到灰心丧气。
(2)给予力所能及的帮助。
(3)具备一定的耐心。
(4)努力使慰问对象宽心。具体而言，要在进行慰问时把握尺度。一避免犯忌；二避免揭短；三避免添愁；四避免哀怜；五避免忆苦；六避免假设；七避免做假；八避免戏说</td></tr>
<tr><td rowspan="2">名片礼仪</td><td>1. 首先要把自己的名片准备好，整齐地放在名片夹、盒或口袋中，要放在易于掏出的口袋或皮包里。不要把自己的名片和他人的名片或其他杂物混在一起，以免用时手忙脚乱或掏错名片。
2. 除非对方要求，否则不要在年长的主管面前主动出示名片。
3. 无论参加私人或商业餐宴，名片皆不可于用餐时发送，因为此时只宜从事社交而非商业性的活动。
4. 递交名片要用双手或右手，用双手拇指和食指执名片两角，让文字正面朝向对方，递交时要目光注视对方，微笑致意，可顺带一句“请多多关照。”
5. 接名片时要用双手，并认真看一遍上面的内容。如果接下来与对方谈话，不要将名片收起来，应该放在桌子上，并保证不被其他东西压起来，使对方感觉到你对他的重视。
6. 破旧名片应尽早丢弃，与其发送一张破损或脏污的名片，不如不送。
7. 交换名片时如果名片用完，可用于净的纸代替，在上面写下个人资料</td></tr>
<tr><td>相关知识点：
1. 双语名片
在一些英语没有被普及的国家旅行时，一些有经验的游人就会使用一种一面印有英文，另一面印有当地国家语言的名片。确保两面的文字印刷质量相同，以免无意中有暗示当地语言是次等语言的嫌疑。在许多大城市中，有很多这方面的 24 小时服务。如果你去了东京或香港这样的城市，却没有双语名片，那就去问旅店的服务人员哪里有这样的服务。</td></tr>
</table>

续 表

<table>
<tr><td rowspan="2">名片礼仪</td><td>2. 头衔
在任何情形下,都要确保写清你的职务和头衔。选择一个头衔,既能让当地人理解又能最准确地反映你的职位。比如像“副手”(deputy)“助理”(associate)或“行政助理”(executive assistant)等职衔在美国以外就很容易被混淆。而像“主任”(director)和“经理”(manager)两词之间的差别,世界许多地方的人也很难理解。副总裁(vice president)这个头衔在美国以外的地区很少用到,但其他国家的生意人却都知道其代表一种特殊的地位。同样像CEO(首席执行官),CFO(首席财务官)和COO(首席运营官)等缩写也使得北美以外的人们感到迷惑不解</td></tr>
<tr><td>在英语国家中,英国人使用的“主席”(chairman)与美国的法人头衔“总裁”(president)是相对应的。在英国,“director”是一个高层职位,对应于美国的“vice president”;同时,这样的头衔也暗示此人是董事会成员。
两位美国商业女士讲述了她们各自在日本使用商业名片时的一些经历。一位是所在公司的总裁(president),在日本,无论她走到哪里,总是受到日本资深生意人的接待。而另外一位名片上标明是国际市场经理(director),她却受到完全相反的待遇——漠视和白眼。这两位女士都认为,在日本商业社会中,在公司中的身份和地位是相当重要的。结果,这位国际市场部主任在得到她们公司的许可下,任命自己为“某某国际公司”(她自己公司的名字)总裁,实际上,这一公司的名称是一个外国销售团体的官方称呼(FSC),是专门主管税务的一个部门,而她对自己的这一任命也是没错的。几个月之后,这位女士又一次去往日本,而这一次,她名片上重新命名的“总裁”头衔给她带来的却是相当热情的接待。
警告:不要为了给人留下好的印象而轻易捏造自己的头衔。否则,一旦你的国际同行发现你是在吹牛,你将会失去信誉,从长远角度上看,这是有害无益的。
特别提示:在那些以男性为主导的国家和地区(如:拉美、日本、韩国、沙特阿拉伯),如果你已经结婚,你可以考虑在你的名字前加上“Mrs.”,表明自己的身份。这样做的好处是可以阻止一些不希望发生的情爱攻势</td></tr>
<tr><td>表达沟通</td><td>1. 交流:交谈是一门艺术,而且是一门古老的艺术。“一人之辩重于九鼎之宝,三寸之舌强于百万之师”,交谈要遵循以下几个原则:
(1)真诚坦率。
(2)互相尊重。
2. 交谈的技巧:
(1)言之有物,交谈的双方都想通过交谈,获得知识、拓宽视野、增长见识、提高水平。因此,交谈要有观点、有内容、有内涵、有思想,而空洞无物、废话连篇的交谈是不会受人欢迎的。没有材料做根据,没有事实做依凭,再动听的语言也是苍白的、乏味的。我们在交谈时,要明确地把话说出来,将所要传递的信息准确地输送到对方的大脑里,正确反映客观事物,恰当地揭示客观事理,贴切地表达思想感情。
(2)言之有序,就是根据讲话的主题和中心设计讲话的次序,安排讲话的层次,即交谈要有逻辑性、科学性。“使众理虽繁,而无倒置之乖;群言虽多,而无棼丝之乱。”(刘勰《文心雕龙》)有些人讲话,一段话没有中心,语言支离破碎,想到哪儿就说到哪儿,东一榔头西一棒槌,给人的感觉是杂乱无章,言不及义,不知所云。所以,交谈时,先讲什么,后讲什么,思路要清晰,内容有条理,布局要合理。</td></tr>
</table>

续 表

内容	实施标准
表达沟通	(3)言之有礼,交谈时要讲究礼节礼貌。知礼会为你的交谈创造一个和谐、愉快的环境。讲话者,态度要谦逊,语气要友好,内容要适宜,语言要文明;听话者,要认真倾听,不要做其他事情。这样就会形成一个信任、亲切、友善的交谈气氛,为交谈获得成功奠定基础。 3. 交谈常用的谦敬语 (1)谦敬称呼用语。 称呼尊长可用老先生、老同志、老师傅、老领导、老首长、老伯、大叔、大娘等。称呼平辈可用老兄、老弟、先生、女士、小姐、贤弟、贤妹等。自谦可以用鄙人、在下、愚兄、晚生等 (2)事物谦敬用语。 称姓名敬辞可用贵姓、尊姓大名、尊讳、芳名(对女性)等。称年龄敬辞可用高寿(对老人)、贵庚、尊庚、芳龄(对女性)等。住处可用府上、尊寓、尊府等。见解可用高见、高论等。身体可用贵体、玉体等。 (3)自谦辞。 称姓名:草字、敝姓等。称朋友:敝友等。称住处:寒舍、舍下、蓬荜等。称见解:愚见、拙见等。称年龄:虚度××。 (4)谦敬祈使用语 请人提供方便、帮助:借光、劳驾、有劳、劳神、费心、操心等。托人办事:拜托。麻烦或打断别人:打扰。求人解答:请问。劝告别人:奉劝。请别人::请大驾光临、欢迎光临、恭候光临。请别人不要送:请留步。请别人提意见:请指教、请赐教。请别人原谅:请包涵、请海涵。 (5)谦敬欢迎用语 欢迎顾客:欢迎光顾、敬请惠顾。欢迎客人:欢迎光临。初次见面:久仰、久仰大名。许多时未见:久违。访问:拜访、拜望、拜见、拜谒。没有亲自迎接:失迎、有失远迎。自责不周:失敬。拜别:告辞、拜辞。送别:请留步、请回、不必远送。中途辞别:失陪。 (6)其他谦敬用语:归还东西:奉还; 赠送东西:奉送;陪伴:奉陪;祝贺:恭贺。请对方宽容、宽恕;…… 4. 如何选择话题:(1)要选别人感兴趣的话题;(2)选自己擅长的话题。 5. 语言艺术: 一要委婉含蓄,表达巧妙。在外交场合,以“遗憾”代替“不满”,以“无可奉告”作“拒绝回答”的婉词;在社交场合,以“去洗手间”代替“厕所在哪儿”,都是委婉含蓄的表达方式。 二要善于倾听,给别人以说话的机会。这样才能在听取别人谈话的同时,获得对方的好感。 三要坦率诚恳,切忌过分客气。欧美人习惯率直地表达自己的意见,只要言语不唐突,直抒己见反而更易获得好感。 四要诙谐幽默。多使用这样的句式:“你一定知道”或“和你所知道的一样”,或“正如你所知道的一样”,“跟你知道的一样”。不能说:“你知道吗?”“我告诉你。”跟人说话不能皱眉头。 6. 交谈禁忌 与人交谈时,一般不要涉及疾病、死亡等不愉快的事,更要注意回避对方的隐私,对女士一般不询问她的年龄和婚姻情况,对一般人,不径直询问他的履历、工资收入、家庭财产、衣饰价格等私生活方面的问题。对方不愿意回答的问题不要刨根问底,对方反感的问题一旦提出则应表示歉意或立即转移话题。谈话时还应注意不要批评长辈和身份高的人,不要讥笑讽刺他人,对宗教问题也应持慎重态度。

续 表

内容	实施标准
表达沟通	职场交谈的忌语:六不谈 (1)不能非议国家和政府。 (2)不能涉及国家秘密和行业秘密。 (3)不能对交往对象的内部事务发表意见。 (4)不能在背后议论领导,同行,同事。 (5)不能谈论格调不高的问题。 (6)不涉及私人问题。关心有度,关心过度是一种伤害。私人问题五不问:不问收入。因为收入高低和个人能力,企业效益有关、比较产生不平衡;不问年纪:临近离退休年纪的人,白领丽人不问;不问婚姻家庭;不问健康问题。因为个人健康决定着发展前途。不问个人经历
拜访注意事项	1. 拜访应选择适当的时间,如果双方有约,应准时赴约。万一因故不得不迟到或取消访问,应立即通知对方。 2. 到达拜访地点后,如果与接待者是第一次见面,应主动递上名片,或做自我介绍。对熟人可握手问候。 3. 如果接待者因故不能马上接待,应安静地等候,有抽烟习惯的人,要注意观察该场所是否有禁止吸烟的警示。如果等待时间过久,可向有关人员说明,并另定时间,不要显现出不耐烦。 4. 与接待者的意见相左,不要争论不休。对接待者提供的帮助要致以谢意,但不要过分。 5. 谈话时开门见山,不要海阔天空,浪费时间。 6. 要注意观察接待者的举止表情,适可而止,当接待者有不耐烦或有为难的表现时,应转换话题或口气,当接待者有结束会见的表示时,应立即起身告辞
拜访外宾	在与外宾的接触中,要现出"文明古国、礼仪之邦"的优良的道德和礼貌传统,以及中国人民的热情好客。 在与外宾打交道时,首先应注意个人卫生,衣着整洁美观,举止文雅大方。事先有约定,一定要按约定的时间准时抵达,进入外国人房间要轻轻扣门,经主人应允后,才可入室,室内无人或未经允许不得擅自入内。不可破门而入,也不要把门推个缝,伸脑袋"窥测"。事先无约定,必须相见,当见面时要先道声"对不起,打搅了",再说明打搅的原因,谈话时间不宜过长。应邀去外国人家做客,除了要懂得做客的礼节外,还要注意他们的一些习惯。比如,当备有小吃和饮料招待时,客人不要拒绝,应品尝一下,但接受的饮料应都喝下,否则一杯饮料你只喝一口,其余的剩下则是浪费。在未经主人邀请和同意时,不要四处参观和触摸其它陈设。家中如养有猫、狗等小动物,不要表现出厌恶,用手轰或用脚踢,因为它们可能是主人的宠物。 告别时,要礼貌地感谢主人的接待
询问礼仪	在公关活动中,询问是不可避免的,询问要讲究一点艺术性。 在西方人看来,询问别人的年龄是不礼貌的,他们不希望别人知道自己的真实年龄。然而在中国,却常常询问对方的年龄,一般说来未成年人都希望自己成熟一点,所以他们希望对方估计自己的年龄时说得大一点。所以可以这样问:"看你办事情那么老练,今年有 18 岁吧?"一个六七岁的孩子,如果问他:"今年有 5 岁了吧?"他会很不高兴,他认为自己一定很矮,如果说:"今年有 10 岁了吧?"他会很高兴,认为你在夸奖他长得快。在询问老人的年龄则刚好相反,因为他们都希望自己年轻一些。如果对 60 岁的老人说:"你今年 50 刚出头吧?"他会很高兴,但如果问:"您今年 60 多岁了吧?"他就会很不乐意。如果实在看不出对方的年龄,也可直接问:"您老贵庚?""您高寿?"等。

续表

内容	实施标准
询问礼仪	询问姓名，可以说："贵姓？""请问尊姓大名？"应注意的是，有些人常问"您贵姓？"这是不恰当的，因为"贵"就是对对方尊称，本身就是"您"的意思，所以直接问"贵姓"即可。如果对方自我介绍时没有听清，可以再问一遍，"对不起，刚才没有听清您的大名"。这样，对方会再重复一遍自己的名字 在询问对方职业时，可以问"现在您在何处任职？""您在哪儿工作？"对搞经济的人，也可以问："近来在哪儿发财？"如果不知道对方有无职业，也可以问："最近忙点什么？"这样，可以从谈话中搞清对方的职业。 在询问对方的文化程度时，一般顺序是从低向高说。假如对方是中专毕业，你开口就问是哪个大学毕业，这样会使对方尴尬，也可以模糊一点问，如："你是哪个学校毕业的？" 在询问对方籍贯时，一般可以说："您老家是哪儿的？""您府上是在山东吧？"对方一般会很痛快地告诉你他的籍贯，因为每个人对老家都怀有一种特殊的感情。假如对方和你籍贯相同，则可以以"老乡"相称，这样，双方容易产生一种亲近感。当对方告诉他的籍贯时，你可以提及他那个地方的特产、名胜古迹等。比如对方说老家在山东烟台，可以继续问"是产山东苹果的地方吧？"这种询问会使对方很高兴。 在询问时要注意态度，不要让对方感觉你像是在查户口。当别人询问时，要认真耐心地回答。如果不希望对方知道，可以委婉地避开
卫生间使用	做客时不要随便使用主卫，使用卫生间要和主人打招呼。使用朋友家的卫生间，也是对你的文明程度的考验。请在要用卫生间时对主人说，"请问，卫生间在哪儿"，根据主人的指引和某些事宜的交代之后再使用，千万不要随便使用主人房的卫生间。记得冲水、擦坐垫，洗手时勿让水溅出盆外。如果不是特殊情况，最好不在朋友的卫生间大便，这是礼仪之一

计划、决策与实施

学习情境二	旅游政务人员职业形象塑造			
工作过程五	旅游政务人员拜访礼仪形象塑造			
学生行为	进行成员任务分配，制订工作计划，经小组反复酝酿，讨论计划的科学合理性，完善和做出最终决策；通过教师讲解及引导掌握旅游政务人员拜访礼仪形象塑造的规范要求，能较好地运用于工作实际，并进行总结			
教师行为	督导学生分组讨论，设计拜访礼仪的工作场景，督导学生按小组进行服务礼仪模拟比赛。审核学生工作计划，提出修改建议，回答学生提问，引导学生做出正确的决策并实施，对学生的具体分析和完成各项任务进行答疑与督导，并观察学生的表现			
计划、决策与实施	序号	实施步骤	操作要领	参考资料详细地址
	1			
	2			
	3			
	4			
	5			
	6			

续 表

计划、决策与实施	序号	实施步骤	操作要领	参考资料详细地址
	7			
	8			
	9			
	10			
组长签字		组　别		
教师签字		日　期		

评价、检查与反馈

学习情境二	旅游政务人员职业形象塑造					
工作过程五	旅游政务人员拜访礼仪形象塑造					
学生行为	1. 对旅游政务人员拜访礼仪形象塑造工作任务完成情况进行自我检查和反思，填写检查表。 2. 把学习成果制作成PPT进行汇报，总结学习中的收获与体会，进行自我评价，并对本小组的成员表现进行逐一评价，填写评价单和学习反馈单					
教师行为	听取学生成果汇报，检查学生学习任务完成情况，并指出不足及修改建议，对学生的学习表现进行评价，通过学生教学反馈总结教学的不足，制订工作改进计划					
评价	评价类别	项目	子　项　目	个人评价	教师评价	组内互评
	专业能力（60%）	资讯（15%）	搜集信息查找资料（5%）			
			引导问题回答（10%）			
		计划实施（20%）	工作流程的正确性（2%）			
			方案设计科学性（3%）			
			实施操作正确性（10%）			
			知识的运用（5%）			
		检查（5%）	全面性、准确性（3%）			
			异常情况排除（2%）			
		结果（20%）	演示汇报（10%）			
			知识技能掌握（10%）			
	社会能力（20%）	团结协作（10%）	对小组的贡献（5%）			
			小组合作配合情况（5%）			
		敬业精神（10%）	吃苦耐劳精神（5%）			
			学习纪律性（5%）			

续 表

评价	评价类别	项目	子项目	个人评价	教师评价	组内互评
	方法能力（20%）	计划能力（10%）				
		决策能力（10%）				

检查	序号	检查项目	检查标准	学生自检	教师检查
	1	目标认知	工作目标明确，工作计划周密，具有可操作性		
	2	理论知识	基础理论知识的全面掌握		
	3	基本技能	能够运用基本的理论进行实践思考、分析、解决问题		
	4	学习能力	能在教师指导下，全面掌握相关知识和技能		
	5	工作态度	主动参与，积极完成工作任务		
	6	团队合作	积极与他人合作，共同完成任务		
	7	工具运用	熟练利用资料自学，利用网络进行资料查询		
	8	任务完成	保质保量完成任务		

教学反馈	我对学习本工作过程的意见或建议：		
组长签字		组　别	
教师签字		日　期	

工作过程六　旅游政务人员馈赠礼仪形象塑造

任务布置

学习情境二	旅游政务人员职业形象塑造
工作过程六	旅游政务人员馈赠礼仪形象塑造

续 表

<table>
<tr><td>教师行为</td><td colspan="2">1. 引导学生明确工作任务及资讯问题，随机对学生实行分组，组成本工作过程的学习小组。
2. 讲解或引导学生学习馈赠礼仪的基础知识，掌握其基本技能，解答学生提问</td></tr>
<tr><td>学生行为</td><td colspan="2">在教师引导及示范下，明确学习任务及要求，分组学习知识链接，查阅资料和文献，找出资讯问题的答案，学习馈赠礼仪知识</td></tr>
<tr><td>工作任务</td><td colspan="2">掌握馈赠礼品礼仪、接受礼品礼仪、送花礼仪等知识，从而实现旅游政务人员良好的馈赠礼仪形象塑的目的</td></tr>
<tr><td rowspan="5">资讯</td><td rowspan="4">资讯问题</td><td>1. 礼品选择需要注意哪些事项？</td></tr>
<tr><td>2. 中国人与外国人在收到礼品后的表现有什么不同？</td></tr>
<tr><td>3. 试例举不少于 10 种常见花卉的寓意？</td></tr>
<tr><td>4. 情人节、父亲节和母亲节分别送什么花合适？</td></tr>
<tr><td>资讯引导</td><td>以上资讯问题请查阅本书知识链接，同时参考以下书籍和网页：
1.《现代礼仪教程》，胡锐主编，浙江大学出版社，2004 年版。
2.《社交礼仪教程》，金正昆著，中国人民大学出版社，2005 年版。
3.《你的礼仪价值百万（精华版）》，周思敏著，中国旅游纺织出版社，2012 年版。
4.《商务礼仪》赵敏著，人民邮电出版社，2014 年版。
5. http://www.zhongguoliyi.org/ 中华礼仪网。
6. http://www.welcome.org.cn/zhongguoliyi/ 中国礼仪网</td></tr>
</table>

知识链接

馈赠即赠送礼品，它是人际交往中一种表达友情、敬重和感激的方式。馈赠的目的在于沟通感情和保持联系，所以它不仅是一种方式，更为重要的是馈赠者的人品和诚意。礼尚往来也是国际上通行的社交活动形式之一，是向对方表达心意的物质表现。在外事活动中，为了向宾客或对方表示恭贺、感谢或慰问，常常需要赠送礼物，以增进友谊与合作。

一、馈赠礼仪

1. 选择合适的礼品

俗话说"千里送鹅毛，礼轻情意重"，这就告诉人们送礼的心意重于礼物本身的价值。馈赠之前，要对礼品进行认真的选择。馈赠者要考虑受礼者的性别、婚否、教养、喜好及其家庭的情况，挑选具有鲜明特色的、能够使其经常看见或经常使用的礼品。例如，精美的名片夹可以送给工作上的合作伙伴；本地制造的特色产品可以送赠外宾。

选择礼品时还要注意各国馈赠的禁忌之物，赠送礼品时最好不用。例如，台湾人不以扇子为礼物；日本人禁送梳子；英国人禁赠百合花等。

2. 选择适当的时机

一般来说，礼品可以随时送给对方，可是有些礼品如果选择好赠送时机就会有更好的效果。比如，每年的年历一定要赶在前一年的十二月初送为佳，如果等到十二月中下旬年历成堆的时候，你再送就无法突显出来。只有在别人还没开始送的时候你送才是时机！

3. 选择精美的包装

赠送的礼品要有精美的包装，不可把一堆没有包装的礼品放在一起，随便用提包一装就给人送去，这样礼品再多对方也不会高兴的，因为这是对对方不尊重的行为。送礼送礼，许多话都表现在“礼”上，所以对礼品的包装一定要讲究。

二、接受礼品礼仪

接受礼品的一方也要注意以下礼仪。

1. 接受礼物

收到礼品时，应双手捧接，并立即表示感谢。中国人收礼后一般要等客人走后才打开；外国人则习惯当着客人的面打开包装，并说上几句赞美礼品的话。要是知道了礼品比较贵重的话，还是当面拆开包装最好。如果收到的礼品不合心意，也应当像接受自己所喜欢的礼品一样，说上几句感激对方和赞美礼品的话。

2. 回礼

接受馈赠后，得想办法回礼才合乎礼貌。中国人崇尚“礼尚往来”，外国人同样重视。尽管在接受馈赠时无法马上回礼，但是在日后，也得准备礼物回赠对方。

与中国人送礼不同，国外送礼有独特之处，一些基本的约定俗成的“规则”主要是：外国人在送礼及收礼时，都很少有谦卑之词。中国人在送礼时习惯说“礼不好，请笑纳”，但外国人认为这有遭贬之感；中国人习惯在受礼时说“受之有愧”等自谦语，而外国人认为这是无礼的行为，会使送礼者不愉快甚至难堪。所以，当接受宾朋的礼品时，绝大多数国家的人是用双手接过礼品，并向对方致谢。送礼花费不大，礼品不必太贵重。太贵重的礼物送人不妥当，易引起“重礼之下，必有所求”的猜测。一般可送点纪念品、鲜花或给对方儿童买件称心的小玩具。

外国人送礼十分讲究外包装精美。送礼一定要公开大方。把礼品不声不响地丢在某个角落然后离开是不适当的。

西方人大都喜欢在收到礼品后立即打开,并说出感谢的话,以示对送礼人之尊重,你不用介意他是否真正喜欢。拒绝收礼一般是不允许的。若因故拒绝,态度要委婉而坚决。

三、送花礼仪

赠花是一门艺术,因为送花的目的是以花为礼、联系情感,增进友谊。因此什么时候送什么花,什么场合选什么花,什么人喜欢什么花,都需要根据具体情况,因时因地因对象而精心设计。否则因考虑不周而闹出误解,反而失去馈赠礼仪花卉的目的。

1. 了解花卉语

当我们以花为媒来传递友谊时,要注意运用正确的"花卉语",以免出现尴尬。以下是集中常见的花卉的寓意:荷花代表纯洁;红玫瑰象征爱情;百合寓意圣洁、幸福;康乃馨代表健康长寿;毋忘我寓意永志不忘我;菊花寓意长寿高洁;红掌寓意大展宏图;金鱼草寓意繁荣昌盛;兰花寓意优雅;粉风信子寓意倾慕、浪漫;万年青寓意友谊;剑兰寓意步步高升;松柏寓意坚强;橄榄枝寓意和平; 梅花寓意刚毅不屈;竹子寓意正直;红茶花寓意质朴、美德;牵牛花寓意爱情; 丁香花寓意谦逊。

2. 送花的时机与场合

鲜花因品种、类型、颜色和数量的不同,被人们赋予了不同的寓意,以此来表达不同的情感。送花应注意把握最佳时机,选择合适的场合。如:恭贺结婚、祝贺生产、乔迁庆典、庆祝生辰、慰问探视、节日问候所送的花名有不同。情人节(2 月 14 日)送红玫瑰表达情人之间的情感。母亲节(5 月的第二个星期日)送粉红色的香石竹(康乃馨),意为"母亲之花""神圣之花",萱草"金针花"。父亲节(6 月的第三个星期日)送秋石斛为主。菊花、向日葵、百合、君子兰、文心兰等象征"尊敬父亲""平凡也伟大"。

3. 送花的形式

日常社交生活中赠送鲜花,可以根据对象、场合等不同情况,分别送花束、花篮、盆花、插花、头花、胸花、花环、花圈等。送花以鲜花为佳,干花、纸花则不宜,更不可送枯萎的花。

工作实施标准

1. 工作目的

熟练掌握馈赠礼仪,塑造旅游政务人员良好的馈赠旅游形象。

2. 工作要求

按教材讲解的要求进行训练。

3. 工作准备

模拟现场。

4. 实施标准

内容	基本要求
馈赠礼品选择	1. 选择的馈赠礼品要适合,要考虑对方的爱好,兴趣和禁忌。 2. 要有纪念意义,无须过分强调其价值、价格。 3. 独创性:富有创意,力争使之新、奇、特。 4. 时尚性:注意符合时尚,礼品尚未过时或落伍。 5. 针对性:要明白为何而送礼,送礼想表达怎样的心情,如祝贺、关心、感谢等。 6. 涉外交往的馈赠在选择礼品时应挑选具有一定纪念意义、民族特色,或具有某些艺术价值,或为受礼人所喜爱的纪念品、食品、花束、书籍、画册、一般日用品等。事先了解收礼人的性格、爱好、修养,以及所在国的习俗等,因人而异。 7. 在信奉基督教的国家里,礼品包装要避免把彩带结成十字交叉状
馈赠时机的选择	1. 纪念日。我国传统的节日,如春节、中秋节、端午节等。 2. 临别远行。为表示自己的惜别之情,也可适当赠送一些礼品,留作纪念,以示友谊天长地久。 3. 探视病人。到医院或病人家里去探望病人时,可送些礼物,并祝早日康复。 4. 酬谢他人。当自己在工作、生活中遇到困难或挫折时,曾受过别人的帮助,事后可送些礼品酬谢意。 5. 赴私人家宴。可为女主人带些小礼品
送礼之规	1. 精心包装。送给他人的礼品,尤其是在正式场合,要用礼品纸进行包装或把礼品装入特制的盒子、瓶子内。包装礼品,既要量力而行,反对华而不实,又要尽量争取做得好一些。 2. 表现大方。当面赠送礼品,神态自然,举止大方,表现适当。若同时向多人赠送礼品,最好是先长辈后晚辈、先女士后男士、先上司后下级。 3. 认真说明。赠送礼品时,要辅以适当的、认真的说明,因何送礼,说明自己的态度
接收礼品	1. 在接收之前,应表示谦让。在对方诚意相送下,方可接收。 2. 接收后应表感谢,并要诚恳请求对方不要这样客气。 3. 接收他人礼品时,要把握好退或不退的分寸,要充分考虑:是否是违法物品;是否是犯规物品,是否是有害物品;是否是私忌物品。这四个问题,只要其中一个答案是肯定的,就不应该接收物品。 4. 在我国,不能当着客人的面打开物品;而美国和西欧一些国家则要当即打开,以示对礼物的重视
回赠	1. 回赠的时间:可在客人临走时回赠,以示感谢。可在接收礼物之后,过一段时间登门回拜,也可在对方及其家人的某一喜庆节日回赠。 2. 回赠的形式:其方式很多,可选择一些小礼物或请赠礼人旅游、娱乐等

计划、决策与实施

<table>
<tr><td>学习情境二</td><td colspan="4">旅游政务人员职业形象塑造</td></tr>
<tr><td>工作过程六</td><td colspan="4">旅游政务人员馈赠礼仪形象塑造</td></tr>
<tr><td>学生行为</td><td colspan="4">进行成员任务分配，制订工作计划，经小组反复酝酿，讨论计划的科学合理性，完善和做出最终决策；通过教师讲解及引导掌握旅游政务人员馈赠礼仪规范要求，能较好地运用于工作实际，并进行总结</td></tr>
<tr><td>教师行为</td><td colspan="4">督导学生分组讨论，设计旅游政务人员馈赠礼品的工作场景，督导学生按小组进行服务礼仪模拟比赛。审核学生工作计划，提出修改建议，回答学生提问，引导学生做出正确的决策并实施，对学生的具体分析和完成各项任务进行答疑与督导，并观察学生的表现</td></tr>
<tr><td rowspan="11">计划、决策与实施</td><td>序号</td><td>实施步骤</td><td>操作要领</td><td>参考资料详细地址</td></tr>
<tr><td>1</td><td></td><td></td><td></td></tr>
<tr><td>2</td><td></td><td></td><td></td></tr>
<tr><td>3</td><td></td><td></td><td></td></tr>
<tr><td>4</td><td></td><td></td><td></td></tr>
<tr><td>5</td><td></td><td></td><td></td></tr>
<tr><td>6</td><td></td><td></td><td></td></tr>
<tr><td>7</td><td></td><td></td><td></td></tr>
<tr><td>8</td><td></td><td></td><td></td></tr>
<tr><td>9</td><td></td><td></td><td></td></tr>
<tr><td>10</td><td></td><td></td><td></td></tr>
<tr><td>组长签字</td><td colspan="2"></td><td>组　别</td><td></td></tr>
<tr><td>教师签字</td><td colspan="2"></td><td>日　期</td><td></td></tr>
</table>

评价、检查与反馈

学习情境二	旅游政务人员职业形象塑造
工作过程六	旅游政务人员馈赠礼仪形象塑造
学生行为	1. 对旅游政务人员馈赠礼仪形象塑造工作任务完成情况进行自我检查和反思，填写检查表。 2. 把学习成果制作成 PPT 进行汇报，总结学习中的收获与体会，进行自我评价，并对本小组的成员表现进行逐一评价，填写评价单和学习反馈单
教师行为	听取学生成果汇报，检查学生学习任务完成情况，并指出不足及修改建议，对学生的学习表现进行评价，通过学生教学反馈总结教学的不足，制订工作改进计划

<table>
<tr><td rowspan="16">评
价</td><td>评价类别</td><td>项目</td><td>子　项　目</td><td>个人评价</td><td>教师评价</td><td>组内互评</td></tr>
<tr><td rowspan="10">专业能力（60%）</td><td rowspan="2">资讯（15%）</td><td>搜集信息查找资料(5%)</td><td></td><td></td><td></td></tr>
<tr><td>引导问题回答(10%)</td><td></td><td></td><td></td></tr>
<tr><td rowspan="4">计划实施（20%）</td><td>工作流程的正确性(2%)</td><td></td><td></td><td></td></tr>
<tr><td>方案设计科学性(3%)</td><td></td><td></td><td></td></tr>
<tr><td>实施操作正确性(10%)</td><td></td><td></td><td></td></tr>
<tr><td>知识的运用(5%)</td><td></td><td></td><td></td></tr>
<tr><td rowspan="2">检查（5%）</td><td>全面性、准确性(3%)</td><td></td><td></td><td></td></tr>
<tr><td>异常情况排除(2%)</td><td></td><td></td><td></td></tr>
<tr><td rowspan="2">结果（20%）</td><td>演示汇报(10%)</td><td></td><td></td><td></td></tr>
<tr><td>知识技能掌握掌握(10%)</td><td></td><td></td><td></td></tr>
<tr><td rowspan="4">社会能力（20%）</td><td rowspan="2">团结协作（10%）</td><td>对小组的贡献(5%)</td><td></td><td></td><td></td></tr>
<tr><td>小组合作配合情况(5%)</td><td></td><td></td><td></td></tr>
<tr><td rowspan="2">敬业精神（10%）</td><td>吃苦耐劳精神(5%)</td><td></td><td></td><td></td></tr>
<tr><td>学习纪律性(5%)</td><td></td><td></td><td></td></tr>
<tr><td rowspan="2">方法能力（20%）</td><td>计划能力（10%）</td><td></td><td></td><td></td><td></td></tr>
<tr><td></td><td>决策能力（10%）</td><td></td><td></td><td></td><td></td></tr>
</table>

<table>
<tr><td rowspan="9">检
查</td><td>序号</td><td>检查项目</td><td>检查标准</td><td>学生自检</td><td>教师检查</td></tr>
<tr><td>1</td><td>目标认知</td><td>工作目标明确，工作计划周密，具有可操作性</td><td></td><td></td></tr>
<tr><td>2</td><td>理论知识</td><td>基础理论知识的全面掌握</td><td></td><td></td></tr>
<tr><td>3</td><td>基本技能</td><td>能够运用基本的理论进行实践思考、分析、解决问题</td><td></td><td></td></tr>
<tr><td>4</td><td>学习能力</td><td>能在教师指导下，全面掌握相关知识和技能</td><td></td><td></td></tr>
<tr><td>5</td><td>工作态度</td><td>主动参与，积极完成工作任务</td><td></td><td></td></tr>
<tr><td>6</td><td>团队合作</td><td>积极与他人合作，共同完成任务</td><td></td><td></td></tr>
<tr><td>7</td><td>工具运用</td><td>熟练利用资料自学，利用网络进行资料查询</td><td></td><td></td></tr>
<tr><td>8</td><td>任务完成</td><td>保质保量完成任务</td><td></td><td></td></tr>
<tr><td>教学反馈</td><td colspan="5">我对学习本工作过程的意见或建议：</td></tr>
<tr><td>组长签字</td><td colspan="2"></td><td>组　别</td><td colspan="2"></td></tr>
<tr><td>教师签字</td><td colspan="2"></td><td>日　期</td><td colspan="2"></td></tr>
</table>

学习情境三　导游职业形象塑造

学习情境分析

知识目标：掌握导游个人形象礼仪、迎送礼仪、沟通协调礼仪、讲解礼仪、宗教礼仪、涉外礼仪的基本知识。

技能目标：熟悉导游服务礼仪的内涵，能为游客展现健康、积极、有活力的导游形象，能熟练运用迎送礼仪、沟通协调礼仪、讲解礼仪、宗教礼仪、涉外礼仪进行带团服务；熟悉佛教、基督教、伊斯兰教、道教的宗教礼仪；掌握港、澳、台地区、亚洲、欧洲、美洲、大洋洲、非洲等主要客源国和地区的礼俗礼仪；懂得中西方文化与价值观的差异，能够运用以上礼仪知识较好地塑造导游职业形象。

情感目标：培养学生的服务意识，使其养成良好的职业素养，树立良好的职业形象，在理论与实践的结合中提升个人能力，适应导游服务工作的需要。

工作过程一　导游个人形象塑造

任务布置

学习情境三	导游职业形象塑造
工作过程一	导游个人形象塑造
教师行为	1. 引导学生明确工作任务及资讯问题，随机对学生实行分组，组成本工作过程的学习小组。 2. 讲解或引导学生学习导游个人形象塑造的基础知识，掌握其基本技能，解答学生提问
学生行为	在教师引导及示范下，明确学习任务及要求，分组学习知识链接，查阅资料和文献，找出资讯问题的答案，学习导游个人形象塑造知识
工作任务	掌握导游个人良好形象的重要性、导游仪容礼仪、着装礼仪、仪态礼仪、导游个人形象塑造的途径等知识，从而实现导游良好的个人礼仪形象塑造的目的

续 表

资讯	资讯问题	1. 导游为什么要树立良好的个人形象?
		2. 导游仪容礼仪的要求是什么?
		3. 导游仪态礼仪的要求是什么?
		4. 导游着装有哪些注意事项?
		5. 如何树立良好的导游形象?
	资讯引导	以上资讯问题请查阅本书知识链接,同时参考以下书籍和网页: 1.《现代礼仪教程》,胡锐主编,浙江大学出版社,2004 年版。 2.《社交礼仪教程》,金正昆著,中国人民大学出版社,2005 年版。 3.《导游服务技能》,编写组,中国旅游出版社,2014 年版。 4.《你的礼仪价值百万(精华版)》,周思敏著,中国旅游纺织出版社,2012 年版。 5.《全国导游人员资格考试系列教材:导游业务(第 7 版)》,国家旅游局人事劳动教育司著,中国旅游教育出版社,2013 年版。 5. http://www. zhongguoliyi. org/ 中华礼仪网。 6. http://www. welcome. org. cn/zhongguoliyi/ 中国礼仪网。 7. http://www. tourguide. net. cn/portal/PortalHome. asp 中国导游网。 8. http://www. jiuyaota. com/forum. php 中国导游社区

知识链接

导游员是旅游业最具代表性的工作者,是旅游服务接待工作的支柱力量。导游员是旅游从业人员中与旅游者接触最多、接触时间最长的人,给旅游者留下的印象也最为深刻。在旅游者心目中,导游员往往是一个地区、一个民族乃至一个国家的形象代表,因此,导游人员在不断提高个人综合业务技能的同时,自觉加强礼仪修养的意义非同一般。

一、导游树立良好形象的作用

1. 有助于从旅游者处获得更强的信任感,提高其与导游人员的合作概率

一个旅游团队中的旅游者可能来自四面八方,虽然出发前他们可能对目的地的概况有一定了解,但身处异地,人地生疏,生活习惯有异,往往会产生一种茫然无助之感。这种心情在旅游过种中可能转变成对本次旅游是否顺利的一种疑虑。他们既期望导游人员能做到宾客至上,多提供针对性服务,同时又担心导游不能胜任工作,影响游兴。此时,如果导游人员在工作中有的放矢,较早树立起竭诚服务的形象,旅游者对导游人员的信任度会大幅度提高,从而更主动地配合导游人员的相关工作,合作关系则水到渠成。

2. 有利于导游人员深入了解旅游者需求,有针对性地做好导游服务工作

旅游团队的旅游者由于各方面差异,其旅游动机、旅途需求、爱好兴趣、希望与要求往往各有不同。这种不同,有的旅游者会直截了当地表现出来,有的旅游者却不愿轻易发表自己的意见、看法,特别是一些性格内向的旅游者。所以,导游人员若能尽快地树立良好形象,就有利于缩短与旅游者的心理距离,融洽彼此的关系。旅游者也就更愿意向导游人员敞开心扉,讲述希望和想法,这就为导游人员提供有针对性的服务创建了良好的前提。

二、导游工作的基本原则

1. 守时守信

遵守时间是导游员应遵循的最为重要的礼仪规范。由于旅游者参观游览活动都是有一定的行程安排并有较强的时间约束,因此为了确保团队活动的顺利进行,导游员必须尽早将每天的日程安排明白无误地告知给每位游客,并且随时提醒。同时,应按照规定的时间提前到达集会地点,按约定的时间与客人会面。如有特殊情况,必须耐心地向客人解释,以取得谅解。此外,导游员还应该做到诚实守信,答应客人办理的事情,必须尽力帮助处理并及时告知处理结果。

2. 尊重游客

导游员在带团过程中,应尊重旅游者的宗教信仰、风俗习惯,特别注意他们的宗教习惯和禁忌。对游客应一视同仁,不厚此薄彼,但对于旅游团中的长者、女士、幼童及残疾游客等特殊人员应给予更多的关照,做到体贴有加而非同情、怜悯。对重要客人的接待服务应把握好分寸,做到不卑不亢。对随团的其他工作人员(如领队或全陪)也应给予应有的尊重,遇事多沟通,多主动听取意见,以礼待人。

3. 互尊互谅

导游工作只是整体旅游接待工作的一个组成部分。如果没有其他相关人员,尤其是随团的汽车司机、旅游景点、购物商场以及酒店等一系列为游客提供直接和间接服务的工作者的大力支持与通力合作,导游服务接待工作就无法圆满完成。为此,尊重每位旅游服务工作者,体谅他们的工作处境与困难,积极配合他们的工作,是做好导游服务工作的前提保障,也是导游员良好礼仪素养的又一体现。

三、导游仪容礼仪

仪容,即泛指人的容貌。仪容在个人整体形象中居于显著地位。仪容传达出最直接最生动的第一信息,反映着个人的精神面貌。在旅游服务中,旅游工作人员的个人仪容是最受顾客重视的部位。当顾客选择服务单位时,仪容能给人造成直接而敏感的"第一印象",工作人员个人的容貌对其产生重要的心里影响。人们常常会通过工作人员音容笑貌来判断单位的优劣。如果工作人员容貌端庄秀丽,看上去赏心悦目,往往能把顾客留住,甚至会增进其进一步消费的欲望。反之,如果工作人员蓬头垢面,则可能让人望而却步。因此旅游工作者必须重视自己仪容的修饰,要充分发挥自己的优势,以有效地弥补自身的缺陷和不足。否则,不仅是对他人不够尊敬,而且影响企业整体形象。

在日常生活中养成讲卫生、爱清洁的习惯,不仅是导游员个人文明的表现,也是导游职业礼仪的基本要求。上岗时,导游员更应保持良好的仪容修饰。

(1)头发应保持清洁和整齐。注意经常梳洗,不存有头屑,长短适宜,不梳怪异发型。头发被吹乱后,应及时梳理,但不可当众梳头,以免失礼。

(2)牙齿应保持洁净。导游员要经常开口说话,洁白的牙齿给人以美感。故此,导游员应坚持早晚刷牙,饭后漱口。带团前忌吃葱、蒜、韭菜等易留异味的食物,必要时可用口香糖或茶叶来减少口腔异味。

(3)为保持面容光泽,女士可施淡妆,但不要浓妆,不当众化妆或补妆。男士应修短鼻毛,不蓄须。

(4)注意手部清洁。指甲应及时修剪,不留长指甲,指甲内不藏污纳垢,不涂抹有色指甲油。

四、导游服饰礼仪

在服饰穿戴方面,导游员除了遵循职业工作者的基本服饰礼仪规范要求外,还应该注意以下五个方面:

(1)应按照旅行社或有关部门的相关规定统一着装。无明确规定者,则以选择朴素、整洁、大方且便于行动的服装为宜。带团时,导游员的服装穿着不可过于时尚、怪异或花俏,以免喧宾夺主,使游客产生不必要的反感。

(2)无论男女,导游员的衣裤都应平整、挺括。特别要注意衣领、衣袖的干净;袜子应常换洗,不得带有异味。

(3)男士不得穿无领汗衫、短裤和赤脚穿凉鞋参加外事接待活动。女士可赤脚穿凉鞋,但趾甲应修剪整齐。穿裙装时,注意袜口不可露在裙边之外。

(4)进入室内,男士应摘下帽子,脱掉手套;女士的帽子、手套则可作为礼服的一部分允许在室内穿戴。无论男女,在室内都不可戴墨镜,如有眼疾非戴不可,则应向他人说明原因。

(5)带团时,一般除了代表本人婚姻状况的指环外,导游员的饰物佩带不宜过多。

五、导游仪态礼仪

合乎规范、优雅大方的工作仪态是导游员带团必须达到的礼仪要求。

1. 站姿

导游员的站姿应稳重、自然。站立时，身体直立，挺胸收腹，双肩后展，两臂自然下垂（除手持话筒外），两脚或同肩等宽，或呈“V”字型，身体重心可轮流置于左右两脚之上。手的位置有三种摆法：一为侧放式，即双手分别放置腿的两侧；二为前腹式，即双手相交于小腹前；三为后背式，即双手相握放置腰际处。无特殊情况，双手忌叉两腰，或插在衣裤袋中，或将双臂相绕置于胸前。

2. 坐姿

端稳是导游员坐姿的基本要求。即便是在行进的汽车上，导游员也应注意保持规范的坐姿，双手可搭放在座位的扶手上，或交叉于腹部前，或左右手分放于左右腿之上。双腿自然弯曲，两膝相距，男士以一拳为宜；女士双膝应并拢，切忌分腿而坐。此外，无论男女，坐姿均不可前倾后仰，东倒西歪，不高翘二郎腿，脚底示众，不随意抖动腿脚。

3. 步态

步态是导游员最主要是一种工作姿态，如前行引导，登山涉水，导游员无不靠行走来完成其导游工作。带团时，导游员的步态应从容、轻快，即上体挺直，抬头含颔，收腹挺胸，身体重心略向前倾；双肩放松，两臂前后自然摆动；步幅适中、均匀，步位平直。行进中，避免弓背、哈腰、斜肩，左右晃动，双手插袋，步伐滞重，更不得随意慌张奔跑。

六、树立良好导游形象的途径

导游人员在旅游者心目中树立良好形象的途径是多方面的，如容貌、着装、服饰、神态、工作方式、服务态度等。良好形象的树立从根本上来说主要靠导游人员的实际行动来实现。

1. 重视第一印象

导游员给旅游者留下的第一印象，关系到旅游者对导游人员的心理评价，一定程度上决定着旅游者对导游的信任度。第一印象不好，会给旅游者留下“此人不可信”“此人很可笑”的印象，以后改变起来非常困难，要花很多精力、做很大努力。所以，导游人员必须重视第一印象。导游员在旅游者面前的首次亮相，是留给旅游者第一印象的关键。导游人员的容貌、打扮、精神状态、语言声调、音色，以及是否幽默风趣等，会激起旅游者欣喜、惊异、平淡、反感、厌恶等不同的心理感受，影响到旅游者对导游的心理评价。

第一次亮相,至关重要的是导游人员的仪容、仪态与语言表达。仪容强调导游人员的容貌、着装、服饰及表现出的神态。导游人员的衣着应整洁、得体,化妆和发型要适合个人的身体特征与身份,并与自身风格和谐统一。衣着打扮太过光艳,则夺取了被服务者的风采;着装衣冠不整,旅游者则会产生不信任感。导游人员的仪容打扮应尽量避免让人用“太”字来做评价。仪态强调导游人员的动作、姿态与风度诸方面。要求待人接物自然大方,处理问题果断利索,站有站姿,坐有坐相。工作紧张而不失措,服务热情而不轻佻,这样的导游人员比较容易获得旅游者的信任。语言即是导游人员讲话时的声调和音色。初次与旅游者见面时,导游人员应谈吐亲切自然、幽默风趣、快慢相宜,最大限度上满足旅游者求知、求新、求奇的旅游需求,这样容易获得旅游者的好感。

2. 用人格魅力感染旅游者

导游人员的人格魅力是其知识、教养、工作能力和应变能力的综合体现。优秀的导游人员应该知识渊博、谈吐风趣、平易近人,其工作紧张有序,服务热情周到,处事沉着果断,被旅游者视为学识上的师长、生活中的朋友,将优秀的导游服务与美丽的山河风光融为一体,成为旅途中又一道靓丽的风景线。这样,旅游者不仅从导游身上获得安全感,更能真正感到游有所乐、游有所益、游有所获,从而把对导游的崇敬化为对导游工作的支持和配合。

3. 言必行,行必果,多干实事

要达到这些要求,导游人员在其工作中就必须脚踏实地,对旅游者说过的话必须付诸实施,不随口许诺,乱开“空头支票”。那种信口开河、言之有物、模棱两可、华而不实的工作作风最易引起旅游者反感。在旅游者心目中,这类导游员被认为是不可靠、不值得信赖的。言而有信,行而有果,这是取得旅游者信赖的主要途径之一。

4. 与旅游者的互相尊重

在旅游活动中,旅游者不仅是导游员的服务对象,也是合作伙伴。只有双方互相尊重、通力合作,旅游活动才能顺利进行并达到预期效果。所以,导游人员应该正确把握旅游者的心理,尊重旅游者的人格尊严和合法权益,在合理而可能的情况下努力满足旅游者的个性需求,才能得到旅游者的尊重,保持自己在团队中良好的角色地位和职业形象。一个成天算计旅游者,过于看重小费、回扣等个人私利的导游员,是不可能得到旅游者尊重的,更不能在旅游者面前树立起良好的形象。

5. 与旅游者进行多方位沟通

同旅游者进行沟通,包括意见沟通和情感沟通两方面。前者指导游人员在导游服务过程中与旅游者产生意见分歧时,应及时排除干扰,以求与旅游者的意见趋于一致，达到相互认可的良好效果。后者要求导游人员要重视与旅游者之间的情感共鸣，即一方面尽量满足旅游者正当的情感要求，如友情需要、自尊需要、自我实现需要等；另一方面要尽量使自己的情感频率与旅游者趋于一致；做到先旅游者之忧而忧，后旅游者之乐而乐。

计划、决策与实施

<table>
<tr><td>学习情境三</td><td colspan="4">导游职业形象塑造</td></tr>
<tr><td>工作过程一</td><td colspan="4">导游个人形象塑造</td></tr>
<tr><td>学生行为</td><td colspan="4">进行成员任务分配，制订工作计划，经小组反复酝酿，讨论计划的科学合理性，完善和做出最终决策；通过教师讲解及引导掌握导游个人形象礼仪规范要求，能较好地运用于工作实际，并进行总结</td></tr>
<tr><td>教师行为</td><td colspan="4">督导学生分组讨论，设计导游的工作场景，督导学生按小组进行服务礼仪模拟比赛。审核学生工作计划，提出修改建议，回答学生提问，引导学生做出正确的决策并实施，对学生的具体分析和完成各项任务进行答疑与督导，并观察学生的表现</td></tr>
<tr><td rowspan="11">计划、决策与实施</td><td>序号</td><td>实施步骤</td><td>操作要领</td><td>参考资料详细地址</td></tr>
<tr><td>1</td><td></td><td></td><td></td></tr>
<tr><td>2</td><td></td><td></td><td></td></tr>
<tr><td>3</td><td></td><td></td><td></td></tr>
<tr><td>4</td><td></td><td></td><td></td></tr>
<tr><td>5</td><td></td><td></td><td></td></tr>
<tr><td>6</td><td></td><td></td><td></td></tr>
<tr><td>7</td><td></td><td></td><td></td></tr>
<tr><td>8</td><td></td><td></td><td></td></tr>
<tr><td>9</td><td></td><td></td><td></td></tr>
<tr><td>10</td><td></td><td></td><td></td></tr>
<tr><td>组长签字</td><td colspan="2"></td><td>组　别</td><td></td></tr>
<tr><td>教师签字</td><td colspan="2"></td><td>日　期</td><td></td></tr>
</table>

评价、检查与反馈

学习情境三	导游职业形象塑造
工作过程一	导游个人形象塑造
学生行为	1. 对导游个人形象塑造工作任务完成情况进行自我检查和反思，填写检查表。 2. 把学习成果制作成PPT进行汇报，总结学习中的收获与体会，进行自我评价，并对本小组的成员表现进行逐一评价，填写评价单和学习反馈单
教师行为	听取学生成果汇报，检查学生学习任务完成情况，并指出不足及修改建议，对学生的学习表现进行评价，通过学生教学反馈总结教学的不足，制订工作改进计划

续 表

<table>
<tr><td rowspan="15">评价</td><td>评价类别</td><td>项目</td><td>子 项 目</td><td>个人评价</td><td>教师评价</td><td>组内互评</td></tr>
<tr><td rowspan="10">专业能力(60%)</td><td rowspan="2">资讯(15%)</td><td>搜集信息查找资料(5%)</td><td></td><td></td><td></td></tr>
<tr><td>引导问题回答(10%)</td><td></td><td></td><td></td></tr>
<tr><td rowspan="4">计划实施(20%)</td><td>工作流程的正确性(2%)</td><td></td><td></td><td></td></tr>
<tr><td>方案设计科学性(3%)</td><td></td><td></td><td></td></tr>
<tr><td>实施操作正确性(10%)</td><td></td><td></td><td></td></tr>
<tr><td>知识的运用(5%)</td><td></td><td></td><td></td></tr>
<tr><td rowspan="2">检查(5%)</td><td>全面性、准确性(3%)</td><td></td><td></td><td></td></tr>
<tr><td>异常情况排除(2%)</td><td></td><td></td><td></td></tr>
<tr><td rowspan="2">结果(20%)</td><td>演示汇报(10%)</td><td></td><td></td><td></td></tr>
<tr><td>知识技能掌握(10%)</td><td></td><td></td><td></td></tr>
<tr><td rowspan="4">社会能力(20%)</td><td rowspan="2">团结协作(10%)</td><td>对小组的贡献(5%)</td><td></td><td></td><td></td></tr>
<tr><td>小组合作配合情况(5%)</td><td></td><td></td><td></td></tr>
<tr><td rowspan="2">敬业精神(10%)</td><td>吃苦耐劳精神(5%)</td><td></td><td></td><td></td></tr>
<tr><td>学习纪律性(5%)</td><td></td><td></td><td></td></tr>
<tr><td></td><td rowspan="2">方法能力(20%)</td><td>计划能力(10%)</td><td></td><td></td><td></td><td></td></tr>
<tr><td></td><td>决策能力(10%)</td><td></td><td></td><td></td><td></td></tr>
</table>

<table>
<tr><td rowspan="9">检查</td><td>序号</td><td>检查项目</td><td>检查标准</td><td>学生自检</td><td>教师检查</td></tr>
<tr><td>1</td><td>目标认知</td><td>工作目标明确,工作计划周密,具有可操作性</td><td></td><td></td></tr>
<tr><td>2</td><td>理论知识</td><td>基础理论知识的全面掌握</td><td></td><td></td></tr>
<tr><td>3</td><td>基本技能</td><td>能够运用基本的理论进行实践思考、分析、解决问题</td><td></td><td></td></tr>
<tr><td>4</td><td>学习能力</td><td>能在教师指导下,全面掌握相关知识和技能</td><td></td><td></td></tr>
<tr><td>5</td><td>工作态度</td><td>主动参与,积极完成工作任务</td><td></td><td></td></tr>
<tr><td>6</td><td>团队合作</td><td>积极与他人合作,共同完成任务</td><td></td><td></td></tr>
<tr><td>7</td><td>工具运用</td><td>熟练利用资料自学,利用网络进行资料查询</td><td></td><td></td></tr>
<tr><td>8</td><td>任务完成</td><td>保质保量完成任务</td><td></td><td></td></tr>
</table>

续 表

教学反馈	我对学习本工作过程的意见或建议：		
组长签字		组 别	
教师签字		日 期	

工作过程二 导游迎送礼仪形象塑造

任务布置

<table>
<tr><td>学习情境三</td><td colspan="2">导游职业形象塑造</td></tr>
<tr><td>工作过程二</td><td colspan="2">导游迎送礼仪形象塑造</td></tr>
<tr><td>教师行为</td><td colspan="2">1. 引导学生明确工作任务及资讯问题，随机对学生实行分组，组成本工作过程的学习小组。
2. 讲解或引导学生学习导游迎送礼仪的基础知识，掌握其基本技能，解答学生提问</td></tr>
<tr><td>学生行为</td><td colspan="2">在教师引导及示范下，明确学习任务及要求，分组学习知识链接，查阅资料和文献，找出资讯问题的答案，学习导游迎送礼仪知识</td></tr>
<tr><td>工作任务</td><td colspan="2">掌握导游迎客礼仪、导游送客礼仪及导游带团游览服务礼仪，从而实现导游良好迎送礼仪形象塑造的目的</td></tr>
<tr><td rowspan="5">资讯</td><td rowspan="4">资讯问题</td><td>1. 导游迎接服务有哪些服务规范？</td></tr>
<tr><td>2. 为什么不可用手清点人数？</td></tr>
<tr><td>3. 导游送别游客有哪些服务规范？</td></tr>
<tr><td>4. VIP 客人的迎接服务需要考虑哪些因素</td></tr>
<tr><td>资讯引导</td><td>以上资讯问题请查阅本书知识链接，同时参考以下书籍和：
1.《现代礼仪教程》，胡锐主编，浙江大学出版社，2004 年版。
2.《社交礼仪教程》，金正昆著，中国人民大学出版社，2005 年版。
3.《导游服务技能》，编写组，中国旅游出版社，2014 年版。
4.《你的礼仪价值百万（精华版）》，周思敏著，中国旅游纺织出版社，2012 年版。
5.《全国导游人员资格考试系列教材：导游业务（第 7 版）》，国家旅游局人事劳动教育司著，中国旅游教育出版社，2013 年版。
5. http://www.zhongguoliyi.org/ 中华礼仪网。
6. http://www.welcome.org.cn/zhongguoliyi/ 中国礼仪网。
7. http://www.tourguide.net.cn/portal/PortalHome.asp 中国导游网。
8. http://www.jiuyaota.com/forum.php 中国导游社区。
9.《导游语言艺术一本通》蒋文中著，旅游教育出版社，2007 年版</td></tr>
</table>

知识链接

旅游团队接送是导游人员的一项十分重要的工作，接团工作的礼仪是否周全，直接影响着旅行社和导游本人在客人心目中的第一印象；而送团则是带团的最后一项工作，如果前面的工作客人都非常满意，但送团工作出现了礼貌不周的问题，同样会破坏旅行社和导游人员在客人心目中的整体形象，并使陪团前期的努力前功尽弃。为此，搞好导游服务工作，迎送礼仪是十分重要的。

一、导游迎客规范要求

(1)导游员上岗前应将表明自己工作身份的胸牌或胸卡，如导游证或领队证，佩戴在上衣胸前指定的位置。

(2)带团时，导游员应自觉携带旅行社社旗，行进中，左手持旗，举过头顶，保持正直，以便队尾的团友及时跟进。将社旗拖于地面或扛于肩头都是不合乎规范的做法。

(3)接团应事先准备好足够旅游团客人乘坐的旅游车，并督促司机将车身和车内清洗、清扫干净。

(4)备好醒目的接团标志，最好事先了解全团的外貌特征、性别、装束等，应于提前30分钟抵达接团地点；当客人乘交通工具抵达后，举起接团标志旗帜，向到达客人挥手致意。

(5)接到客人后，导游员应认真组织好客人，做到服务热情、主动、周到，应说“各位辛苦了”，并主动介绍自己的单位及姓名。

(6)介绍过后，迅速引导客人到已安排妥当的交通车旁，凡遇难以行走或拐弯之处，应及早提醒客人多加注意，对年老体弱者更应及时提供必要的帮助。导游员的行走速度不宜过急过快，以免游客掉队或走失。

(7)指导客人有秩序地将行李放入行李箱后，再招呼客人按次序上车；客人上车时，最好站在车门口，协助其上下车，最好用手护住门顶以防客人碰头，待客人上齐后导游方可上车。

(8)游客落座后及时清点人数。清点人数时，有条件者可使用计数器清点，亦可用默数或标准点人数法清点，即右手自然垂直向下，以弯曲手指来记数。忌用社旗来回比划，也不能用手拍打客人的肩背部位，更不得用单手手指对游客头部或脸部指指点点。

(9)待客人稍作歇息后，将旅游活动的日程表发到客人手上，以便让客人了解此行游程安排、活动项目及停留时间等。为帮助客人熟悉城市，可准备一些有关的出版物给客人阅读如报纸、杂志、旅游指南等。

(10)注意观察客人的精神状况,如客人精神状况较好,在前往酒店途中,可就沿途街景做一些介绍;如客人较为疲劳,则可让客人休息。

(11)在车上作沿途讲解时,导游员站姿要到位,表情自然;与游客保持良好的“视觉交流”,目光应关照全体在场者,以示一视同仁;手持话筒,话筒不应离嘴过近,也不要遮住口部,音量适当;讲解应内容准确、表达流畅、条理清楚、语言生动;手势力求到位,动作不宜过多,幅度不宜过大。

(12)到达酒店后,协助客人登记入住,并借机熟悉客人情况,随后,力争将每个客人安排妥帖。

(13)客人进房前先简单介绍游程安排,并宣布第二天的日程,再一次与领队进行细节问题的沟通协调。第二天活动如安排时间较早,应通知总台提供团队客人的叫早服务,并记住团员所住房号。

(14)及时提醒游客注意人身和财产安全,随身携带好自己的贵重物品,注意住店期间外出安全,以免游客走失。

(15)不要忘记询问客人的健康状况,如团队客人中有身体不适者,首先应表示关心,若需要应想办法为客人提供必要的帮助,进行预防或治疗,以保证第二天游程计划的顺利实施。

(16)与客人告别,并将自己的房间号码、联系方式,车型、车号,司机姓名、集合的时间、地点明白无误地告知游客,方便掉队游客的寻找。

二、导游送客规范要求

(1)客人活动结束前,要提前为客人预订好下一站旅游或返回的机(车、船)票;客人乘坐的车厢、船舱尽量集中安排,以利于团队活动的统一协调。

(2)为客人送行,应使对方感受到自己的热情、诚恳、有礼貌和有修养。临别之前应亲切询问客人有无来不及办理、需要自己代为解决的事情,应提醒客人是否有遗漏物品并及时帮助处理解决。

(3)火车、轮船开动或飞机起飞以后,应向客人挥手致意,祝客人一路顺风,然后再离开。如果自己有其他事情需要处理,不能等候很长时间,应向客人说明原因并表示歉意。

导游工作的性质与任务,不仅仅是景点介绍、讲解,还包括许多其他的工作。简单地说,在游览过程中游客的一切合理需要和需求,都属于导游工作的范畴。让客人玩得开心、游得尽兴,是导游工作者的基本职责。

工作实施标准

一、迎送服务礼仪

1. 工作目的

熟练掌握导游服务礼仪，提高服务质量。

2. 工作要求

严格按照实训的步骤练习，并掌握相关礼仪基础知识。

3. 工作准备

较宽敞的场地、一辆旅游车及一些模拟导游的用具。

4. 实施标准

<table>
<tr><th>内容</th><th>实施规范</th><th>基本要求</th><th>注意事项</th></tr>
<tr><td>准备接团标志</td><td>1. 导游证挂在胸前。
2. 胸卡别在胸部左上方。
3. 站在明显位子举起社旗或接站牌</td><td>醒目、易识别</td><td rowspan="6">1. 带客人去用第一餐，并把客人的饮食习惯、禁忌等告诉餐厅的服务员。
2. 不要忘记询问客人的健康状况。
3. 与客人交流时，应将自己的房间号码和电话号码告知客人。
4. 遵守时间，必须及时把每天的活动时间安排向每一位客人交代清楚。
5. 若遇特殊的情况无法准时到达，必向客人解释并表示歉意。
6. 导游要尊重所有客人，包括其宗教信仰、风俗习惯。
7. 对客人讲究礼节，要有分寸，大方得体。
8. 主动与领队协调沟通，通力合作。
9. 对客人的特殊要求要尽量予以满足。若有不合理的或无法满足的要求，要耐心解释。</td></tr>
<tr><td>与旅游团领队接头</td><td>1. 应提前半小时抵达机场。
2. 明确接团车停放的位置。
3. 向领队自我介绍，交换名片</td><td>自我介绍，有礼貌地询问对方姓名</td></tr>
<tr><td>向宾馆转移</td><td>1. 站在车旁协助客人上车。
2. 要提醒客人带好物品防止遗失</td><td>特别关照老人、小孩、女士上车</td></tr>
<tr><td>清点人数</td><td>默默点数或上车后以车座数和空位相减记数</td><td>点人数时不可用手点数</td></tr>
<tr><td>介绍沿途街景</td><td>1. 代表旅行社和个人向旅游团致欢迎词。
2. 介绍自己和司机。
3. 表示提供服务真诚愿望。
4. 预祝旅途顺利愉快等。
5. 概括性地介绍本地的旅游资源，有重点地介绍沿途街景</td><td>适当介绍，注意观察客人的精神状况</td></tr>
<tr><td>到达酒店</td><td>1. 协助领队办理住店登记续，请领队分发房卡。
2. 要熟悉领队和团队的房号，并把自己的联系方法告诉游客</td><td>协助客人登记入住，尽快安排客人休息</td></tr>
</table>

续 表

内容	实施规范	基本要求	注意事项
介绍游程安排	1. 向全团宣布当天和第二天活动安排、集合的地点和时间。 2. 再一次与领队进行细节问题的沟通协调	简单明了,确认每一位客人都已明白	10. 对意外事件的发生,导游要冷静耐心,有礼貌地协调

二、游览服务礼仪

1. 工作目的

熟练掌握导游服务礼仪,提高服务质量。

2. 工作要求

严格按照实训的步骤练习,并掌握相关礼仪基础知识。

3. 工作准备

较宽敞的场地、一辆旅游车及一些模拟导游的用具。

4. 实施标准

内容	操作标准	基本要求
出发前服务	1. 导游员应提前10分钟左右到达出发点。 2. 出发前,导游应向客人表示问候。 3. 了解客人身体情况。 4. 提醒客人带好必备用品	表现饱满的精神,礼貌、端庄的仪表
车上服务	1. 上车后,导游在车门口照顾好客人上车,清点人数,示意司机开车。 2. 向游客问候致谢,重申当天的游程和旅游须知。 3. 在车上讲解时应面对游客,不能背对游客,面部表情亲切自然。 4. 适时预告和解说沿途重要景观。 5. 向客人宣布集合时间,停车地点及注意事项	多与客人目光交流,辅以适当的手势动作
游览服务	1. 树立良好服务形象:导游人员要注意自己的仪表风度和言谈举止,做到称呼得体、举止文雅、谈吐大方、态度热情、办事稳重。 2. 到达景点,应引导游客到最适当的位置,然后开始对景点讲解。 3. 可根据景点特色和游客需求选择适当的讲解方式,要尽职尽责,讲解要深入浅出,生动形象。 4. 要留出一点客人自由活动时间。 5. 主动向客人提出拍摄角度的建议,客人有要求时帮其拍摄。 6. 遵守导游职业道德,安排游客购物,应积极主动当好参谋,带他们到商品质量好、物价公平合理的商店,而不应违背职业道德,捞取回扣。 7. 在旅游过程中,提醒客人注意人身安全,管理好所带财物,防止丢失、被盗	适时、适度提醒客人不掉队、不走散

计划、决策与实施

<table>
<tr><td>学习情境三</td><td colspan="4">导游职业形象塑造</td></tr>
<tr><td>工作过程二</td><td colspan="4">导游迎送礼仪形象塑造</td></tr>
<tr><td>学生行为</td><td colspan="4">进行成员任务分配，制订工作计划，经小组反复酝酿，讨论计划的科学合理性，完善和做出最终决策；通过教师讲解及引导掌握餐饮部各岗位员工的礼仪规范要求，能较好地运用于工作实际，并进行总结</td></tr>
<tr><td>教师行为</td><td colspan="4">督导学生分组讨论，设计导游迎送的工作场景，督导学生按小组进行服务礼仪模拟比赛。审核学生工作计划，提出修改建议，回答学生提问，引导学生做出正确的决策并实施，对学生的具体分析和完成各项任务进行答疑与督导，并观察学生的表现</td></tr>
<tr><td rowspan="11">计划、决策与实施</td><td>序号</td><td>实施步骤</td><td>操作要领</td><td>参考资料详细地址</td></tr>
<tr><td>1</td><td></td><td></td><td></td></tr>
<tr><td>2</td><td></td><td></td><td></td></tr>
<tr><td>3</td><td></td><td></td><td></td></tr>
<tr><td>4</td><td></td><td></td><td></td></tr>
<tr><td>5</td><td></td><td></td><td></td></tr>
<tr><td>6</td><td></td><td></td><td></td></tr>
<tr><td>7</td><td></td><td></td><td></td></tr>
<tr><td>8</td><td></td><td></td><td></td></tr>
<tr><td>9</td><td></td><td></td><td></td></tr>
<tr><td>10</td><td></td><td></td><td></td></tr>
<tr><td>组长签字</td><td colspan="2"></td><td>组　别</td><td></td></tr>
<tr><td>教师签字</td><td colspan="2"></td><td>日　期</td><td></td></tr>
</table>

评价、检查与反馈

学习情境三	导游职业形象塑造
工作过程二	导游迎送礼仪形象塑造
学生行为	1. 对导游迎送礼仪形象塑造工作任务完成情况进行自我检查和反思，填写检查表。 2. 把学习成果制作成 PPT 进行汇报，总结学习中的收获与体会，进行自我评价，并对本小组的成员表现进行逐一评价，填写评价单和学习反馈单
教师行为	听取学生成果汇报，检查学生学习任务完成情况，并指出不足及修改建议，对学生的学习表现进行评价，通过学生教学反馈总结教学的不足，制订工作改进计划

续 表

	评价类别	项目	子　项　目	个人评价	教师评价	组内互评
评价	专业能力（60%）	资讯（15%）	搜集信息查找资料（5%）			
			引导问题回答（10%）			
		计划实施（20%）	工作流程的正确性（2%）			
			方案设计科学性（3%）			
			实施操作正确性（10%）			
			知识的运用（5%）			
		检查（5%）	全面性、准确性（3%）			
			异常情况排除（2%）			
		结果（20%）	演示汇报（10%）			
			知识技能掌握（10%）			
	社会能力（20%）	团结协作（10%）	对小组的贡献（5%）			
			小组合作配合情况（5%）			
		敬业精神（10%）	吃苦耐劳精神（5%）			
			学习纪律性（5%）			
	方法能力（20%）	计划能力（10%）				
		决策能力（10%）				

	序号	检查项目	检查标准	学生自检	教师检查
检查	1	目标认知	工作目标明确，工作计划周密，具有可操作性		
	2	理论知识	基础理论知识的全面掌握		
	3	基本技能	基础理论知识的全面掌握		
	4	学习能力	能在教师指导下，全面掌握相关知识和技能		
	5	工作态度	主动参与，积极完成工作任务		
	6	团队合作	积极与他人合作，共同完成任务		
	7	工具运用	熟练利用资料自学，利用网络进行资料查询		
	8	任务完成	保质保量完成任务		

续　表

教学反馈	我对学习本工作过程的意见或建议：		
组长签字		组　别	
教师签字		日　期	

工作过程三　导游沟通协调礼仪形象塑造

任务布置

<table>
<tr><td>学习情境三</td><td colspan="2">导游职业形象塑造</td></tr>
<tr><td>工作过程三</td><td colspan="2">导游沟通协调礼仪形象塑造</td></tr>
<tr><td>教师行为</td><td colspan="2">1. 引导学生明确工作任务及资讯问题，随机对学生实行分组，组成本工作过程的学习小组。
2. 讲解或引导学生学习导游沟通协调礼仪形象塑的基础知识，掌握其基本技能，解答学生提问</td></tr>
<tr><td>学生行为</td><td colspan="2">在教师引导及示范下，明确学习任务及要求，分组学习知识链接，查阅资料和文献，找出资讯问题的答案，学习导游沟通协调礼仪形象塑造知识及技能</td></tr>
<tr><td>工作任务</td><td colspan="2">掌握导游沟通协调的原则和技巧，从而实现导游员良好的沟通协调礼仪形象塑造的目的</td></tr>
<tr><td rowspan="5">资讯</td><td rowspan="4">资讯问题</td><td>1. 导游沟通协调的原则是什么？</td></tr>
<tr><td>2. 导游沟通协调技巧有哪些？</td></tr>
<tr><td>3. 如何激发游客的兴趣？</td></tr>
<tr><td>4. 拒绝的技巧有哪些？</td></tr>
<tr><td>资讯引导</td><td>以上资讯问题请查阅本书知识链接，同时参考以下书籍和网页：
1.《现代礼仪教程》，胡锐主编，浙江大学出版社，2004 年版。
2.《社交礼仪教程》，金正昆著，中国人民大学出版社，2005 年版。
3.《导游服务技能》，编写组，中国旅游出版社，2014 年版。
4.《你的礼仪价值百万（精华版）》，周思敏著，中国旅游纺织出版社，2012 年版。
5.《全国导游人员资格考试系列教材：导游业务（第 7 版）》，国家旅游局人事劳动教育司著，中国旅游教育出版社，2013 年版。
5. http://www.zhongguoliyi.org/ 中华礼仪网。
6. http://www.welcome.org.cn/zhongguoliyi/ 中国礼仪网。
7. http://www.tourguide.net.cn/portal/PortalHome.asp 中国导游网。
8. http://www.jiuyaota.com/forum.php 中国导游社区。
9.《导游语言艺术一本通》蒋文中著，旅游教育出版社，2007 年版</td></tr>
</table>

知识链接

对导游员来说，要做好沟通协调工作，也应遵循一定的礼仪规范。

一、导游沟通协调的原则

（一）善于洞悉游客心理

俗话说："凡事预则立。"一名合格的导游，要圆满完成带团任务，并尽量使每个游客忙得开心、游得满意，应对所接团成员的姓名、国籍、种族、身份、年龄、性别、职业、文化程度等方面的资料进行详细了解，并对他们的旅游动机、心理需求、游览偏好等情况做出大致的预测，从而对合理安排旅游路线、合理分配景点停留时间、确定景点介绍的侧重点，有一个全面的把握，以使整个接团工作在团队未来之前便已经心中有数。

（二）善于激发游客的兴趣

游客游兴如何是导游工作成败的关键。游客的游兴可以激发导游的灵感，使导游在整个游程中和游客心灵相融，一路欢声笑语；相反，如果游客兴味索然，表情冷漠，尽管导游竭尽所能，也会毫无成效。

游客兴趣具有多样性和复杂性，同时也有能动性特点。如何使游客的兴趣由弱到强，并具有相对的持久性和稳定性，与导游的积极调动、引导有很大的关系。激发游客游兴的因素包括两个方面；一是景观本身的吸引力；二是导游借助语言功能调动和引导的作用。

导游的景点介绍，一定要注意讲解的针对性、科学性、和语言表达主动性的完美结合，应根据不同的景点（人文景观如故宫、颐和园；自然景观如：桂林山水）进行详略不同的介绍，有的具体详尽，有的活泼流畅，有的构思严谨，有的通俗易懂。总之，景点介绍的风格特点和内容取舍，始终应以游客的兴趣为前提。

另外，在游览过程中，要善于变换游客感兴趣的话题，可根据不同游客的心理特点，做如下选择：

（1）满足求知欲的话题；

（2）刺激好奇心理的话题；

（3）决定行动的话题；

（4）满足优越感的话题；

（5）娱乐性话题。

（三）善于调节游客的情绪

情绪是人对于客观事物是否符合本身需要而产生的一种态度和体验。

旅游活动中,由于有相当多的不确定因素和不可控制因素、随时都会导致计划的改变。例如有时由于客观原因游览景点要减少,游客感兴趣的景点停留时间要缩短;预订好的中餐因为某些不可控制的因素,临时改变吃西餐;订好的机票因大风、大雾停飞,只得临时改乘火车……类似事件在接团和陪团时会经常发生。这些都会直接或间接影响到游客的情绪。

案例:一个旅游团因订不到火车卧铺票而改乘轮船,游客十分不满,在情绪上与导游形成了强烈的对立。导游面带微笑,一方面向游客道歉,请大家谅解,由于旅游旺季火车的紧张状况导致了计划的临时改变;另一方面,耐心开导游客,乘轮船虽然速度慢一些,但提前一天上船,并未影响整个的游程,并且在船上能够欣赏到两岸的风光,相当于增加了一个旅游项目……

导游成功地运用分析方法,以诚恳、冷静的态度,幽默、风趣的语言,很快化解了游客的不满情绪。

二、导游沟通协调技巧

(一)回答问题技巧

旅客来自世界各地,兴趣爱好不同、游览动机不同,提问方式五花八门,提出的问题稀奇古怪,对不同问题所采取的立场态度和所选择的回答方法,是检验一个导游人员灵活运用语言的能力和临场应变能力的标准之一。回答疑难问题可以运用下列技巧。

1. 原则问题是非分明

客人提出的某些问题涉及一定的原则立场,一定要给予明确的回答。这些问题有些涉及民族尊严,有些涉及中国的国际形象,如香港的“一国两制”“台湾问题”等,要是非分明、毫不隐讳,并力求用正确的回答澄清对方的误解和模糊认识。

例如,西方游客在游览河北承德时,有人问“承德以前是蒙古人住的地方,因为它在长城以外,对吗?”导游员答:“是的,现在有些村落还是蒙古名字。”又问:“那么,是不是可以说,现在汉人侵略了蒙古人的地盘呢?”导游答:“不应该这么说,应该叫民族融合。中国的北方有汉人,同样南方也有蒙古人。就像法国的阿拉伯人一样,是由于历史的原因形成的,并不是侵略。现在的中国不是哪一个民族的国家,而是一个统一的多民族国家。”客人听了都连连点头。

2. 诱导否定

对方提出问题以后,不马上回答,而是想讲一点理由,提出一些条件或反问一个问题,诱使对方自我否定,自我放弃原来提出的问题。

3. **曲语回避**

有些客人提出的问题很刁钻,使导游在回但问题时肯定和否定都有漏洞,左右为难,还不如以静制动,或以曲折含蓄的语言予以回避。

有一位美国游客问一位导游员:“你认为是毛泽东好,还是邓小平好?”

导游巧妙地避开其话锋,反问道:“您能先告诉我是华盛顿好还是林肯好吗?”,客人哑然。

(二)拒绝技巧

游客的性格各异,要求五花八门,有些合理要求作为导游人员应当尽量予以满足,而有些要求却不尽合理,按照礼貌服务的要求,导游不要轻易对客人说“不”。如何让客人在要求得不到满足时又能处之泰然,不至陷入尴尬境地呢?下面介绍几种符合礼貌服务的拒绝艺术:

1. **微笑不语**

遭人拒绝是最令人尴尬难堪的事,为了避免遭遇这种难堪,一般人通常选择不轻易求人。所以不论是何种情况,导游人员都不应直截了当地拒绝客人的要求。但有时客人提出的一些要求,我们又不得不拒绝,此时,微笑不语可谓是最佳选择。满怀歉意地微笑不语,本身就向客人表达了一种“我真的想帮你,但是我无能为力”的信号。微笑不语有时含有不置可否的意味。

2. **先是后非**

在必须就某个问题向客人表示拒绝时,可采取先肯定对方的动机,或表明自己与对方主观一致的愿望,然后再以无可奈何的客观理由为借口予以回绝。

例如,在故宫博物院,一批外国游客看到中国皇宫建筑的雄伟壮观,纷纷要求摄影拍照,而故宫的有些景点是不允许拍照的,此时导游员诚恳地对客人说:“从感情上讲,我真想帮助大家,但这里有规定不许拍照,所以我无能为力。”这种先“是”后“非”的拒绝法,可以缓解对方的紧张情绪,使对方感到你并没有从情感上拒绝他的愿望,而是出于无奈,这样在心理他们容易接受。

3. **婉言谢绝**

婉言谢绝,是指以诚恳的态度、委婉的方式,回避他人所提出要求或问题的技巧。即运用模糊语言暗示客人,或从侧面提示客人,其要求虽然可以理解,但却由于某些客观原因不便答复。为此只能表示遗憾和歉意,感谢大家的理解和支持。拒绝客人的方法还有不少,如顺水推舟法。即拒绝对方时,以对方言语中的某一点作为拒绝的理由,顺其逻辑性得出拒绝的结果。顺水推舟式的拒绝,显得极为涵养,既能达到断然拒绝的目的,有不至于伤害对方的面子。

总之,多数情况下,拒绝客人是不得以而为之,只要措辞得当、表达得态度诚恳并掌握适当的分寸，客人是会予以理解和接受的。

计划、决策与实施

<table>
<tr><td>学习情境三</td><td colspan="4">导游职业形象塑造</td></tr>
<tr><td>工作过程三</td><td colspan="4">导游沟通协调礼仪形象塑造</td></tr>
<tr><td>学生行为</td><td colspan="4">进行成员任务分配，制订工作计划，经小组反复酝酿，讨论计划的科学合理性，完善和做出最终决策；通过教师讲解及引导掌握导游沟通协调礼仪规范要求，能较好地运用于工作实际，并进行总结</td></tr>
<tr><td>教师行为</td><td colspan="4">督导学生分组讨论，设计导游工作的场景，督导学生按小组进行服务礼仪模拟比赛。审核学生工作计划，提出修改建议，回答学生提问，引导学生做出正确的决策并实施，对学生的具体分析和完成各项任务进行答疑与督导，并观察学生的表现</td></tr>
<tr><td rowspan="11">计划、决策与实施</td><td>序号</td><td>实施步骤</td><td>操作要领</td><td>参考资料详细地址</td></tr>
<tr><td>1</td><td></td><td></td><td></td></tr>
<tr><td>2</td><td></td><td></td><td></td></tr>
<tr><td>3</td><td></td><td></td><td></td></tr>
<tr><td>4</td><td></td><td></td><td></td></tr>
<tr><td>5</td><td></td><td></td><td></td></tr>
<tr><td>6</td><td></td><td></td><td></td></tr>
<tr><td>7</td><td></td><td></td><td></td></tr>
<tr><td>8</td><td></td><td></td><td></td></tr>
<tr><td>9</td><td></td><td></td><td></td></tr>
<tr><td>10</td><td></td><td></td><td></td></tr>
<tr><td>组长签字</td><td colspan="2"></td><td>组　别</td><td></td></tr>
<tr><td>教师签字</td><td colspan="2"></td><td>日　期</td><td></td></tr>
</table>

评价、检查与反馈

学习情境三	导游职业形象塑造
工作过程三	导游沟通协调礼仪形象塑造
学生行为	1. 对导游沟通协调礼仪形象塑造工作任务完成情况进行自我检查和反思，填写检查表。 2. 把学习成果制作成 PPT 进行汇报，总结学习中的收获与体会，进行自我评价，并对本小组的成员表现进行逐一评价，填写评价单和学习反馈单
教师行为	听取学生成果汇报，检查学生学习任务完成情况，并指出不足及修改建议，对学生的学习表现进行评价，通过学生教学反馈总结教学的不足，制订工作改进计划

续 表

<table>
<tr><td rowspan="17">评
价</td><td>评价类别</td><td>项目</td><td>子　项　目</td><td>个人评价</td><td>教师评价</td><td>组内互评</td></tr>
<tr><td rowspan="10">专业能力（60%）</td><td rowspan="2">资讯（15%）</td><td>搜集信息查找资料（5%）</td><td></td><td></td><td></td></tr>
<tr><td>引导问题回答（10%）</td><td></td><td></td><td></td></tr>
<tr><td rowspan="4">计划实施（20%）</td><td>工作流程的正确性（2%）</td><td></td><td></td><td></td></tr>
<tr><td>方案设计科学性（3%）</td><td></td><td></td><td></td></tr>
<tr><td>实施操作正确性（10%）</td><td></td><td></td><td></td></tr>
<tr><td>知识的运用（5%）</td><td></td><td></td><td></td></tr>
<tr><td rowspan="2">检查（5%）</td><td>全面性、准确性（3%）</td><td></td><td></td><td></td></tr>
<tr><td>异常情况排除（2%）</td><td></td><td></td><td></td></tr>
<tr><td rowspan="2">结果（20%）</td><td>演示汇报（10%）</td><td></td><td></td><td></td></tr>
<tr><td>知识技能掌握（10%）</td><td></td><td></td><td></td></tr>
<tr><td rowspan="4">社会能力（20%）</td><td rowspan="2">团结协作（10%）</td><td>对小组的贡献（5%）</td><td></td><td></td><td></td></tr>
<tr><td>小组合作配合情况（5%）</td><td></td><td></td><td></td></tr>
<tr><td rowspan="2">敬业精神（10%）</td><td>吃苦耐劳精神（5%）</td><td></td><td></td><td></td></tr>
<tr><td>学习纪律性（5%）</td><td></td><td></td><td></td></tr>
<tr><td rowspan="2">方法能力（20%）</td><td>计划能力（10%）</td><td></td><td></td><td></td><td></td></tr>
<tr><td>决策能力（10%）</td><td></td><td></td><td></td><td></td></tr>
<tr><td rowspan="9">检
查</td><td>序号</td><td>检查项目</td><td>检查标准</td><td colspan="2">学生自检</td><td>教师检查</td></tr>
<tr><td>1</td><td>目标认知</td><td>工作目标明确，工作计划周密，具有可操作性</td><td colspan="2"></td><td></td></tr>
<tr><td>2</td><td>理论知识</td><td>基础理论知识的全面掌握</td><td colspan="2"></td><td></td></tr>
<tr><td>3</td><td>基本技能</td><td>能够运用基本的理论进行实践思考、分析、解决问题</td><td colspan="2"></td><td></td></tr>
<tr><td>4</td><td>学习能力</td><td>能在教师指导下，全面掌握相关知识和技能</td><td colspan="2"></td><td></td></tr>
<tr><td>5</td><td>工作态度</td><td>主动参与，积极完成工作任务</td><td colspan="2"></td><td></td></tr>
<tr><td>6</td><td>团队合作</td><td>积极与他人合作，共同完成任务</td><td colspan="2"></td><td></td></tr>
<tr><td>7</td><td>工具运用</td><td>熟练利用资料自学，利用网络进行资料查询</td><td colspan="2"></td><td></td></tr>
<tr><td>8</td><td>任务完成</td><td>保质保量完成任务</td><td colspan="2"></td><td></td></tr>
</table>

续 表

教学反馈	我对学习本工作过程的意见或建议:		
组长签字		组　别	
教师签字		日　期	

工作过程四　导游讲解礼仪形象塑造

任务布置

学习情境三	导游职业形象塑造	
工作过程四	导游讲解礼仪形象塑造	
教师行为	1. 引导学生明确工作任务及资讯问题,随机对学生实行分组,组成本工作过程的学习小组。 2. 讲解或引导学生学习导游讲解礼仪的基础知识,掌握其基本技能,解答学生提问	
学生行为	在教师引导及示范下,明确学习任务及要求,分组学习知识链接,查阅资料和文献,找出资讯问题的答案,学习导游讲解礼仪知识	
工作任务	掌握导游讲解的基本要求,讲解的方法,从而实现导游良好的讲解礼仪形象塑造的目的	
资讯	资讯问题	1. 导游讲解最基本的要求是什么?
		2. 致欢迎词时需要注意哪些事项?
		3. 导游讲解的方法有哪些?
		4. 为什么在游览过程中可以根据客人需求培养、变更讲解内容?
		5. 为什么服务人员不对外宾过分关心劝说?
		6. 向内宾和外宾自我介绍的主要不同点在哪儿?
	资讯引导	以上资讯问题请查阅本书知识链接,同时参考以下书籍和网页: 1.《现代礼仪教程》,胡锐主编,浙江大学出版社,2004 年版。 2.《社交礼仪教程》,金正昆著,中国人民大学出版社,2005 年版。 3.《导游服务技能》,编写组,中国旅游出版社,2014 年版。 4.《你的礼仪价值百万(精华版)》,周思敏著,中国旅游纺织出版社,2012 年版。 5.《全国导游人员资格考试系列教材:导游业务(第 7 版)》,国家旅游局人事劳动教育司著,中国旅游教育出版社,2013 年版。 5. http://www.zhongguoliyi.org/ 中华礼仪网。 6. http://www.welcome.org.cn/zhongguoliyi/ 中国礼仪网。 7. http://www.tourguide.net.cn/portal/PortalHome.asp 中国导游网。 8. http://www.jiuyaota.com/forum.php 中国导游社区。 9.《导游语言艺术一本通》蒋文中著,旅游教育出版社,2007 年版

知识链接

语言是导游服务的重要手段和工具,导游员的服务效果在很大程度上取决于其语言的表达能力。导游员驾驭语言的能力越强,信息传递的障碍就越小,旅游者满意的程度也就越高。可见,导游语言的表达事关导游员自身价值的实现。

一、导游讲解语言要求

就一般而言,导游员语言的表达应力求做到:达意、流畅、得体、生动和灵活。这是导游讲解最基本也是最起码的要求。

1. 达意

语言的达意是要求导游员所传递的信息不仅应准确,而且还要易被游客理解。达意的导游语言,一是发音正确、清楚;二是遣词造句准确、简洁;三是表达有序,条理清晰。切忌空洞无物、言过其实,更不该无中生有、胡编乱造。

2. 流畅

流畅即要求导游员的语言力求表达连贯,无特殊情况。一般言语中间不作较长时间的停顿,语速适中,快而不乱,慢而不滞。口语表达中过多的重复和停顿以及不良的习惯无疑都会影响游客的倾听效果。

3. 得体

所谓得体,就是言语运用要妥当,有分寸。得体的导游语言必须符合导游员的角色身份,以做到真正体现对游客的尊重为前提。在带团过程中,应多用敬语、服从语和委婉、征询的句式与游客交流。此外,还应避免游客的言谈忌讳。

4. 生动

生动是导游语言最为突出的特点。导游员在讲解内容准确的前提下,应以生动、有趣且具感染力的语言活跃气氛,增添游客的游兴,以趣逗人。照本宣科、死板老套不可取,"黄色幽默"和低级趣味的笑话更应杜绝。

5. 灵活

灵活强调的是导游员的语言表达应做到因人、因地、因时而异,导游员在讲解时必须充分考虑游客的文化背景、认知水平、兴趣爱好及职业特点等异同,并据此有针对性地决定内容的取舍和表达方式的选择,以提高游客的接受和理解能力。

总之,导游讲解应准确顺畅。有深度、有广度。熟悉业务,知识面广。讲解内容健康、规范,热情介绍、答复游客的提问或咨询,耐心细致、不急不躁;对游客的提问,尽量做到有问必答、有问能答;对回答不了的问题,致以歉意,表示下次再来时给予满意回答;与游客进行沟通时,说话态度诚恳谦逊,表达得体,例如:“请您随我参观”“请您抓紧时间,闭馆时间到了”“欢迎您下次再来”等。

二、导游讲解姿态要求

1. 表情

讲解时表情要自然、大方、庄重。同时根据讲解内容面部表情要有准确而适度的变化,真实而恰当地表现讲解的内容,但切忌做出过于夸张的表情而显得矫揉造作。

2. 站姿

站立是讲解时最基本的姿势。“站有站相”是对一个人礼仪修养的基本要求。良好的站姿能衬托出美好的气质和风度。讲解员在站立时,要自然地挺胸收腹,身体与地面垂直,重心放在前脚掌,双肩放松,双臂自然下垂或在体前交叉。不宜将手插在口袋里,更不能下意识地做些小动作(掏耳朵、捋头发,挖鼻孔等),有失礼仪的庄重。

3. 走姿

行走是讲解过程中的主要动作,是一种动态的美。在引导观众参观的过程中,怎样行走非常重要。讲解员在行走时,要注意步伐轻而稳,抬头挺胸,双肩放松,两眼平视,面带微笑,自然摆臂,同时注意保持与游客之间的距离,不能拉得太开。在陈列厅讲解时,讲解员要面对观众退步走或侧身面对观众行走。在室外讲解时,讲解员一般走在观众右侧中间靠前位置,把主道留给观众,身体微侧,避免背对观众。

4. 目光

讲解时目光多用虚视法、环视法,眼光不能松散,切忌神游物外。可与观众进行一些视觉交流,眼神应自然、稳重、柔和、坦荡、友善。讲解时目光平视,焦点尽量落在后面的观众身上,同时兼顾他人,这是最基本的礼仪,也能使自己精神更集中。

5. 手势的运用

讲解时的指示手势要规范、适时、准确、干净、利落、优美,做到眼到、口到、手到,简洁、协调,忌来回摆动、兰花指等。总之,讲解员在讲解过程中,应根据讲解内容在适当的时候适度地使用指示动作,切忌使用过重的肢体语言,过于做作而不合乎礼仪规范的要求。

三、讲解时应注意的细节

1. 因人施讲——为观众提供个性化服务

对于讲解员来说，观众的年龄、地域、素质、文化层次、兴趣爱好等千差万别，他们来馆参观的目的也不同，这就要求讲解员在了解观众的信息，讲解行程的具体要求（包括在馆时间），通过讲解过程的观察等基础上，采用不同的讲解方式、讲解语言，对讲解词内容的主次进行取舍。这样观众既能领会主要的信息，讲解员也能避免不必要的体力消耗，兼顾每一批观众。当然，要注意取舍过程中不能影响讲解的主要内容。

2. 适度沟通——为观众提供细节化服务

讲解是讲解员与观众交流情感、传递知识的过程。随着社会的发展，观众需要的不只是简单的说教式讲解，而是要求讲解员在讲解过程中要多交流。因此，讲解员在讲解时，要善于引起观众的参观兴趣，有意识地创造一些情境，与游客适度交流，使讲解过程生动，从而融洽讲解员与游客的关系。比如，我们在纪念馆主馆正门讲解时，经常会请观众随我们讲解员一起数一下正门的台阶，然后请他们猜一猜正门台阶级数的寓意。这样就让参观的游客参与到讲解中，从而在观众的脑海中留下更为深刻的参观的印象。

3. 及时帮助——为观众提供人性化服务

讲解员要树立“观众至上服务至上”的理念，为观众提供真诚、热情的服务，随时关心观众。在讲解过程中，要主动关心、帮助老人、小孩和有特殊需要的游客，主动提醒参观过程中的台阶，上、下楼梯以及通道狭窄的地段。答复游客提问或咨询，做到耐心细致，不急不躁，尽量有问必答（对回答不了的问题，致以歉意，表示下次再来时给予满意回答），但要本着“知之为知之，不知为不知”的原则，切忌瞎编乱造。

4. 善意提醒——为观众提供理性化服务

在讲解接待中，有时难免会遇到不太礼貌，不遵守参观文明的观众。这时，讲解员不要当众指责，更不能恶语伤人，可以旁敲侧击地做一些善意的提醒。

四、导游员讲解方法

1. 致欢迎辞的语言艺术

致欢迎辞是沟通导游与旅游者的第一座桥梁。所以导游人员在接团时应认真准备，并根据不同客人的特点（如国籍、年龄、职业、旅游动机等方面的因素），选择不同的欢迎辞模式。但，无论采用何种模式，欢迎辞通常应包括以下几项内容：

(1)向团队客人问候;

(2)自我介绍;

(3)代表旅行社向客人表示欢迎;

(4)表明自己愿竭尽全力为客人搞好导游服务的态度;

(5)祝客人旅途愉快等。

如果简单地将以上内容拼凑、堆砌在一起,不免让听者感到枯燥乏味。一段好的欢迎辞,应该给客人留下热情、友好、亲切的感觉,起到尽快缩短导游与客人的心理距离、融洽导游与游客的关系并调节游客情绪的作用。

实例:

大家好,欢迎大家参加××旅行团的××(地点)×日游。我是××旅行社的导游员我姓×,大家叫我小×就可以了,在旁边正开车的师傅姓×,有多年驾龄,由他开车大家可以放心,俗话说"有朋自远方来不亦乐乎?"有幸与大家相识,在接下来的几天里将由我陪同大家一起游览××,希望在这短暂的时间里大家能通过我走进××,了解××。在行车途中,为了避免意外发生,请大家不要把您的头、手、肘伸到车窗外,在游览途中旅游车就是我们的第二个家,请大家注意保持车上的卫生,如果您有什么要求,可以直接告诉我,我将会尽力为您服务。大家注意一下我们的车是蓝白相间金龙车,车牌号为××××××××,请大家在上下车时注意识别。为了表示对大家的欢迎,我给大家献上一首歌,唱得不好请大家谅解……

2. 欢送辞的内容及一般模式

(1)表示惜别之情;

(2)对游客的配合与支持表示感谢;

(3)期待下一次重逢;

(4)祝游客一路顺风。

实例:

各位嘉宾,在楚雄的游览即将结束,到达酒店后我们将彼此道一声再见。"人非草木,孰能无情"虽然我们相处的时间很短暂,但我们之间却建立了友谊,在即将分别的时候,我要衷心地向你们说声"谢谢",感谢你们给予我的支持配合,同时,也感谢全陪、领队和司机师傅的支持与合作,使我能够圆满地完成了这次接待任务。

这两天,我们游览了紫溪山、博物馆、黑井古镇、十月太阳历文化园,相信大家对紫溪山的茶花,黑井古镇的古朴宁静、彝族风情的绚丽多姿还记忆犹新吧!无论我怎样舍不得你们离开,毕竟"天下没有不散的宴席"。另一方面,我也为大家感到高兴,因为你们很快就要回到自己家中和家人团聚,和朋友叙情。他乡的山虽好,他乡的水虽美,却锁不住那思乡念家之情,我希望各位回到家乡后,能把你们对我彝州山水美好的感受告诉你们的家人朋友，让他们也和您分享旅游之乐。希望他们也能和各位再到云南来，再到彝州来，武定狮子山的神奇、禄丰侏罗纪公园的神秘正等着你们去探寻。我们楚雄州××旅行社热忱欢迎各位再游楚雄，并为大家提供优质服务，我也很乐意再为大家导游，我们将随时欢迎您的到来。

当然旅途中也还存在一些不尽如人意的地方，敬请大家原谅，欢迎大家多提宝贵意见，我们会在工作中不断改善，希望大家忘记所有的不快，带走美好的记忆，回到你们的快乐老家！

最后，我祝大家旅途愉快，身体健康！谢谢！

工作实施标准

一、接待过程中的言语服务礼仪

1. 工作目的

熟练掌握导游讲解礼仪，塑造导游良好的讲解礼仪形象。

2. 工作要求

按教材讲解的要求进行训练。

3. 工作准备

模拟讲解现场。

4. 实施标准

内容	操作标准	注意事项
接待过程中的言语服务礼仪	1. 接团时。及时与领队接头，作自我介绍，并礼貌地询问对方的姓名，表示欢迎和希望合作，随后了解客人的情况。 2. 与客人初次见面。先问好后报自己的单位和姓名，如“您好/你们好！我是旅行社的小王。” 3. 向客人简要介绍即将下榻的饭店情况。 4. 在往饭店的途中，介绍沿途街景和城市状况。 5. 到达酒店后，再次与领队进行细节问题的沟通协调。 6. 客人进房前简要介绍当天活动安排，告别时告诉客人自己的房间号码和联系电话。 7. 与客人交谈注意亲切友好，注意不触犯客人所在国或民族的忌讳。谈话中尽量不涉及自己业务以外的内容，严格保守国家和企业的机密。 8. 在为客人做介绍时，先把女士介绍给男士。 9. 行车途中，可以讲一些不伤大雅的故事和笑话，以减轻客人路途中的疲劳。 10. 注意口齿清晰，言语条理分明，音量适中，语速恰当，有问必答	1. 接待外宾时，问好之后应先报姓名再报单位。 2. 要询问客人的禁忌和特殊要求，向其他岗位服务人员转达。 3. 在与外宾交谈时，不过分关心劝说，要注意说话技巧，可以说“天气较冷，大家要注意保暖”

二、游览过程中的言语服务礼仪

1. 工作目的

熟练掌握导游讲解礼仪，塑造导游良好的讲解礼仪形象。

2. 工作要求

按教材讲解的要求进行训练。

3. 工作准备

模拟讲解现场。

4. 实施标准

内容	操作标准
游览过程中的言语服务礼仪	1. 出发前，向客人问候，了解客人的身体情况和休息情况。 2. 在车上时，应面对客人讲解。 3. 游览过程中，要根据景点特色进行适当的讲解，根据客人需求培养变更讲解内容。 4. 游览中，因客人较分散，景区杂，应注意自己的音量，要保证客人都能听见自己的讲解；必要时可配备扩音器。 5. 尽量回答客人的提问；对于自己不清楚或不了解的问题应老实向客人说明，不要随口捏造答案。 6. 在讲解中，可穿插一些笑话，提高客人的游览兴致。 7. 注意口齿清晰，言语条理分明，音量适中，语速恰当

计划、决策与实施

<table>
<tr><td>学习情境三</td><td colspan="4">导游职业形象塑造</td></tr>
<tr><td>工作过程四</td><td colspan="4">导游讲解礼仪形象塑造</td></tr>
<tr><td>学生行为</td><td colspan="4">进行成员任务分配，制订工作计划，经小组反复酝酿，讨论计划的科学合理性，完善和做出最终决策；通过教师讲解及引导掌握导游讲解礼仪规范要求，能较好地运用于工作实际，并进行总结</td></tr>
<tr><td>教师行为</td><td colspan="4">督导学生分组讨论，设计导游讲解的工作场景，督导学生按小组进行服务礼仪模拟比赛。审核学生工作计划，提出修改建议，回答学生提问，引导学生做出正确的决策并实施，对学生的具体分析和完成各项任务进行答疑与督导，并观察学生的表现</td></tr>
<tr><td rowspan="5">计划、决策与实施</td><td>序号</td><td>实施步骤</td><td>操作要领</td><td>参考资料详细地址</td></tr>
<tr><td>1</td><td></td><td></td><td></td></tr>
<tr><td>2</td><td></td><td></td><td></td></tr>
<tr><td>3</td><td></td><td></td><td></td></tr>
<tr><td>4</td><td></td><td></td><td></td></tr>
</table>

续 表

计划、决策与实施	序号	实施步骤	操作要领	参考资料详细地址
	5			
	6			
	7			
	8			
	9			
	10			
组长签字			组　别	
教师签字			日　期	

评价、检查与反馈

学习情境三	导游职业形象塑造					
工作过程四	导游讲解礼仪形象塑造					
学生行为	1. 对导游讲解礼仪形象塑造工作任务完成情况进行自我检查和反思，填写检查表。 2. 把学习成果制作成 PPT 进行汇报，总结学习中的收获与体会，进行自我评价，并对本小组的成员表现进行逐一评价，填写评价单和学习反馈单					
教师行为	听取学生成果汇报，检查学生学习任务完成情况，并指出不足及修改建议，对学生的学习表现进行评价，通过学生教学反馈总结教学的不足，制订工作改进计划					
评价	评价类别	项目	子　项　目	个人评价	教师评价	组内互评
	专业能力（60%）	资讯（15%）	搜集信息查找资料（5%）			
			引导问题回答（10%）			
		计划实施（20%）	工作流程的正确性（2%）			
			方案设计科学性（3%）			
			实施操作正确性（10%）			
			知识的运用（5%）			
		检查（5%）	全面性、准确性（3%）			
			异常情况排除（2%）			
		结果（20%）	演示汇报（10%）			
			知识技能掌握（10%）			
	社会能力（20%）	团结协作（10%）	对小组的贡献（5%）			
			小组合作配合情况（5%）			

续 表

<table>
<tr><td rowspan="5">评
价</td><td>评价类别</td><td>项目</td><td>子 项 目</td><td>个人评价</td><td>教师评价</td><td>组内互评</td></tr>
<tr><td rowspan="2">社会能力(20%)</td><td rowspan="2">敬业精神(10%)</td><td>吃苦耐劳精神(5%)</td><td></td><td></td><td></td></tr>
<tr><td>学习纪律性(5%)</td><td></td><td></td><td></td></tr>
<tr><td rowspan="2">方法能力(20%)</td><td>计划能力(10%)</td><td></td><td></td><td></td><td></td></tr>
<tr><td>决策能力(10%)</td><td></td><td></td><td></td><td></td></tr>
<tr><td rowspan="9">检
查</td><td>序号</td><td>检查项目</td><td colspan="2">检查标准</td><td>学生自检</td><td>教师检查</td></tr>
<tr><td>1</td><td>目标认知</td><td colspan="2">工作目标明确，工作计划周密，具有可操作性</td><td></td><td></td></tr>
<tr><td>2</td><td>理论知识</td><td colspan="2">基础理论知识的全面掌握</td><td></td><td></td></tr>
<tr><td>3</td><td>基本技能</td><td colspan="2">能够运用基本的理论进行实践思考、分析、解决问题</td><td></td><td></td></tr>
<tr><td>4</td><td>学习能力</td><td colspan="2">能在教师指导下，全面掌握相关知识和技能</td><td></td><td></td></tr>
<tr><td>5</td><td>工作态度</td><td colspan="2">主动参与，积极完成工作任务</td><td></td><td></td></tr>
<tr><td>6</td><td>团队合作</td><td colspan="2">积极与他人合作，共同完成任务</td><td></td><td></td></tr>
<tr><td>7</td><td>工具运用</td><td colspan="2">熟练利用资料自学，利用网络进行资料查询</td><td></td><td></td></tr>
<tr><td>8</td><td>任务完成</td><td colspan="2">保质保量完成任务</td><td></td><td></td></tr>
<tr><td>教学反馈</td><td colspan="6">我对学习本工作过程的意见或建议：</td></tr>
<tr><td>组长签字</td><td colspan="3"></td><td>组　别</td><td colspan="2"></td></tr>
<tr><td>教师签字</td><td colspan="3"></td><td>日　期</td><td colspan="2"></td></tr>
</table>

工作过程五 导游宗教礼仪形象塑造

任务布置

学习情境三	导游职业形象塑造	
工作过程五	导游宗教礼仪形象塑造	
教师行为	1. 引导学生明确工作任务及资讯问题，随机对学生实行分组，组成本工作过程的学习小组。 2. 讲解或引导学生学习宗教礼仪的基础知识，掌握其基本技能，解答学生提问	
学生行为	在教师引导及示范下，明确学习任务及要求，分组学习知识链接，查阅资料和文献，找出资讯问题的答案，学习宗教礼仪知识	
工作任务	掌握佛教、基督教、道教、伊斯兰教的产生、教派、经典、教义、基本礼仪、禁忌等知识，从而实现导游员良好的宗教礼仪形象塑造的目的	
资讯	资讯问题	1. 佛教的教义是什么？
		2. 佛教礼仪有哪些？
		3. 基督教礼仪有哪些？
		4. 伊斯兰教有哪些禁忌？
		5. 道教称谓有哪些？
	资讯引导	以上资讯问题请查阅本书知识链接，同时参考以下书籍和网页： 1.《现代礼仪教程》，胡锐主编，浙江大学出版社，2004 年版。 2.《社交礼仪教程》，金正昆著，中国人民大学出版社，2005 年版。 3.《导游服务技能》，编写组，中国旅游出版社，2014 年版。 4.《你的礼仪价值百万（精华版）》，周思敏著，中国旅游纺织出版社，2012 年版。 5.《全国导游人员资格考试系列教材：导游业务（第 7 版）》，国家旅游局人事劳动教育司著，中国旅游教育出版社，2013 年版。 5. http://www.zhongguoliyi.org/ 中华礼仪网。 6. http://www.welcome.org.cn/zhongguoliyi/ 中国礼仪网。 7. http://www.tourguide.net.cn/portal/PortalHome.asp 中国导游网。 8. http://www.jiuyaota.com/forum.php 中国导游社区。 9.《中国宗教报告》金泽，邱永辉著，社会科学文献出版社，2013 年版。 10. http://www.religionmanage.com/ 中国宗教网

知识链接

宗教礼仪是宗教信仰者为表达对崇拜现象的尊敬和崇拜而形成的各种仪式活动，是巩固和发展宗教信仰、宗教组织、宗教感情的重要手段，担负着满足大众心理需要的社会功能。了解宗教的一般知识、礼仪和禁忌，是在旅游接待与交际活动中，帮助了解各国人民精神生活和日常生活习俗的一把钥匙，也是在交际活动中对客人尊重和友好的表示。

一、佛教

（一）佛教的产生

佛教为世界三大宗教之一，创立于公元前6世纪，创始人是印度的乔答摩·悉达多，他被尊称"佛陀"，意为觉悟者，简称"佛"。释迦牟尼是佛教徒对他的尊称，意为释迦族的"圣人"。佛教的经典为《大藏经》。作为一种最古老的世界性宗教，佛教在今天仍有一定的影响。它的信徒约有3亿多人，目前主要集中于东亚、南亚和东南亚一带。

公历纪元前后，佛教开始由印度传入中国，经长期传播发展，而形成具有中国民族特色的中国佛教。由于传入的时间、途径、地区和民族文化、社会历史背景的不同，中国佛教形成三大系，即汉地佛教（汉语系）、藏传佛教（藏语系）和云南地区上座部佛教（巴利语系）。出家的佛教徒称和尚，不出家的佛教徒称为居士。1953年，中国建立了中国佛教协会。中国最早的佛寺为洛阳白马寺。

（二）佛教的教义

佛教的基本教义是三法印、四圣谛、八正道、十二因缘、因果业报、三界六道、三十七道品、涅槃，以及自成一体的密宗法义等。"三法印"就是佛教用以衡量天下事物是否合乎教义的三个砝码："诸行无常""诸法无我""涅槃寂静"。"四圣谛"是说苦、集、灭、道。"苦谛"是说人生一切皆苦，苦海无边；"集谛"是说造成人们痛苦的种种原因；"灭谛"是说佛教引导人们最终达到理想境界（涅槃）；"道谛"是说抵达理想境界的种种手段和方法。"八正道"把"四圣谛"中的"道谛"进一步具体化，提出欲达到理想境界（涅槃）应遵循的八种方法是正见（正确的见解）、正思（正确的思考）、正语（正确的言论）、正业（正确的行动）、正命（正确的生活）、正精进（正确的努力）、正念（正确的意念）、正定（正确的自我精神集中）。"卜二因缘"为佛教"世轮同"的基本理沦，是对人生苦难的缘由所做的分析。它以"无明"作为过去世的原因，以"爱、取、有"作为现世的原因，以"识、名、色、六人、触、受"

作为现世的结果，以“老、死”作为未来世的结果，这就是佛教宣扬的“生死轮回”“一切皆空”等。

（三）中国历史上的佛教渊源

三大宗教中，佛教传入中国最早，大体在公元前后两汉之际。从南北朝开始，中国佛教进入兴盛发展阶段。南北朝时佛教已遍布全国，出家、在家佛教徒数量增加很快，如北方的长安僧尼过万，南方的建业（今南京）有佛寺数百座。隋唐时期是中国佛教鼎盛之时。隋朝皇室崇信佛教、唐朝皇帝崇信道教，但对佛教等其它诸多宗教都采取宽容、保护政策。其中武则天对各种宗教都做积极性的推广与赞助，尤其是对佛教寺院的启建极加护持，当中最重要的便属龙门石窟的建造工作。

佛教在中国形成了三大语系：即汉语系、藏语系和巴利语系。汉藏二系属大乘佛教，巴利语系属小乘佛教，亦称“上座部佛教”。藏传佛教（藏语系）主要流行于西藏、云南、四川、青海、新疆、甘肃、内蒙古等地。10 世纪晚期，形成了红教、花教、白教、黄教等具有西藏特色的藏传佛教不同的教派。15 世纪初，宗喀巴改革宗教，严格戒律，创立了格鲁派（即黄教），其势力日渐强大。至清代，得到清帝的大力扶植。清朝正式承认格鲁派的活佛转承，并册封其中最大的两个活佛为“达赖喇嘛”和“班禅额尔德尼”，令其分别统领前后藏僧俗事务，成为整个藏区精神上的和世俗上的领袖，逐步形成藏区政教合一的社会制度。

中国南传上座部佛教（巴利语系）主要分布于云南省的西双版纳傣族自治州、德宏傣族景颇族自治州、思茅地区、临沧地区、保山地区。傣族、布朗族、阿昌族、佤族的大多数群众信仰南传佛教。

（四）佛教戒规

1. 四威仪

僧尼的行、站、坐、卧应该保持的威仪德相，不容许表现举止轻浮，一切都要遵礼如法。所谓“行如风、站如松、坐如钟、卧如弓”。

2. 十重戒

戒杀生、偷盗、淫欲、妄语、饮酒、说过罪、自赞毁他、悭惜加毁、嗔心不受悔、谤三宝戒。

（五）佛教的主要节日

1. 佛诞节

又称浴佛节，是佛教重要节日，用以纪念佛教创始人释迦牟尼的诞辰。相传在 2600 多年前，释迦牟尼从摩耶夫人的肋下降生时，一手指天，一手指地，说：“天上地下，唯我独尊。”于是大地为之震动，九龙吐水为之沐浴。因此各国各民族的佛教徒通常都以浴佛等方式纪念我国汉族地区的佛教徒,以农历4月8日为佛诞辰日,藏族佛教徒以农历4月15日为佛诞节。

2. 成道节

又称道令、佛成道日,是纪念释迦牟尼成佛的节日。成道在农历腊月初八。中国古代称农历十二月为腊月,故十二月初八又简称'腊八"。中国有在腊八这一天食腊八粥的习俗,佛教传入中国后,为比节日变成佛教节日,于是把释迦牟尼成道日推算为腊八这一天,将传统民俗融于佛教节日中,以此扩大佛教的影响,佛教不杀生,把献牲改为献粥。

3. 涅槃节

释迦牟尼一生传道说法45年,足迹遍布恒河两岸。他在80岁那年在枸尸那加城的娑罗双树林中逝世。这一天是2月15日,后来被佛教徒尊为"涅槃节"是纪念释迦牟尼逝世的佛教节日。

4. 其他节日

汉语系佛教除以上几个主要节日外,历史上还流传过一些不见于经典的诸佛、菩萨的诞辰、成道日、出家日和民间的纪念活动。近现代以来,多数活动已被寺院和信众渐行取消。

(六)佛教礼仪

1. 称谓

佛教的教制、教职在各国不尽相同。在我国寺院中,一般有"住持"(或称"方丈",是寺院负责人)、"监院"(负责处理寺院内部事务)、"知客"(负责对外联系),可尊称"高僧""大师""法师""长老"等。佛门弟子依所受戒律等级的不同,可分为出家五众和在家两众。出家五众是指:沙弥、沙弥尼、式叉摩尼、比丘、比丘尼。在家两众指:优婆塞和优婆夷。佛教徒出家的俗称"和尚"(僧)和"尼姑"(尼),亦可尊称"法师""师太"。不出家但遵守一定戒律的佛教信徒称,可尊称为"檀越""护法""居士""施主"等。

在佛教礼仪中,不能问尊姓大名,出家人都姓释,出家入道后,由师父赐予法名。受戒时,由戒师赐予戒名。一般可以这样问:"请问法师上下(法号)?"

2. 佛教的基本礼节

(1)合十

也称"合掌",是指双手齐胸、十指相合。合十为礼,以示敬意。

(2)顶礼

向佛、菩萨或上座行此礼。双膝跪下,头顶叩地,双手过额承空后双手掌着地,而后用头顶尊者之足,以示头触佛足,恭敬至诚,就是俗话说的"五体投地"。

(3)功课

在寺庙里僧尼每天的必修课为朝暮课通,又称早晚功课,或五堂功课。寺庙在早上4时开始打催越板,僧尼洗漱之后聚集在大雄宝殿,恭敬礼佛,端坐蒲团,听候大钟大鼓结束声。随后起立,随众念诵早课,如楞严、大悲、十小咒、心经等。晚课在下午4时左右,僧尼立诵弥陀经和跪念佛忏悔文,发愿、同向、放蒙山。成语"晨钟暮鼓",就是由佛教寺庙里的早晚功课而束的。

(4)五戒

指不可杀生,不可偷盗,不可邪淫,不可饮酒,不可妄语。这叫作"方便五戒"。

(5)大戒

又叫"比丘戒",是指不杀、不盗、不淫、不妄、不酒、不穿彩色服装、不使用化妆品、不睡高床、午后不食、不积财宝,共十种根本戒。由此扩充到匠的250戒、比丘尼的348戒等。

过去,比丘和比丘尼受戒时,要在头上烫12个香洞,现在中国佛教协会根据广大教徒的意见,决定受戒时不必燃香疤,这主要是因为佛制原来没有这个规定,东南亚佛教国家的僧人也都不烫香洞和没有香疤。

(6)过堂

僧尼吃饭都要过堂,早晨、中午到"五观堂"或"斋堂"用食。五观意思为:思念食物来的不容易,思念自己德行是否有亏缺,避免产生贪食美味的想法,把饭食只当做疗饥的药,为修道业而食之。

南无,中文意译为归命、敬礼、归依、救我、度我等义,是众生向佛至心皈依信顺的话。佛教用语,常用在佛、菩萨或经典名之前,表示尊敬或皈依。又作南牟,佛教徒称合掌稽首为"南无",并常用来加在佛名、菩萨名或经典名之前,表示对佛法的一种尊敬。念"南无阿弥陀佛",意为"把一切献给× ×"或"向× ×表示敬意"。

(7)忏悔

忏悔,佛教语。佛教规定,出家人每半年集合举行诵戒,给犯戒者以说过、悔改的机会。后遂成为自陈己过,悔罪祈福的一种宗教形式。引申为认识了错误或罪过而感到痛心,决心悔改。

(8)朝山

到名山大寺进香参拜。

(七)佛教禁忌

1. 饮食禁忌

(1)过午不食

按照佛教教制,比丘每日仅进一餐,后来也有进两餐的,但必须在午前用毕,过午则不能进食。在东南亚一带，僧尼和信徒一日两餐，过了中午不能吃东西，午后只能喝白开水。我国汉族地区因需要自己在田里耕作，体力消耗较大，晚上非吃东西不可，所以少数寺庙里开了“过午不食戒”，但晚上所吃的东西称为药食。

(2)不吃荤腥

荤食和腥食在佛门中是两个不同的概念。荤专指葱、蒜、辣椒等气味浓烈、刺激性强的东西。因为吃了这些东西不利于修行，所以为佛门所禁食。腥则指鱼、肉类食品。东南亚国家僧人多信仰小乘佛教，或者到别人家托钵乞食，或是由附近人家轮流送饭，无法挑食，所以无论素食、肉食，只能有什么吃什么。我国大乘佛教的经典中有反对食肉的条文，汉地僧人是信奉大乘佛教的，所以汉族僧人和很多在家的居士都不吃肉。在我国蒙藏地区，僧人虽然也信奉大乘佛教，但是由于气候和地理原因，缺乏蔬菜，所以食肉。但无论食肉与否，大小乘教派都禁忌荤食。

(3)不喝酒

佛教徒都不饮酒，因为酒会乱性，不利于修行，所以严格禁止。

2. 交往禁忌

佛教徒内部不用握手礼节，不要主动伸手与僧众相握，尤其注意不要与出家的尼众握手。非佛教徒对寺院里的僧尼或在家的居士行礼，以合十礼为宜。

3. 行为禁忌

佛寺被佛教徒看作是清净的圣地,因此非佛教徒进入寺庙衣装要整洁,不能着背心、打赤膊、穿拖鞋。当寺内要举行宗教仪式时,不能高声喧哗以及做出其他干扰宗教仪式或程序的举动。未经寺内执事人员允许，不可随便进入僧人寮房以及其他不对外开放的坛口。另外，为保持佛门清净，严禁将一切荤腥及其制品带入寺院。进入寺庙时。对于佛祖、佛像、寺庙以及僧尼,非信徒对其不可妄加评沦,应慢步轻声,不允许拍照。

4. 祭拜禁忌

入寺拜佛一般要烧香，这是为了袅袅香烟扶摇直上，把诉诸佛的“信息”传递给众佛。但在拈香时要注意香的支数，由于佛教把单数看成吉数，所以烧香时，每炷香可以有很多支，但必须是单数。

5. 国别禁忌

在缅甸，佛教徒忌吃活物，有不杀生与放生的习俗。忌穿鞋进入佛堂与一切神圣的地方。他们认为制鞋用的是皮革，是杀生所得，并且鞋子踏在脚下是肮脏的物品，会玷污圣地，受到报应。在日本，有佛事的祭祀膳桌上禁忌带腥味的食品，同时忌食牛肉。忌妇女接触寺庙里的和尚，忌女性送东西给和尚。在泰国，佛教徒最忌讳别人摸他们的头。即使是大人对小孩的抚爱也忌讳摸头顶,因为按照传统的佛俗认为头部是最高贵的部位,抚摸或其他有关接触别人头部的动作都是对人的极大侮辱。同时还忌讳当着佛祖的面说轻率的话。佛教徒购买佛饰时忌说“购买”,只能用“求租”或“尊请”之类的词,否则被视为对佛祖的不敬,会招来灾祸。在中国,佛教徒忌别人随意触摸佛像、寺庙里的经书、钟鼓以及活佛的身体、佩戴的念珠等被视为“圣物”的东西。流行于傣、布朗、德昂等少数民族中的“南传上座部佛教”另有一些禁忌。如在德昂族中,在“进洼”(关门节)“出洼”(开门节)和做摆(庙会)等宗教祭日里,都要到佛寺拜祈三天,忌讳农事生产;进佛寺要脱鞋;与老佛爷在一起时,忌吃马肉与狗肉;妇女一般不能接触佛爷,也不能与老佛爷谈话。德昂族传说“活佛”飞来时先落于大青树上,然后才由佛爷请进佛寺,故视大青树为“神树”,忌砍伐。

二、基督教

(一)基督教的产生

基督教作为世界第一大宗教,包括天主教、东正教、新教以及其他一些较小的派别。它的教义、礼仪和节日习俗在当今的欧洲、美洲、大洋洲等地区和国家人民的生活与交往中,仍然起着重要的作用。

基督教产生于公元1世纪的巴勒斯坦,“基督”一词是古希腊语的译音,意为“救世主”。

(二)基督教的教派

在基督教的发展历史上,发生过两次大的分裂,由此形成天主教、东正教和新教三大教派。公元395年,罗马帝国分裂为东、西两部,基督教会形成西部的罗马和东部的君士坦丁堡两个中心。1054年,东西基督教会正式分裂,东部教会自称“正教”(东正教),西部教会自称“公教”(天主教)。16世纪,基督教历史上的第二次大的分裂在罗马天主教内部因宗教改革而引发。天主教中分离出基督教的一个新派别——新教。

1. 天主教

天主教也称为罗马公教。它除了信仰天主和基督耶稣外,还遵奉玛利亚为圣母。建立以罗马教皇为首的教廷和下属各级教会组织。罗马教皇成为全世界罗马系天主教徒的精神领袖。罗马教皇终身任职,如现任罗马教皇保罗二世。教皇任命红衣主教担任罗马教廷和各国教会的重要职务,并有选举和被选举为教皇的权利。再下一级的神职人员是主教、副主教、神父、修士和修女等。

2. 东正教

东正教自称“正教”,意为正统教会。它信奉上帝、基督和圣母,但不承认罗马教皇有高出其他主教的地位和权利,并允许主教以外的教士婚娶。东正教的神职按教会行政职务高低分为:牧首、都主教、大主教、主教、修士大司祭、修士司祭、修士大辅祭等。

3. 基督新教

基督新教在我国称为新教,宗教界译为基督教,民间称为耶稣教。基督新教不承认罗马教皇的权威,不尊圣母玛利亚为神,对基督教义、仪式、教会管理方式做了一些改革,允许教士婚娶。基督新教的教职为牧师,另有实习牧师、传道员等神职人员。同时各教派之间又有不同的职位和称谓,如卫理公会有主教;达尔文教派有长老;圣公会的教职有坎特伯雷大主教、大主教、主教、会长(牧师)、会吏(实习牧师)。

(三)基督教政体制

1. 主教制

主要有天主教、东正教以及其他东派较小古老公教会、新教的圣公会等。他们根据《新约圣经》和古代教会传统文献的记叙,认为主教、长老、执事等三者是自古教会管理体制中最根本的三级圣品职位,天主教和东正教在三者之下含有一些较低级的神品,以主教为首形成教阶管理体制。

2. 长者制

16 世纪宗教改革时由加尔文倡导。他认为《新约圣经》中的教会是由信徒群众组成的团体,其基层组织是由地方堂会的会众组成,设牧师、教师、执事和长者。长老制主要由加尔文宗(即归正宗)的教会采用。

3. 公理制

实行公理制的教会有公理会、漫会、公谊会等。由 16 世纪英国的罗伯新勃朗所倡,主张名堂会应由该会会众直接管理,强调教会的唯一首领是基督,每个信徒在上帝面前都可作祭司。名堂会都是独立自主的教会,不设教务上和教会行政上的各级总机构。牧师由堂会、信徒民主先聘,名堂会的具体制度和礼仪由会众自行决定。

(四)基督教的基本教义和典籍

1. 基督教的基本教义

(1)三位一体

基督教信仰三位一体的上帝,认为上帝就其本质而言只有一个,但是具有三个位格:

圣父，即天地万物的创造者和主宰，“独一无二的、无所不能的上帝，创造有形、无形的万物的上帝”；

圣子，即耶稣基督，是“独一无二的主，为圣父所生”，“从神出来的神，从光发出来的光，从真神出来的真神”，“天地间的万物都是凭着他而受造的”，他“为拯救世人而降临，取肉身成为世人”，“受难，被钉在十字架上”，“第三日复活”，“第四十日升天”，“将来必再降临，审判活人死人”；

圣灵，“圣神”，“是主，是赐生命的，从父出来（西派教会主张“从父和子出来”），与父子同受敬拜，同受尊荣”。

这三者虽非一位，却不是三神，而是同具一个本体的独一无二的真神。这个“奥秘”不能靠理性来领悟，只能靠信仰来接受。

（2）上帝之创造

上帝之创造亦称“天主之造化”，认为宇宙万物都是上帝所创造的。上帝创造世界的过程也称为“六日工程”。

（3）道成肉身

基督在创造世界之前便与上帝同在，即上帝的“道”，也称逻各斯。因世人犯罪无法自救，上帝派遣他来到人间，通过童贞女玛利亚而取肉身成人，即耶稣基督。

（4）原罪

基督教信徒认为人世苦难的根源，即整个人类的原始罪过。除原罪外，每个人自己违背上帝的旨意所犯的罪则称“本罪”或“现犯罪”。

（5）救主与救赎

基督教称耶稣基督为“救主”或“救世主”，认为耶稣降生是为了拯救相信他的人摆脱罪恶，得到永生。

（6）天堂和地狱

基督教传统教义认为，现实世界是罪恶的渊源，人在这个世界中的苦难是无法摆脱的，只有相信上帝和其派来的救主耶稣，一切顺从上帝的安排，死后灵魂才能升入天堂，否则在末日审判时会被投入地狱。天主教和东正教还相信有“炼狱”，但新教没有“炼狱”之说。

2. 典籍

基督教的典籍是《圣经》，包括《旧约全书》和《新约全书》两部分。所谓“约书”，是指上帝和人们所订立的盟约。

（五）基督教在中国的传播

基督教传入中国年代尚无定论。据说唐太宗贞观九年（635 年），基督教开始传入中国,但当时传入的是当年一度被认为是异端的聂斯托利派(中国称景教,现称“东方亚述教会”),后来在唐朝会昌五年(845年)被禁止传播。

元朝时,景教和罗马公教再次传入中国,称为“也利可温”(希伯来文“上帝”的译音)史籍记载,元初仅大都地区就有聂斯脱利的信徒3万多人。元代政权在中央设立崇福司,秩从二品,掌领马儿、哈昔、列班、也里可温、十安寺祭享等事。到仁宗延祐二年(1315年),改司为院,元朝灭亡后又中断了。

明1582年,利玛窦奉耶稣会远东巡阅使范礼安之命,来澳门学中文,次年9月与罗明坚以“西天竺僧”身份得以进入广东肇庆,建起第一个传教会所。1589年利玛窦移居韶州后,请人讲授“四书”,1594年初将《四书》用拉丁文译成第一个外文译本。1595年他穿儒服到南昌定居,结交显达,做《交友论》,并完成《天学实义》初稿。后任中国传教会会长。

清雍正五年(1727年),东正教开始在中国传播。1807年,新教派遣马礼逊来华传教,新教也开始在中国传播。康熙末年,罗马教廷支持多明成会,指责耶稣会维护祭祖祭孔实际上是卖主求荣,在“中国礼仪之争”中坚持不让步,结果引起康熙反感,朱批道:“以后不必西洋人在中国行教,禁止可也,免得多事。不久后,清朝索性闭关自守,直到鸦片战争。鸦片战争以后,基督教以沿海通商口岸为基地迅速发展。1843年,洪秀全借助基督教教义,自称是耶稣的弟弟,建立“拜上帝会。”

(六)基督教的基本礼仪

1.基督教的主要礼仪

(1)称谓

对宗教职业人员,按其教职进行称谓,如某某主教、某某牧师等,以表示尊敬。信徒之间可称平信徒,就是平常、普通的信徒,是与教会神职人员相对而言的。我国平信徒之间习惯称为“教友”。新教的教徒之间常称为兄弟姐妹——同是上帝的子女,或同道。对国外的基督教徒通常可以用先生、女士、小姐等,或用主任、博士、总干事等职衔和学衔称呼,以表示尊敬之意。

(2)礼拜

礼拜指基督教徒每逢星期日在教堂内举行的宗教聚礼,它是基督教最经常和最主要的宗教礼仪。一般每星期日举行一次,多由牧师主领。除这种经常性礼拜外,也有特殊的礼拜,如为死者举行的追思礼拜、在某特定节日举行的节日礼拜,有的教会有固定化的礼拜程式和固定的祷文。一般教会礼拜的主要程式系由牧师向信众讲道——引用《圣经》的某些章节来宣传教义。有的程式比较自由,没有主领人讲道,而由与会者即席做“见证”——讲述亲身的经历来证明《圣经》的真理。祈祷(也作祷告)也无固定祷文祷告末尾大都说“这都是靠着我主耶稣基督的功劳”，然后全体参加礼拜者说“阿门”（意为“诚心所愿”），有的教会常有人在听到领祷者说到他所特别赞成的话时，也插入说“阿门”。

（3）圣事

圣事也称圣礼，基督教认为，圣事是耶稣基督亲自定位、并且有一定形式的宗教礼仪，基督教的圣事主要有“洗礼”和“圣餐礼”。

（4）祈祷

祈祷也称为念经，是指基督教徒向上帝和耶稣表示感谢、赞美、祈求或认罪的行为。祈祷包括口祷和默祷两种形式，个人可以独自在家进行，也可以利用聚会时，由牧师或神父作为主礼人。祈祷者应始终保持必要的仪态，维系一种“祭神如神在”的虔诚。礼毕，须称“阿门”，意为“真诚”，表示“惟愿如此，允获所求”。

（5）洗礼

洗礼是入教者必须领受的第一件圣事，受了洗礼者才算是正式的教徒，受洗者一般须于受洗前接受一段时间的基本教义培训并经口试（称为“考信德”）及格。洗礼方式一般分作点水礼和浸礼两种。前者由牧师用手沾“圣水”（经过祈祷祝圣的清水）点在受洗者额上，并念“奉圣父、圣子、圣灵的名，为你施洗”，有的还沾水在受洗者额上画一个十字架“圣号”。浸礼多数在教堂特设的“浸礼池”中举行。牧师和受洗者都立在水中，由牧师扶住受洗人快速在水中浸一下全身，并说“奉圣父、圣子、圣灵的名，为你施浸”。洗礼表示受礼者“悔改信主”，并经圣水“洗净罪过”。

2. 基督教的其他常见礼仪

（1）唱诗

唱诗是领唱或合唱颂赞、祈求、感谢上帝的赞美诗，用来讴歌和颂赞上帝美好。

（2）告解

通常称为忏悔，是耶稣为赦免教徒在领洗后对上帝所犯错误的清罪。通过忏悔自己的罪过，祈求上帝的原谅，再新得到恩宠而亲自立定的。教徒单独向神职人员讲述自己所犯的过错或推行，并表示悔改。教职人员对教徒的告解内容应当给予保密。

（3）终敷

教徒临终前，由神职人员为其敷擦“圣油”，赦免其一生所犯的过错，让他安心去见上帝。

（4）守斋

基督教规定，教徒每周五及圣诞节前夕（12 月 24 日）只食素菜和鱼类，不食其他肉类。天主教还有禁食的规定，即在耶稣受难节和圣诞节前一天，只吃一顿饱饭，其余两顿只能吃得半饱或者更少，基督徒有守斋的习惯。基督徒在饭前往往要进行祈祷，如和基督徒一起用餐，要待教徒祈祷完毕后，再拿起餐具。

(5)婚配

教徒的婚礼可以在教堂举行，请牧师或神父主持婚礼。按仪式要求，主持婚礼的牧师或神父在询问男女双方是否同意结为夫妻并得到肯定同答后，主礼人诵念规定的祈祷经文，宣布他们为合法夫妻，给以祝福。

(七)基督教的主要节日

1. 圣诞节

公历12月25日为耶稣基督诞生的日子，这一天定为圣诞节。12月24日通常称为圣诞夜，一般教堂都要举行庆祝耶稣降生的夜礼拜(根据圣经耶稣降生于晚上)，礼拜中专门献唱《圣母颂》或《弥赛亚》等名曲。像国际礼拜堂、沐恩堂、景灵堂都以圣诞夜音乐水准较高而闻名于基督教界。圣诞节是全世界基督教最隆重的日子，也是欧美各民族一年之中最重要的节日。这一天，通常要举行各种形式的娱乐和庆祝活动，如清心堂，华东神学院等每年圣诞节都有朝圣表演，再现耶稣诞生时的情景。各种活动和象征物主要有“圣诞夜”“圣诞马槽”“圣诞树”“圣诞老人”“圣诞贺卡”“圣诞歌”“圣诞蛋糕”“圣诞蜡烛”“圣诞花”“圣诞鸡”“圣诞箱”等。

2. 复活节

复活节是基督教内仅次于圣诞节的一个宗教节日。据《圣经·新约全书》载：耶稣受难被钉死在十字架上后，第三天复活。根据公元325年尼西亚公会议规定，复活节在每年春分后第一个圆月后的第一个星期日，一般在3月22日至4月25日之间。每年春分过去，第一次月圆后的第一个星期日就是复活节，日期年年不同。象征生命的蛋、火、水、兔等成了复活节的吉祥物。鸡蛋和兔子在西方是新的生命和兴旺发达的象征。鸡蛋的本色象征太阳，把鸡蛋染成红色则象征生活幸福。在复活节中，父母要特地为孩子们准备制成鸡蛋、兔子形状的巧克力糖。亲友间要互赠彩蛋。

3. 受难节

4月18日是耶稣受难节。传说耶稣在这一天因门徒犹大出卖而被钉死在十字架上。

4. 感恩节

感恩节为美国基督教的习俗节日，起源于1621年，初为迁居美洲的清教徒庆祝丰收的活动，后经美国总统华盛顿、林肯等定此节为全国性节日。具体日期多经更改，1941年起定为11月第四个星期四举行，教堂在这一天举行感恩礼拜，家庭也举行聚会，通常共食火鸡等。中国基督教部分教派守此节，并举行感恩礼拜。

5. **情人节**

即圣瓦伦丁节。在每年的2月14日,这是一个情侣们的节日,富有浪漫色彩。充满了友谊和快乐。年轻的恋人一起到郊外旅游或去参加舞会。有的俱乐部还为年轻的朋友举行非常有趣的化装舞会。恋人们互赠有纪念意义的礼品或精美别致的贺卡,印有象征爱情的图案。礼品的装饰大多是心形的糖盒、香水或饰物。也有的送系着红丝带的玫瑰花或郁金香花束。有的老年夫妇在这天也互赠鲜花。以表达他们持久的爱情。

(八) 基督教的禁忌

(1)不吃血

原因是血象征生命,是旧约献祭礼仪上一项重要的内容。而且,新约把血的作用解释为耶稣基督在十字架上流血舍命而带给人的救赎能力。血既然有如此重要的意义,所以出于纪念,不吃血成为《圣经》对基督徒的一种要求。

(2)禁止看相、算命、占卜和占星术(星象学)等

因为这些迷信除了相信一种上帝之外的干预人生的神秘力量外,还有一种宿命论倾向。基督教认为,每个人都是上帝所爱,都有自己的意志选择权,上帝不强加意志给人,而让人自愿选择人生道路,每个人又当为自己选择的行为负责,此类迷信活动与此背道而驰。

忌讳崇拜除上帝以外的偶像。向基督徒赠送礼品，要避免上面有其他宗教的神像或者其他民族所崇拜的图腾。要尊重基督徒的信仰,不能以上帝起誓,更不能拿上帝耶稣开玩笑。

(3)忌讳13和星期五

基督教讨厌“13”这个数字和“星期五”这一天。在基督徒眼中“13”和“星期五”是不祥的，要是13日和星期五恰巧是同一天,他们常常会闭门不出。在这些时间，千万别打扰他们。

(4)婚姻

根据《圣经》中伊甸园的记叙,基督教认为:第一,婚姻是神圣的,因为婚姻的起源是创造主自己;第二,婚姻应以一夫一妻为原则,上帝为亚当创造夏娃即表明这一道理。既然婚姻是神圣的,要求做到一夫一妻,因此基督教不主张离婚。基督教传统认为,离婚的前提是一方犯淫乱的罪。圣经中提到离婚的另一个可被允许的情形是,为信仰不同之故,一方自愿离去。

(5)与基督教信仰者打交道时,不宜对其尊敬的上帝、圣母、基督以及其他圣徒、圣事说长道短,不宜任意使用其圣像与其宗教标志。

(6)就餐之前基督徒多进行祈祷。非基督徒虽然不必照此办理,但也不宜在

其前面抢先而食。

(7)在基督教的专项仪式上,讲究着装典雅,神态庄严,举止稳重。服装前卫,神态失敬,举止随便者,均不受欢迎。教堂为基督教的圣殿。它允许非基督徒进入参观,但打闹、喧哗等有碍其宗教活动的行为是在教堂中被禁止的。

三、伊斯兰教

(一)伊斯兰教的产生

公元7世纪初诞生于阿拉伯半岛,由伊斯兰教的先知穆罕默德所创。中国旧称回教、清真教或天方教。目前世界上有10亿多信徒,他们大多分布在阿拉伯国家,以及中非、北非、中亚、西亚、东南亚和印度、巴基斯坦、中国;有些国家还以伊斯兰教为国教。

伊斯兰教认为除了安拉再没有神,反对信多神、拜偶像,伊斯兰,是阿拉伯语的音译,本意"顺从"。顺从安拉旨意的人,即"顺从者",阿拉伯语叫"穆斯林",是伊斯兰教徒的通称。在中国,穆斯林也称安拉为"胡大"或"真主"。穆斯林都相信穆罕默德是"先知",是"安拉的使者",是奉安拉之命向人类传布伊斯兰教的。伊斯兰教的口号是"安拉是唯一的真神"。伊斯兰教有特殊的标记和色彩,这也表现在伊斯兰国家的国旗上。新月和五角星是伊斯兰教的标记,绿色是穆斯林所喜爱的颜色。

我国信仰伊斯兰教的共有回族、维吾尔族、哈萨克族、东乡族、柯尔克孜族、撒拉族、塔吉克族、乌孜别克族、保安族、塔塔尔族等10个少数民族。

(二)伊斯兰教派系

主要分为逊尼和什叶两大派系,也有其他一些小派系(如哈瓦里吉派,伊斯玛仪派)。逊尼派被认为是主流派别,又被称为正统派,分布在大多数伊斯兰国家,中国穆斯林也大多是逊尼派;什叶派的信徒主要分布伊朗,还存在于其他一些国家和地区,如伊拉克等国。两派的分别主要在于对于穆圣继承人的合法性的承认上。按什叶派的观点,只有穆圣的女婿兼堂弟阿里及其直系后裔(即穆罕默德·哈希姆家族)才是合法的继承人,而逊尼派则认为哈里发只是信徒的领袖,穆圣的宗教领导人的身份的继承者,无论是谁,只要信仰虔诚,都可担任哈里发。不管是逊尼派、还是什叶派,都是穆斯林兄弟,都信仰同一部《古兰经》、遵圣训、都是诚信真主独一、承认穆圣是真主派给人类的最后一位使者。并认同真主的独一、全知、全能、本然自立、无始无终、无重量、无动静、无匹敌、不占据时空、无形无相、公正、是宇宙最高的完美实在。

(三)伊斯兰教历

又称希吉来历(希吉来为迁徙的意思)。公元622年7月16日(阿拉伯太阴年1月1日)，这一天称为希吉来历纪元元年元旦。这是第二任海里发欧麦尔为纪念历史上穆圣由麦加迁移麦底那这一伟大事件而规定的。

伊斯兰教历不同于我国的阴历。我国的农历每年比公历少十天左右，故每三年一闰月，与公历年份的推进基本保持平衡。而伊斯兰教历则没有闰月，只是每三年有一个闰日。因此，伊斯兰教历每年比公历也少十天左右。这样每三十六年即少一年。伊斯兰教的其他节日和纪念日也如此推算。

(四)伊斯兰教的教义

伊斯兰教的基本教义就是信仰安拉是世间惟一的神。安拉在我国穆斯林中也称为“真主”，西北地区称“胡达”。他是主宰一切的神。人的一切都是由安拉决定的，即前定。伊斯兰教以基本教义为核心，形成了自身宗教的“六大教义”。

1.信安拉

相信安拉是创造和主宰宇宙万物的惟一的神。

2.信先知

伊斯兰教把受安拉启示并向世人宣传教义的人称为先知。穆汗默德是先知之一，也是最后一位先知，在他之后不会再有先知了。先知是人类中的优秀者、智慧者、劝诫者、报喜者。安拉在不同的时期向不同的民族派遣过约10多万名宣传圣言的先知，其他先知还有阿丹(亚当)、易卜拉欣(亚伯拉罕)、穆萨(摩西)等，穆罕默德是“封印先知”。

3.信天神

安拉七天内创造了万物，两天内创造了天地，又用光创造了天神。天神数目繁多，没有性别，长有义翅，神通广大，变幻莫测，各司其职。有的天神施风行雨，有的天神管理世界末日，有的天神管理生物给养等，如天神哲布利里负责向穆罕默德传达安拉的启示。

4.信经典

《古兰经》是安拉降示人间的天经，是伊斯兰的根本经典，也是社会立法、道德规范、思想学说的基础。

5.信前定

信现世的一切都是安拉的前定，人的命运早就被安拉预先定下了。

6.信后世

伊斯兰教认为人死后还有未来世界，即后世的生活，也就是末13或审判日，那一日所有的亡灵都将复活，生前多行善事者人乐园，生前背信作恶者进火狱。

(五)伊斯兰教的主要宗教节日

1. 开斋节

伊斯兰教历10月1日,我国穆斯林称肉孜节、大尔代节。穆斯林在开斋节要净身、理发、剪指甲,穿上新衣,吃枣子。到清真寺举行会礼,要去时、回时走不同的路,较富裕的穆斯林要施舍。会礼后,亲友互访,互赠礼品,举行庆祝活动。

2. 古尔邦节

古尔邦节亦称“宰牲节”(阿拉伯语“尔迪古尔邦”的意译,“尔迪”就是节日的意思),伊斯兰教历12月8日至10日为宰牲节,清真寺举行会礼。宰牲献祭,牲畜肉分三份,一份送亲友,一份施舍,留一份自食。亲友间互相拜会。宰牲节的意义是学习易卜拉欣经受了考验,安拉改命易卜拉欣以绵羊作牺牲。

3. 圣忌节

圣忌节阿拉伯语称“冒路德节”,与“开斋节”“古尔邦节”并称伊斯兰教三大节日,在每年六月八日进行,相传这天为穆罕默德的逝世日,亦称“圣忌”。为缅怀其功德,举行纪念活动,主要包括诵经、赞圣和讲述他的生平事迹。当日穆斯林前往清真寺听教长、阿訇讲经,然后游玩一天,有的还宰杀牛羊,设宴聚餐。

4. 圣纪节

伊斯兰教历3月12日为圣纪节,是穆罕默德诞生和逝世的日子。穆斯林到清真寺举行圣会,集体诵读《古兰经》,宣扬穆罕默德的生平业绩。

5. 阿术拉节

伊斯兰教历1月10日为阿术拉节,是安拉创造人、天国乐园、火狱的日子,也是阿里之子侯赛因殉难日。穆斯林在该日自愿斋戒。什叶派则举行哀悼仪式和游行等。

6. 盖德尔夜

伊斯兰教历9月27日夜为盖德尔夜,是安拉颁降《古兰经》之夜。穆斯林夜晚去清真寺做礼拜、育经,有的还整夜不眠。

(六)伊斯兰教礼仪

1. 称谓

教徒称“穆斯林”。朵斯梯是中国伊斯兰教教众称谓。波斯语音译,原意为“朋友”“知己”,为中国穆斯林相互问的亲切称呼。今演化为“弟兄”“教亲”“教友”之意。放穆斯林之间多以此语互称,以示其身份和团结友爱之情。宗教领袖、教长、清真寺的主持人、什叶派的政教领导人,尊称为伊玛目。

主持清典寺教务者尊称为阿訇。教坊首领,尊称为教长阿訇。经文大师尊称为开学阿訇。伊斯兰学者搏称为安拉。

2. 功

功修，是穆斯林的宗教义务和修炼方式，也称仪巴达特。由“五功”组成，即念功、礼功、斋功、课功、朝功。

一是念功，即念诵“万物非主，唯有真主；穆罕默德是主的使者”。这句宗教口号，用阿拉伯语念诵，富有音乐旋律感。在我国，这句口号被称为“清真言”。念诵清真言，意在表示自己的信仰，是向真主作证。

二是礼功，即做礼拜，是对安拉的感恩、赞美、恳求和禀告。穆斯林每天要作五时礼拜：天亮时辰拜，中午晌拜，下午太阳偏西时晡拜，黄昏时昏拜，入夜宵拜。礼拜场所不定，方向朝麦加克尔白。礼拜的仪式是匍匐在地，念词统一规定。

三是斋功，即斋戒。伊斯兰教规定，在伊斯兰教历九月全月，每天日出前一个半小时，到当天太阳落山，禁止饮食、房事和任何非礼行为。直到该月最后一天，看到新月时，斋月即告结束。伊斯兰法规定，男 12 岁、女 9 岁即为成年。未成年人不必斋戒。外出旅行者、病人、产妇、经期女性可以欠斋待补，长病无法补斋的可施舍穷人饭食来弥补。如有意违犯斋戒的，从严处罚，欠一日斋要罚连续两个月斋戒或施舍 60 人一天饭食。

四是课功，也叫天课，即缴纳宗教税。这种税收是以安拉的名义征收的，用于济贫。穆斯林除正常开支外的资财达到一定数目，就应按一定的税率交付天课。天课的目的在于培养乐善好施的品德，克服吝啬的劣根性。

五是朝功，即朝觐。伊斯兰教法规定，凡身体健康、有经济条件的男女穆斯林，一生中至少应去麦加朝觐克尔白一次。凡朝觐过的穆斯林被尊称为“哈吉”。

3. 日常交往礼仪

伊斯兰教注重人际交往，十分重视礼仪。穆斯林相见，先要互相问安，后再交谈，见到尊长，应致立敬礼。同辈相见，行握手礼。亲密的友人，行拥抱吻礼。见面互相敬礼的同时，还互相用祝词祝福对方。上门拜访，一定要征得主人同意，方可入门。子女在晨礼前、午时脱下农服后、宵礼后，要进入长辈卧室，必须先征得长辈同意。伊斯兰教提倡孝敬父母，善待亲属，怜恤孤儿，救济贫民，亲爱近邻、远邻和同伴，款待旅客，宽待奴仆。尤其是把孝敬父母提到敬拜安拉之后的高度。穆斯林握手、端饭、敬茶均用右手，用左手被视为不礼貌。

（七）伊斯兰教禁忌

1. 饮食禁忌

伊斯兰教对饮食有严格的规定，不食猪肉和不反刍的猫、狗、马、驴、骡、鸟类、没有鳞的水生动物等。不食自死的动物、非穆斯林宰杀的动物、动物的血。穆斯林杀牲，要念经祈祷，采用断喉见血的方式，不用绳勒棒打、破腹等屠宰法。不食生葱、生蒜等异味的东西。伊斯兰教禁止饮酒。

2. **服饰禁忌**

伊斯兰教在服饰方面的基本原则是顺乎自然,不追求豪华,讲究简朴、洁净、美观。提倡衣着要符合自己的社会地位和身份。其服饰禁忌主要有:禁止男性穿戴高贵服饰以及佩戴金银等豪华奢侈品,严禁女性显露美姿和服饰(伊斯兰教认为女性除两手、双足及面部外,其余身体部位均为羞体,不能暴露给丈夫和至亲以外的男子,即不得让无关的男性看见自己身体上的装饰和佩戴),严禁改变人类原造的矫饰行为,忌讳穆斯林穿外教服装,禁止男子模仿女性、女性模仿男子的行为和装束,等等。到清真寺做礼拜,参加葬礼等,则必须戴弁。弁是上小而尖、下大而恻的帽子。穆斯林妇女有戴面纱、盖头的习惯。

3. **卫生禁忌**

伊斯兰教是一个注重清洁卫生的宗教,不仅注意用沐浴洁净人的身体外表,而且也非常重视性生活的卫生。在卫生及性行为方面的禁忌主要有:禁止在公共场所大小便,禁止用右手处理污秽事物,禁止在礼拜时交谈、打呵欠、吹东西,禁止吃生葱、生蒜后做礼拜,忌讳贪食,禁止和月经期女性或产妇性生活,禁止通奸,禁止性反常(即严厉禁止同性恋和鸡奸等不正常性行为等)。

4. **婚姻禁忌**

伊斯兰教反对独身主义,主张男大当婚、女大当嫁,认为婚姻不单是男女双方为了满足情欲而进行的一种结合,而且是一个人对自己、家庭、社会、人类生存延续负责任的重要行为,也是一个穆斯林遵从主命、履行先知穆罕默德教诲的具体表现,因而伊斯兰教积极提倡男女健康、合法的婚姻,禁止非法的同居和私通等性关系。同时,为了防止混淆血缘、乱伦等不道德现象,在婚嫁方面规定了一些禁忌,主要有:严禁与有相近血缘、亲缘、婚缘和乳缘关系的人结婚,禁止与外教人结婚,严禁娶有夫之妇,禁止视离婚为儿戏,等等。

5. **其他禁忌**

(1)伊斯兰教禁止偶像崇拜,故此不应将雕塑、画像、照片以及玩具娃娃赠给穆斯林,并不宜邀请其观看电影、电视、录像,也不得邀对方参加拍摄。

(2)虔诚的穆斯林一般每天要做五次礼拜,在此期间,切勿干扰。清真寺为伊斯兰教的圣殿。进入清真寺后,衣着不宜暴露,不宜追逐、嬉戏或大喊大叫。

(3)禁忌在人前袒胸露背,忌在背后诽谤他人的短处,忌别人在自己家里吸烟喝酒。

(4)信仰伊斯兰教的回族人喜爱绿色和白色,沐浴、洗漱用流动的水,视左手为不洁净。

(5)一般不说“猪”字，而说“亥”。说故去的人为“亡人”，说人去世为“无常”。

(6)去世的人忌用绫罗绸缎等一切丝织品，忌放一切陪葬品，用土葬。

(7)过春节不放鞭炮，不贴对联。

四、道教

(一)道教的产生

道教是经过历代宗教按其自身内在的逻辑，经过长期的历史发展而逐渐形成的，是中国土生土长的宗教。它起源于我国古代的巫术和秦汉时期的神仙方术，又吸收了道家的学说，于东汉晚期形成。相传是张道陵所创立，信奉先秦老子为教主和最高天神。官方道教体系建立后，道教在理沦上和组织上逐渐完善。经唐、宋两代的发展，形成“全真道”和正一道”两大派别。《道藏》是道教经籍的总集，是按照一定的编纂意图、收集范围和框架体系，将许多经典通过编辑整理而成的大型道教丛书。从唐朝初年开始编纂，迄今已有近1 300多年的历史。

在道教看来上天有玉清、上清、太清三个仙境，它们也是道教修行的最高境界，称为“三清”。通常道观内设有三清殿，殿内供奉三清尊神，分别为玉清元始天尊、上清灵宝天尊、太清道德天尊(太上老君)，他们是道教崇拜的最高天神。

(二)道教的道规

道规就是道教要求信徒遵守的规则。道教主要戒律有五戒、十戒、碧玉真宫大戒规、孚佑帝君十戒、智慧上品大戒、智慧闭塞六情上品戒、智慧度生上品大戒、三洞众戒文、三坛大戒及崇百药、说百病，等等。这些戒律的内容大同小异，只是产生的时代不同。道教在制定戒律的同时，还特别设立了斋日，斋日是一月之中应斋戒的日子。这一天必须严格遵守道教戒律，这样举行仪式时才能有天神护佑，才能有求必应。道教的斋日有十直斋日、八节斋日、三元斋日、四始斋日、三会斋日。

(三)道教礼仪

1.称谓

出家的道士一般称为“道长”。道士又称为“黄冠”“羽客”。女道士一般称为“道姑”，也叫“女冠”。

另外，还将其他职务称为法师、炼师、宗师、方丈、监院等。道长是当今教外人士对出家道士的一种最常用的尊称。

2.交往

道士对客人所行的见面礼节为“抱拳拱手”礼，若有所请问，则躬身作揖。抱拳作揖拱手，是中华民族特有的专用传统文明礼仪。

3. 叩拜

叩拜是民族礼仪，是最隆重的礼拜仪式。行跪拜时，两手拱至地，头至手。道士跪拜今仍沿袭这一形式。

计划、决策与实施

<table>
<tr><td>学习情境三</td><td colspan="4">导游职业形象塑造</td></tr>
<tr><td>工作过程五</td><td colspan="4">导游宗教礼仪形象塑造</td></tr>
<tr><td>学生行为</td><td colspan="4">进行成员任务分配，制订工作计划，经小组反复酝酿，讨论计划的科学合理性，完善和做出最终决策；通过教师讲解及引导掌握宗教礼仪规范要求，能较好地运用于工作实际，并进行总结</td></tr>
<tr><td>教师行为</td><td colspan="4">督导学生分组讨论，设计带团游览宗教景点的工作场景，督导学生按小组进行服务礼仪模拟比赛。审核学生工作计划，提出修改建议，回答学生提问，引导学生做出正确的决策并实施，对学生的具体分析和完成各项任务进行答疑与督导，并观察学生的表现</td></tr>
<tr><td rowspan="11">计划、决策
与实施</td><td>序号</td><td>实施步骤</td><td>操作要领</td><td>参考资料详细地址</td></tr>
<tr><td>1</td><td></td><td></td><td></td></tr>
<tr><td>2</td><td></td><td></td><td></td></tr>
<tr><td>3</td><td></td><td></td><td></td></tr>
<tr><td>4</td><td></td><td></td><td></td></tr>
<tr><td>5</td><td></td><td></td><td></td></tr>
<tr><td>6</td><td></td><td></td><td></td></tr>
<tr><td>7</td><td></td><td></td><td></td></tr>
<tr><td>8</td><td></td><td></td><td></td></tr>
<tr><td>9</td><td></td><td></td><td></td></tr>
<tr><td>10</td><td></td><td></td><td></td></tr>
<tr><td>组长签字</td><td colspan="2"></td><td>组　别</td><td></td></tr>
<tr><td>教师签字</td><td colspan="2"></td><td>日　期</td><td></td></tr>
</table>

评价、检查与反馈

<table>
<tr><td>学习情境三</td><td>导游职业形象塑造</td></tr>
<tr><td>工作过程五</td><td>导游宗教礼仪形象塑造</td></tr>
<tr><td>学生行为</td><td>1. 对导游宗教礼仪形象塑造工作任务完成情况进行自我检查和反思，填写检查表。
2. 把学习成果制作成 PPT 进行汇报，总结学习中的收获与体会，进行自我评价，并对本小组的成员表现进行逐一评价，填写评价单和学习反馈单</td></tr>
</table>

续 表

<table>
<tr><td>教师行为</td><td colspan="6">听取学生成果汇报，检查学生学习任务完成情况，并指出不足及修改建议，对学生的学习表现进行评价，通过学生教学反馈总结教学的不足，制订工作改进计划</td></tr>
<tr><td rowspan="17">评价</td><td>评价类别</td><td>项目</td><td>子 项 目</td><td>个人评价</td><td>教师评价</td><td>组内互评</td></tr>
<tr><td rowspan="10">专业能力（60%）</td><td rowspan="2">资讯（15%）</td><td>搜集信息查找资料（5%）</td><td></td><td></td><td></td></tr>
<tr><td>引导问题回答（10%）</td><td></td><td></td><td></td></tr>
<tr><td rowspan="4">计划实施（20%）</td><td>工作流程的正确性（2%）</td><td></td><td></td><td></td></tr>
<tr><td>方案设计科学性（3%）</td><td></td><td></td><td></td></tr>
<tr><td>实施操作正确性（10%）</td><td></td><td></td><td></td></tr>
<tr><td>知识的运用（5%）</td><td></td><td></td><td></td></tr>
<tr><td rowspan="2">检查（5%）</td><td>全面性、准确性（3%）</td><td></td><td></td><td></td></tr>
<tr><td>异常情况排除（2%）</td><td></td><td></td><td></td></tr>
<tr><td rowspan="2">结果（20%）</td><td>演示汇报（10%）</td><td></td><td></td><td></td></tr>
<tr><td>知识技能掌握（10%）</td><td></td><td></td><td></td></tr>
<tr><td rowspan="4">社会能力（20%）</td><td rowspan="2">团结协作（10%）</td><td>对小组的贡献（5%）</td><td></td><td></td><td></td></tr>
<tr><td>小组合作配合情况（5%）</td><td></td><td></td><td></td></tr>
<tr><td rowspan="2">敬业精神（10%）</td><td>吃苦耐劳精神（5%）</td><td></td><td></td><td></td></tr>
<tr><td>学习纪律性（5%）</td><td></td><td></td><td></td></tr>
<tr><td rowspan="2">方法能力（20%）</td><td>计划能力（10%）</td><td></td><td></td><td></td><td></td></tr>
<tr><td>决策能力（10%）</td><td></td><td></td><td></td><td></td></tr>
<tr><td rowspan="9">检查</td><td>序号</td><td>检查项目</td><td>检查标准</td><td colspan="2">学生自检</td><td>教师检查</td></tr>
<tr><td>1</td><td>目标认知</td><td>工作目标明确，工作计划周密，具有可操作性</td><td colspan="2"></td><td></td></tr>
<tr><td>2</td><td>理论知识</td><td>基础理论知识的全面掌握</td><td colspan="2"></td><td></td></tr>
<tr><td>3</td><td>基本技能</td><td>能够运用基本的理论进行实践思考、分析、解决问题</td><td colspan="2"></td><td></td></tr>
<tr><td>4</td><td>学习能力</td><td>能在教师指导下，全面掌握相关知识和技能</td><td colspan="2"></td><td></td></tr>
<tr><td>5</td><td>工作态度</td><td>主动参与，积极完成工作任务</td><td colspan="2"></td><td></td></tr>
<tr><td>6</td><td>团队合作</td><td>积极与他人合作，共同完成任务</td><td colspan="2"></td><td></td></tr>
<tr><td>7</td><td>工具运用</td><td>熟练利用资料自学，利用网络进行资料查询</td><td colspan="2"></td><td></td></tr>
<tr><td>8</td><td>任务完成</td><td>保质保量完成任务</td><td colspan="2"></td><td></td></tr>
</table>

续 表

教学反馈	我对学习本工作过程的意见或建议：		
组长签字		组　别	
教师签字		日　期	

拓展阅读

教　　堂

教堂一词源于希腊语，意为“主的居所”。是基督教举行宗教仪式的建筑物与专用场所。在基督教流传的最初阶段，教会主要是利用犹太教会堂或信徒的家来举行宗教聚会和礼仪的。到4世纪初期，随着基督教的国教化，才出现了专门的教堂。最早的教堂大多由宫殿改建或仿照宫殿式样建造。以后，教堂建筑形式先后出现过罗马式、哥特式、文艺复兴式等，东正教和其他东方教会还有拜占庭式等几种类型。20世纪中期，一些新独立的国家也建起了具有民族特色的教堂。现在欧美国家摆脱传统教堂格局的束缚，采用现代建筑艺术，设计出许多新颖、别致的教堂。

伊斯兰教及其清真圣地

伊斯兰教是个全面和平的宗教，从伊斯兰教崇尚绿色就可以看出，穆斯林是希望和平的。但是穆斯林在民族的生命和信仰受到威胁和迫害时，伊斯兰教允许信徒进行强烈的反抗与征服。穆斯林要从实现个人和平、家庭和平到全社会、全人类和平，在和平的气氛中达到全世界融洽相处、以此接近真主。

伊斯兰教希望团结，要求“穆斯林四海皆兄弟”。无论种族，语言，肤色存在多大的差异，只要皈依伊斯兰，相互之间都以兄弟相称。

伊斯兰教崇尚科学，正如先知所教诲的“求知是每一位穆斯林男女应尽的责任”。东西方思想和新老观念的融合，带动了医学、数学、物理学、天文学、地理学、建筑学、艺术、文学以及历史学等领域的前所未有的进步。许多关键的学科及概念体系，诸如代数学、阿拉伯数字，以及零的概念（对于数理科学的进步至关重要）都是经由伊斯兰文明传播到中世纪的欧洲大陆。许多复杂的仪器，包括观象仪（星盘)、象限仪和精确的航海图的发展为欧洲人的远航探索提供了必备的条件。

伊斯兰教有特殊的标记和色彩,这也表现在伊斯兰国家的国旗上。新月和五角星是伊斯兰教的标记,绿色是穆斯林所喜爱的颜色。此外,阿拉伯国家的国旗有的也反映伊斯兰教的历史。红、白、黑、绿等四种颜色称为泛阿拉伯颜色,分别代表穆罕默德后代的倭马亚、阿巴斯、法蒂玛、哈希姆等四个朝代。一些国家的国旗典型地具有伊斯兰教的特色。例如,利比亚国旗为纯绿色长方形。沙特阿拉伯国旗也是绿色长方形旗地,旗面上有白色的阿拉伯清真言。伊朗国旗上有阿拉伯文"真主伟大"字样,旗面中央的国徽图案由《古兰经》、剑和新月组成,其中《古兰经》与新月图形组成阿拉伯文"安拉"字样。

麦加(Mecca)——麦加禁寺,是伊斯兰第一大清真寺,是全世界穆斯林礼拜朝向"克尔白"的所在地,也是全世界穆斯林举行一年一度朝觐盛典的地方。该寺区域内禁止非穆斯林入内,还禁止狩猎、杀生、斗殴等行为,故名禁寺。自古以来,禁寺经历了多次扩建,目前的禁寺以其宏伟壮观的建筑规模和庄严肃穆的独特艺术成为世界上规模最大、最雄伟的清真寺。它是伊斯兰世界的心脏,对全世界穆斯林的文化、伦理、政治、经济等生活有着重大影响。

耶路撒冷——阿克萨清真寺(灰顶),阿拉伯语"阿克萨"意为"极远",故又称"远寺"。著名的"先知登霄"说,就是指在这里发生的奇迹。先知和初起的穆斯林迁徙到麦地那之后一直朝着耶路撒冷的阿克萨清真寺礼拜,在过了十六七个月后,才又奉主之命将礼拜朝向改为禁寺。由于远寺处在犹太、基督、伊斯兰三大宗教的圣地内,历史上发生过无数次的宗教冲突和流血事件,特别是自 1948 年以色列建国后,侵占耶路撒冷后不断拆毁阿克萨清真寺周围的大部分建筑,1969 年 8 月 21 日又放火烧毁了清真寺的主要建筑,连宣讲台都化为灰烬,从而激起了阿拉伯人民和世界穆斯林的强烈不满和抗议。

道教的主要节日

老子的诞生日。老子生卒年不可考。《列仙传》谓生于殷时,为周柱下史。后世道教关于老子传记之书,进而指实其事,皆云老子生于殷武丁九年二月十五日(见《犹龙传》《混元圣纪》《太上老君年谱要略》等)。后世道观于每年是日必做道场,诵《道德真经》以示纪念。

玉皇大帝的诞生日。据传玉皇生于丙午年正月九日(见《道藏辑要》中《高上玉皇本行集经》《续道藏》第 1105 至 1106 册《搜神记》卷一)。后世道观于每年是日举行祭祀,以示纪念。

西王母的诞生日。蟠桃为古代神话中的仙桃。相传夏历三月三日为西王母诞辰，是日西王母以蟠桃大开盛会，宴请诸仙，诸仙从四方赶来为她祝寿。后世道教于每年是日举行盛会，以示纪念，俗称蟠桃会。

吕洞宾的诞生日。相传唐德宗贞元十四年（798 年）四月十四日巳时，众见一白鹤，自天而降，飞入吕母房中。时吕母正寐，亦梦此，惊觉，随即洞宾降生。后世道观于此日举行斋醮，以示纪念。

工作过程六　导游涉外礼仪形象塑造

任务布置

学习情境三	导游职业形象塑造	
工作过程六	导游涉外礼仪形象塑造	
教师行为	1. 引导学生明确工作任务及资讯问题，随机对学生实行分组，组成本工作过程的学习小组。 2. 讲解或引导学生学习涉外礼仪的基础知识，掌握其基本技能，解答学生提问	
学生行为	在教师引导及示范下，明确学习任务及要求，分组学习知识链接，查阅资料和文献，找出资讯问题的答案，学习涉外礼仪知识	
工作任务	掌握涉外礼仪的原则，从而实现旅游政务人员良好的涉外礼仪形象塑造的目的	
资讯	资讯问题	1. 涉外礼仪的原则是什么？
		2. 涉外称呼礼仪有哪些注意事项？
		3. 涉外馈赠礼仪有哪些注意事项？
		4. 外事交往禁忌有哪些？
		5. 为外宾摄影礼仪注意事项有哪些？
	资讯引导	以上资讯问题请查阅本书知识链接，同时参考以下书籍和网页： 1.《现代礼仪教程》，胡锐主编，浙江大学出版社，2004 年版。 2.《社交礼仪教程》，金正昆著，中国人民大学出版社，2005 年版。 3.《导游服务技能》，编写组，中国旅游出版社，2014 年版。 4.《你的礼仪价值百万（精华版）》，周思敏著，中国旅游纺织出版社，2012 年版。 5.《全国导游人员资格考试系列教材：导游业务（第 7 版）》，国家旅游局人事劳动教育司著，中国旅游教育出版社，2013 年版。 5. http://www.zhongguoliyi.org/ 中华礼仪网。 6. http://www.welcome.org.cn/zhongguoliyi/ 中国礼仪网。 7. http://www.tourguide.net.cn/portal/PortalHome.asp 中国导游网。 8. http://www.jiuyaota.com/forum.php 中国导游社区

知识链接

作为一项新型的朝阳产业，旅游业成为21世纪的国际市场上激烈竞争的目标之一，旅游业能否提高经济效益，和国际社会接轨，在国际市场上立于不败之地，常常取决于涉外导游对顾客的服务水平。涉外导游必将走向导游手段的高科技化，导游内容的高知识化，导游方法的多样化。

一、涉外礼仪的原则

1. 维护形象

参与涉外活动时，每一位导游都必须特别关注其自身形象维护的问题。这是因为导游的个人形象，实际上是中华民族形象与中华人民共和国形象的代表。

特别应予指出的是，导游参与涉外交往时应高度重视自己所留给外方人士的第一印象。因为第一印象的好坏直接与我方人员的形象相关，而且其一旦形成便往往难于改变。

在涉外活动中维护形象的过程中，导游尤其需要注意兼顾下列两点。

（1）维护自身形象

导游在涉外活动中维护形象，首先要维护好其自身形象。其一，仪表堂堂，落落大方。在涉外场合，导游务必要注意修饰仪表，检点举止，使自己形象上乘，风度翩翩，无愧于炎黄子孙的称号。其二，廉洁奉公，训练有素。与外国人交往应酬时，导游应得体地表现出自己良好的业务素养与高尚的职业道德，为人正直，为政清廉。其三，恪尽职守，遵法守纪。在旅游活动中，导游一定要坚守岗位，尽职尽责，在任何情况下，都要遵法守纪，并且对自己要求从严，一丝不苟。

（2）维护国家形象

导游有责任、有义务自觉地在涉外交往中维护我国国家的形象。不得非议国家的方针政策。维护政府的各项方针政策，若是与此背道而驰，是绝对不许可的。导游在实际工作中不仅要积极、主动、负责，而且必须提高办事效率，讲究工作实效。

2. 入乡随俗

在国际社会交往中，“入国而问禁，入乡而问俗，入门而问忌”，是人人须知的一项常识。入乡随俗的基本含义：在涉外交往中，要真正做到尊重交往对象，就必须尊重该国所独有的风俗习惯。要做到这一点，首先应对该国所特有的风俗习惯，认真地加以了解和掌握。在国际社会交往中，主要应关注如下三点。

(1)认真做好"入国问禁"

要做到入乡随俗,重要的前提条件是充分地掌握交往对象的相关习俗。如不能"知已知彼",那么在实际操作中就很难保证做到入乡随俗。只要做到不冒犯当地风俗习惯方面的特殊禁忌,就不会在异国他乡做客时"伤风败俗"。

(2)努力做到认真、规矩

要做到"入乡随俗",就必须有一个认认真真的态度。如果对遵守当地习俗不够认真,马马虎虎,敷衍了事,不仅是很失礼的,甚至会惹麻烦。因此,要做到"入乡随俗",还必须规规矩矩地操作,讲究采用正规的操作方式,以求"名正言顺"

(3)客观地掌握适用范围

讲究"入乡随俗"并非一概而论,也存在一个适用范围的问题,超出其特定的适用范围去讲"入乡随俗",就有可能出现错误的做法。

一方面,"入乡随俗"主要适用于"独在异乡为异客"之时。根据国际惯例,当我们身在异国他乡时,应讲究"客随主便",做到"入乡随俗"。而当我们身在自己国家,充当东道主之时,则应讲究"主随客便"。另一方面在有必要"入乡随俗"时,应以无损于我们的国格、人格为前提。在国际社会交往中,尊重从来都是相互的,在我们尊重他人的同时,必须不失自尊,对方亦须对我们表示应有的尊重。倘若对方的某些特有习俗不合时宜,如有辱我方的国格、人格,有悖社会公德,或有碍我们的生命安全,则我们就不能无原则、无条件地盲从。

3. 尊重隐私

所谓尊重隐私,主要是提倡在国际交往中主动尊重每一位交往对象的个人隐私,不询问其个人秘密,不打探其不愿公开的私人事宜。目前,在国际社会里,尊重隐私与否,已被公认为一个人在待人接物方面有无个人教养的基本标志。在涉外交往中,尊重隐私实际上具体表现为人们在交谈中的下述"八不问"。

(1)不问年龄。外国人的年龄是保密的,他们希望自己永远年轻,对"老"字讳莫如深。特别是外国女性,24 岁左右以后就不会再说年龄。

(2)不问恋爱婚否。中国人爱谈论彼此的婚姻状况,外国人却不然。

(3)不问个人经历。

(4)不问收入支出。

(5)不问家庭住址。

(6)不问身体健康。

(7)不问信仰政见。

(8)不问所忙何事。

4. **谦虚有度**

过分谦虚是缺乏自信的比表现，在涉外场合比较稳妥的做法：

（1）当外国友人赞美自己的相貌、衣饰、手艺时，一定要记住落落大方地道上一声："谢谢"。

（2）当外国友人称道自己的工作、技术或服务时，同时要大大方方地认可。

（3）在涉外交往中当需要进行自我介绍或对自己的工作、学习、生活、服务、产品、技术、能力、特长进行介绍时要敢于并且善于实话实说。

（4）当自己同外国友人进行交际应酬时，一旦涉及自己正在忙什么、干什么的时候，无论如何都不要脱口而出，说什么自己是"瞎忙""混日子""什么正经事都没干"等，这样，对方会认为你是不无正业的人。

5. **以右为上**

依照国际惯例，将多人进行并排排列时，最基本的规则是右高左低，即以右为上，以左为下；以右为尊，以左为卑。换言之，在进行并排站立、行走或者就座时，为了表示礼貌，主人理应主动居左，而客人居右；男士应当主动居左，而请女士居右；晚辈应当主动居左，而请长辈居右；未婚者主动居左，而已婚者居右；职位、身份较低者主动居左，请职位、身份较高者居右。

6. **女士优先**

"女士优先"的原则起源于欧洲中世纪的骑士之风，是传统的欧美礼节的基础，后来成为国际社会公认的重要礼仪原则。"女士优先"就是指在社交场合，男士有义务尊重、照顾女士。国际社会强调"女士优先"的原则，主要原因并非因为女性是弱者，需要同情、帮助和保护，而是认为女性是人类的母亲，应对其处处给予优待，是对母亲的尊敬和感恩。"女士优先"的原则具体体现在国际交往的各种场合，已逐步演化成为一系列具体的、操作性很强的做法。当然"女士优先"的原则主要适合于国际社交场合，而在公务场合则不强调"女士优先"。另外在阿拉伯世界和一些亚洲国家，人们还依然讲究"男尊女卑"。但在国际社交场合，"女士优先"仍是被广泛采用的社交基本原则。具体体现在：

（1）尊重女士

与女士交谈时，一律要使用尊称。涉及具体内容时，谈话亦不应令在场的女士难堪。排定礼仪序列时，应将女士列在男子之前、当女士从外进入房间时，男士应站起；

（2）照顾女士

在一切社交活动中，男子均应细心地照顾女士：就座时，应请其选择上座；用餐时，应优先考虑其口味、当女士落座或起身时男士为其挪出、推进椅子；当女士在衣帽间更换外套时男士要协助；当女士遇到尴尬事时，男士要主动出面效劳为其解难。

（3）关心女士

外出之际，男子要为女士携带重物。出入房间时，男子要为女士开门、关门。在女士面前，任何时候都不允许男子吸烟；

（4）保护女士

在一切艰难、危险的条件下，男子均应竭尽其全力保护女士。通过危险路段时，男子应走在前列。在马路上行走时，男子则应行走于外侧。任何危险之事，男子均应主动承担。

7.尊重差异

（1）承认差异

进行国际社会交往时，必须正视各国之间在风俗习惯方面的差异。“十里不同风，百里不同俗”绝非戏说之言，而是一种真切的客观现实。就具体内容而言，习俗差异遍及人类物质生活与精神生活的方方面面。在衣食住行、婚丧嫁娶、生产劳动、交往应酬、节庆假日等方面世界各地的习俗是千差万别的。国家与国家之间存在习俗差异，地区与地区之间存在习俗差异，民族与民族之间存在习俗差异，对于这些不同类型的习俗差异，既不能将它们混为一谈，也不能将其中某一类型的差异无限度地“扩大化”。

（2）尊重差异

对于跨国交往中客观存在的种种习俗差异，每一名涉外人员必须予以高度重视，要对对方所独有的风俗习惯予以尊重，首先要了解各国在风俗习惯上所存在的主要差异，做到“有所为”“有所不为”。

在涉外交往中，由于中外的文化习俗存在许多差异，中国人与外国朋友对同一事件会有着不同的看法甚至是截然相反的看法，所以在国际交往中要充分理解外国朋友的习惯言行，不可随便妄加指责，只要对方的所作所为不危及其生命安全、不违背伦理道德、不触犯法律、不损害我方的国格人格、在原则上均可悉听尊便而不必予以干涉和纠正。涉外交往的准则是相互尊重，以自己的标准评判他人言行，或当面指责对方，是不尊重他人的表现，因此在涉外交往的公共场合，我们应该在对方的非原则性错误上以宽容的态度对待。

8.遵守约定

在国际社会里，人们十分重视交往对象的信誉，讲究“言必信，行必果”。

（1）慎重许诺

在涉外交往中，对外方人士所做出的所有正式承诺必须量力而行，慎之又慎，切勿信口开河，草率许诺，也不要使承诺大而化之，模棱两可。

（2）严守约定

在国际社会中，信用就是形象，信用就是生命。既然"中国人历来说话都是算数的"，那么在涉外交往中就一定要努力恪守约定，兑现承诺，如约而行。

9. 不卑不亢

是外事礼仪的一项基本原则。它要求每一个参与外事活动人，都必须意识到，自己在他国人民眼里，是代表自己国家、自己的民族、自己的单位。要做到从容得体、堂堂正正。不应该畏惧自卑，低三下四，也不要自大狂傲，放肆嚣张。

10. 热情有度

导游直接同外国人进行交际应酬时，务必要做到热情有度，即对待对方既要表现得热情友好，又要具体把握好对待对方热情友好的具体分寸。切勿使自己对待对方的热情友好超出了对方所能接受的界限，进而令对方感到不快，甚至为对方平添了麻烦。

对导游而言，涉外交往中所须把握好的热情有度之中的"度"，具体体现在：

（1）关心有度

与中国人彼此之间所倡导的"关心他人比关心自己为重"有别，外国人大都反对外人干涉自己的私生活，崇尚个性独立，以我为尊，绝对自由，。因此，外国人一般都不希望外人对其过于关心，否则便会视之为碍手碍脚，多管闲事。外国人所注重的关心有度之中的"度"，实际上就是其个人自由。一旦对对方的关心有碍其个人自由，即被视为"过度"之举。

（2）交往有度

由其强调个人自由所决定，外国人大都认为"君子之交淡如水"，不习惯于与交往对象走动过勤、过多。在涉及钱财之时，尤其讲究划清界限，即便家人、至交也概莫能外。这便是其所谓交往有度之中的"度"。

二、外事称呼礼仪

外事称呼，首先要关注各国的称呼习惯具体如下：

（1）姓前名后：中国、朝鲜、越南、日本、蒙古、阿富汗、匈牙利和一些非洲国家。

（2）名前姓后：欧美各国等。

（3）有名无姓：缅甸、印度尼西亚。

按国际惯例，一般称男子为先生，称女子为夫人、女士、小姐。已婚女子称夫人，未婚女子称小姐。对不了解婚否的女子可称小姐，对戴有结婚戒指的可称夫人。这些称呼前均可冠以姓名、职称、头衔等,如“施密特先生”“市长先生”“上校先生”“玛丽小姐”“秘书小姐”“护士小姐”“怀特夫人”等。对部长以上的官员一般称“阁下”。君主制国家称国王、皇后为“陛下”,称王子、公主、亲王为“殿下”。

称呼俄罗斯人,除了在正式场合宜称呼其全称外,在一般情况可称其姓,也可呼其名。将其本名与父名连用时,表示比较客气,而在向长者表示尊敬时,则只称其父名。在称呼使用西语、葡语人士的姓名时,正式场合宜用全称。而在一般情况下,则只使用其简称。即其父姓、或是其本名加上父姓。称呼阿拉伯人时,称呼其全称,往往意味着郑重其事。在一般情况下,称呼阿拉伯人时可省去其父名,或将其祖父名与父名省略,需要简称阿拉伯人时,通常可以只称呼对方的名字,但是,若对方拥有一定的社会地位,则只宜以其姓氏作为简称。在越南和泰国,在一般场合中称呼一个人时,通常只称呼其名,而不道其姓。而在称呼越南人的名字时,一般情况下均可只称呼其中最末的一个字。鉴于缅甸人有名无姓,故在称呼对方时,可在其名字之前冠以某种尊称。如意为“先生”的“吴”,意为“弟弟”的“貌”意为“女士”的“杜”,等等。

三、外事交谈礼仪

交谈是人们相互了解、增进友谊的重要途径。来访的外宾无论是否是英美人士,或多或少都会英语,条件允许时,你不妨大胆地讲英语,谁也不会计较你的英文水平的高低。这样对不懂汉语的外宾来说,一来亲切,二来有了与当地人交流的机会;而对我们来说,不仅可以在实践中练说英语,同时也树立了个人的良好形象。当然,与外宾交谈,应做到语言得体,举止文雅,谈话表情自然,语气和蔼亲切,音量适中,切不可大声喧哗,唾沫四溅或手舞足蹈。一般的交谈,尽量不要涉及敏感的政治问题、私人生活问题和疾病、死亡等话题,也要避免语带讥讽,不要说些庸俗的俏皮话,但适度的幽默和风趣则很受欢迎。社交中难免要说几句礼节性的恭维话,但要避吹捧之嫌;当外宾夸奖你时,则应道谢,而不应该按我们的习惯一味地谦虚。

四、外事拜访礼仪

到外国人办公室或住所(宾馆)拜访,均应预先约定、通知,并按时抵达。如无人迎候,进门前先按门铃或敲门,以主人应允后方得进入。如无人应声,可再次按门铃或敲门(但按门铃时间不要过急过长)。无人或未经主人允许,则不得擅自进入。进入室内,如说话所需时间较短,则可不必坐下,事毕也不要逗留,如所需时间较长,则要在主人邀请之下方可入座。在没有预先安排的情况下,谈话时间尽量不要过长。如需洽谈,应安排在宾馆其他合适的场所进行。

五、外事馈赠礼仪

在涉外交往中,为了表达友谊、祝贺或为了纪念,往往需要送一些小礼品。选择礼品时应考虑到客人的爱好、习惯和忌讳,同时应考虑具有一定的纪念意义、民族特色、艺术价值和实用价值,一般可选用本市小件土特产、工艺品、纪念品、水果或鲜花等。赠送的礼品要用礼品纸包扎,并用彩带系上花结。外国人接到礼品后往往有当面打开包装并加以欣赏、赞赏的习惯,当遇到这种情况时,送礼人可进一步对礼品作一些介绍说明。收礼物后,一般应回礼。如不相应回礼,那么起码也应对送礼人表示感谢。可去封感谢函,感谢函最好是亲笔书写,在收到礼后马上发出。这样给人感觉是你很重视对方的友谊。受礼时千万别问对方礼品的价格,问价是极其不礼貌的,受礼时也不必过于自谦,没完没了的表示"惭愧""小意思",反而会让送礼者难堪。

受礼者并不是来者不拒,对有些礼物应持谨慎的态度。对一些自己不宜接受的礼物,最好当场就请送礼者带回,如不肯,事后请人送回并附上"谢谢,心领了""谢谢你的好意"等字样的小信函。退礼要讲究策略,千万不要伤害送礼者的感情,可以寻找对方能接受的理由退礼,让对方能下得了台。最好说明一下拒收礼品是本人的决定,还是因为必须按照有关规定办事。这些都是为了给赠送者留下回旋的余地。如打算退还,要在 24 小时之内行动。

九种不宜作礼品的赠送。

一是现金;

二是天然珠宝;

三是药物、补品、保健品。在国外,个人的健康状况属于"绝对隐私"将与健康状况直接挂钩的药物、补品、保健品,送给外方人士是不受欢迎的;

四是广告性、宣传性物品,会被误认为有意利用对方,或借机进行宣传;

五是冒犯受赠对象的物品,比如礼品本身的品种、图案、数目、形状或寓意冒犯了受赠者个人、职业、民族、宗教禁忌会使馈赠行为适得其反;

六是容易引起异性误会的物品,向异性赠送礼品时要慎重。一般关系的朋友不能赠送内衣及示爱之物,更不能赠送含有色情的礼物;

七是以珍惜动物或宠物为原材料制作的物品;

八是有违现行社会规范的礼品,以免跨越法律道德的界线;

九是涉及国家机密、行业机密的物品,也不可将内部文件、统计数据、情况汇总、技术图纸、生产专利等有关国家、行业的核心机密随意送出。

六、外事摄影礼仪

在对外活动中，摄影人员（包括摄影记者）一般都应该在现场抓拍，不可根据摄影的需要摆布客人和主人，也不应用手拨动镜头前的人，必要时可说："对不起，请让一下。"

遇到拍合影时，接待人员安排好宾主就坐后，摄影人员应该迅速拍摄，不要让大家久等。

拍摄照片一般不要追随个人，特别是给女性外宾拍肖像，如必须拍摄，应征得当事人的同意。

七、外事禁忌

一忌不遵时守约。不遵时守约是国际交往中最忌讳、最失礼的行为。

二忌不尊重老人、女士。世界大多数国家把尊重老人和女士视为一种美德。

三忌不尊重他国风俗习惯。不同的国家、民族，由于不同的历史、宗教等因素，各有特殊的风俗习惯和礼节，均应予以尊重。如伊斯兰教徒不吃猪肉；佛教徒不吃荤；天主教徒忌讳"13"这个数字，尤其是"13日星期五"等。

四忌言行不礼貌。公共场所偶遇外宾后，不能围观、追随，或背后指点、议论；不可冒然要求与外宾合影或索要名片；未经外事部门安排，不得擅自邀请外宾到家作客或私授礼品；当着他人的面，不要提裤子、掏鼻孔、挖耳朵、打哈欠、脱鞋等。

五忌用"你吃了吗？……""你去哪儿？"同外宾打招呼。

六忌询问对方的年龄和生活问题，尤其是女士的年龄、婚姻、收入等个人隐私。

七忌随意吸烟。在国外，抽烟的危害已越来越引起人们的关注，在很多地方和场合是不允许吸烟的。非禁烟场所，如有女士或不吸烟的男士在座，吸烟应征得她们的同意。

八忌轻易应允。对外交往中，要讲究信誉，办不了的事切忌轻易应允。只要答应的事，一定要想尽办法去做。确因客观条件办不成，也要说明情况，表示歉意。

九忌不讲卫生。参加涉外活动要保持整洁美观的仪表。不要随地吐痰，乱扔垃圾等。

计划、决策与实施

学习情境三	导游职业形象塑造
工作过程六	导游涉外礼仪形象塑造

续 表

<table>
<tr><td>学生行为</td><td colspan="4">进行成员任务分配，制订工作计划，经小组反复酝酿，讨论计划的科学合理性，完善和做出最终决策；通过教师讲解及引导掌握导游外事礼仪规范要求，能较好地运用于工作实际，并进行总结</td></tr>
<tr><td>教师行为</td><td colspan="4">督导学生分组讨论，设计导游外事接待的工作场景，督导学生按小组进行服务礼仪模拟比赛。审核学生工作计划，提出修改建议，回答学生提问，引导学生做出正确的决策并实施，对学生的具体分析和完成各项任务进行答疑与督导，并观察学生的表现</td></tr>
<tr><td rowspan="11">计划、决策与实施</td><td>序号</td><td>实施步骤</td><td>操作要领</td><td>参考资料详细地址</td></tr>
<tr><td>1</td><td></td><td></td><td></td></tr>
<tr><td>2</td><td></td><td></td><td></td></tr>
<tr><td>3</td><td></td><td></td><td></td></tr>
<tr><td>4</td><td></td><td></td><td></td></tr>
<tr><td>5</td><td></td><td></td><td></td></tr>
<tr><td>6</td><td></td><td></td><td></td></tr>
<tr><td>7</td><td></td><td></td><td></td></tr>
<tr><td>8</td><td></td><td></td><td></td></tr>
<tr><td>9</td><td></td><td></td><td></td></tr>
<tr><td>10</td><td></td><td></td><td></td></tr>
<tr><td>组长签字</td><td colspan="2"></td><td>组 别</td><td></td></tr>
<tr><td>教师签字</td><td colspan="2"></td><td>日 期</td><td></td></tr>
</table>

评价、检查与反馈

学习情境三	导游职业形象塑造
工作过程六	导游涉外礼仪形象塑造
学生行为	1. 对导游外事礼仪形象塑造工作任务完成情况进行自我检查和反思，填写检查表。 2. 把学习成果制作成 PPT 进行汇报，总结学习中的收获与体会，进行自我评价，并对本小组的成员表现进行逐一评价，填写评价单和学习反馈单
教师行为	听取学生成果汇报，检查学生学习任务完成情况，并指出不足及修改建议，对学生的学习表现进行评价，通过学生教学反馈总结教学的不足，制订工作改进计划

续 表

	评价类别	项目	子项目	个人评价	教师评价	组内互评
评价	专业能力（60%）	资讯（15%）	搜集信息查找资料(5%)			
			引导问题回答(10%)			
		计划实施（20%）	工作流程的正确性(2%)			
			方案设计科学性(3%)			
			实施操作正确性(10%)			
			知识的运用(5%)			
		检查（5%）	全面性、准确性(3%)			
			异常情况排除(2%)			
		结果（20%）	演示汇报(10%)			
			知识技能掌握(10%)			
	社会能力（20%）	团结协作（10%）	对小组的贡献(5%)			
			小组合作配合情况(5%)			
		敬业精神（10%）	吃苦耐劳精神(5%)			
			学习纪律性(5%)			
	方法能力（20%）	计划能力（10%）				
		决策能力（10%）				

	序号	检查项目	检查标准	学生自检	教师检查
检查	1	目标认知	工作目标明确，工作计划周密，具有可操作性		
	2	理论知识	基础理论知识的全面掌握		
	3	基本技能	能够运用基本的理论进行实践思考、分析、解决问题		
	4	学习能力	能在教师指导下，全面掌握相关知识和技能		
	5	工作态度	主动参与，积极完成工作任务		
	6	团队合作	积极与他人合作，共同完成任务		
	7	工具运用	熟练利用资料自学，利用网络进行资料查询		
	8	任务完成	保质保量完成任务		

续 表

教学反馈	我对学习本工作过程的意见或建议：		
组长签字		组　别	
教师签字		日　期	

拓展阅读

外宾团北京七日游接待

一大早，记者就跟随旅行社的大巴车来到首都机场接机，抵达机场时针刚刚指向七点。在机场大厅吕南对我说，导游一定要有时间观念，今天的飞机7点30抵达机场，但是我们一定要早到半小时，绝对不能让客人等我们。记者注意到，他下车时特别嘱咐司机师傅不要在车内吸烟，原因是外国游客非常反感烟味。

仪表：着装整洁体现对客人的尊重

在机场等待时，记者发现今天吕南的穿着十分正式，上身是白衬衫还系了条款式优雅的蓝色条纹领带，下身着西裤，皮鞋锃亮。他说，今天是第一天接机，所以要穿较正式服装，给外国客人一个可信的、职业化的形象，这也是一种职业礼仪。今天要接待的是美国团，美国客人不太讲究服装，在随后的游览中可以穿得随意些。但是如果接的是日本团就需要每天都穿得十分正式，因为日本客人认为讲究的穿着是对他们的尊重。而且在带团的几天里，每天都要换一身衣服，这是对他人的尊重也是对自己的尊重。

迎客：默点人数尊重信仰

吕南最后一次检查接机牌上所列客人的姓名拼写是否正确，整理了一下自己的服装，以饱满的情绪准备接待来自大洋彼岸的客人。

客人出关后，他主动上前迎接并把客人引导到相对空旷的地方开始清点人数。只见他并没有像往常我们清点人数一样用手指着对方的后背一个个地数，而是用大拇指朝上，一边从客人身边走过，一边自己在嘴里默数。吕南告诉我清点人数时最忌讳用手指直指对方。一些外国客人有宗教忌讳，例如穆斯林客人最忌讳用手指指自己或被触摸身体，为了尊重个别客人的宗教信仰对所有客人都不要用手去指。

从机场出来走到旅行社的大巴车要经过一条马路，让我惊讶的是吕南竟然先走到马路中间将过往车辆拦下，对司机说明情况，请求先行通过。我问吕南这有必要吗？他说外国客人对中国的交通非常不习惯。他们不习惯走人行横道，在他们的国家只要有行人，机动车会主动停下让行人先过。在中国他们也理所当然的认为如果他们过马路，司机应该停车，实际上中国的司机是没有这个意识的，如果导游不能协调好这件事，是有可能发生交通意外的，自己这么做是非常有必要的。

清点人数后将客人带到停车场协助客人将行李装车，待所有客人都上车后，吕南主动将装行李的车辆摆放好，以免影响其他车辆通行。

游览：轻声讲解显示修养

由于飞机航班到达北京的时间比较早，所以吕南首先带客人游览北京。上午9时30分，车辆抵达颐和园。

在游览颐和园的过程中，遇到几位北京老人用海绵制成的毛笔蘸水在地上练习书法，外国客人都非常感兴趣，纷纷要求尝试一下，吕南协助客人向老人表达了对他的欣赏。老人通过导游向外国客人介绍了中国书法的魅力与益处，征得同意后客人们争相与老人照相。游览的过程中，碰巧看到一个国内团的导游正在用喇叭大声向客人介绍景点的由来，喇叭的质量不是很好，导游的声音听起来有些像噪音。吕南见状对我说道，我们是不能用喇叭进行讲解的，在介绍景点时还要特别注意音量的大小，因为外国游客会认为大声讲话是不礼貌的。

中午时分，随着颐和园游览的结束，记者也离开了这个旅游团。吕南作为这个团的导游还将陪伴这些美国游客度过7天的时间。

涉外礼仪禁忌

中国2011年主要客源国有日本、韩国、俄罗斯、美国、新加坡、菲律宾、蒙古、英国、泰国，这些客源国的主要禁忌如下。

一、日本

日本一直作为中国的主要客源国，并且可以说是中国最大的客源国，所以在接待日本游客方面，我们应该尊重其民族风俗习惯。

1. 饮食禁忌

在帮日本游客盛饭时，我们不应该将米饭盛得过满过多。在日本游客家拜访时，吃饭不能只吃一碗就够，这样的话，主人会觉得与你无缘。日本游客不吃动物内脏和动物蹄子。

2. 色彩禁忌

日本游客喜欢白色、黄色、红色、青色、黑色。最讨厌绿色、紫色，在日本人看来，绿色是办丧事用的颜色，紫色是悲伤的意思。

3. 数字禁忌

日本人禁忌4、6、9的数字，4的发音与死相同、6是强盗的标记、9在日语中是苦的发音。

4. 送礼禁忌

日本游客喜欢中国的书画作品，但是不要送有夕阳、日落等书画。包装礼物也不要用黑白两色包装礼物。

5. 花的禁忌

不要送菊花（日本皇室象征），荷花（葬礼）。

6. 拍照禁忌

禁止给任何人拍三人照。

7. 言论禁忌

不要在日本游客面前谈论男女平等的问题，评论日本的政治问题，也不要对日本客人说“不”这个字。

二、韩国和朝鲜

1. 言论禁忌

禁止谈论国内外政治和各自妻子的话题，喜欢询问彼此个人情况。

2. 送礼禁忌

忌讳单手接过礼物，更忌讳当面打开礼物。

3. 接待禁忌

在接待朝鲜和韩国游客时，应该一视同仁。在安排客房时不应该将韩国游客和朝鲜游客安排在同一楼层。

三、俄罗斯

1. 送礼禁忌

不能送有兔子和猫形象或意味的礼物，喜欢马的图案。在送礼物的时候不能用左手，应该说在任何场合都避免用左手与俄罗斯客人接触。

2. 宴请禁忌

在准备俄罗斯客人食物的时候不能有木耳、乌贼、虾、鸡蛋、猪肉制品。

3. 包装禁忌

邮往俄罗斯的包裹都必须写上俄罗斯联邦。任何邮件不能超过10公斤，不能使用英文，可以使用法语。

4. 言论禁忌。

交谈是不打听个人私事，回避国内经济、政治、民族、宗教、国家关系等话题。

四、美国

1. 饮食禁忌

口味喜欢清淡，不爱吃蒜和过辣食品，不爱吃肥肉和红烧菜肴。不吃动物内脏。

2. 颜色禁忌

喜欢白色、黄色、蓝色。忌讳黑色。

3. 动物禁忌

忌讳蝙蝠、黑猫的图案，蝙蝠和黑猫在美国人心中是黑暗的象征。通常很多是与邪恶的东西挂钩。

4. 言论禁忌

忌讳过分谦虚和客套，距离太近和打听个人私事。

五、新加坡

1. 交谈忌讳

切忌议论政治得失、种族摩擦、宗教是非和配偶情况等。不要轻易拿新加坡游客开玩笑。切忌在新加坡客人面前说“恭喜发财”，他们将“财”理解为“不义之财”或“为富不仁”，说“恭喜发财”被认为是对别人的侮辱和嘲骂。

2. 举止禁忌

用食指指人，用紧握的拳头打在另一只张开的掌心上，或紧握拳头，把拇指插入食指和中指之间，均被认为是极端无礼的动作。双手不要随便叉腰，因为那是生气的表示。

3. 数字禁忌

新加坡游客认为4，6，7，13，37和69是消极的数字，他们最讨厌7，平时尽量避免这个数字。

4. 色彩禁忌

新加坡游客视黑色为倒霉、厄运之色，紫色也不受欢迎。他们偏爱红色，视红色为庄严、热烈、刺激、兴奋、勇敢和宽宏之象征。他们也欢迎蓝色和绿色。

5. 图案禁忌

新加坡游客不喜欢在商品包装上使用如来佛的图像，也不准使用宗教用语。忌讳猪、乌龟的图案。

六、菲律宾

1. 言论禁忌

交谈时要避免菲国内政治纷争、宗教、菲律宾近代史等话题，菲律宾人喜爱打听私人情况，因此，与人谈话时要小声。你交谈时不能“面无表情”，或是“三缄其口”。你若是面无表情或一声不发，他们会认为你不怀好意，或是不愿意跟他们打交道。

2. 送礼禁忌

在菲律宾游客收受或者赠送礼物不要当众打开，否则客人会有被当众羞辱的感觉。

3. 数字禁忌

菲律宾游客忌讳13这个数字和星期五。

4. 饮食禁忌

菲律宾游客不爱吃生姜，兽类内脏和腥味大的东西，对整条鱼也不感兴趣。不喝牛奶和烈性酒。

5. 颜色及图案禁忌

忌红色，认为红色是不祥之色；忌鹤和龟以及印有这两种动物形状。

七、蒙古

1. 颜色禁忌

喜欢红色，讨厌黑色。

2. 送礼禁忌

送礼物时忌送帽子，因为帽子的口朝下，送人会损坏别人好运。在接递物品时，以双手接递为敬，也可用右手，但不能只用左手接递。

3. 饮食禁忌

不吃马肉。

八、泰国

1. 送礼禁忌

给泰国游客送礼，最好选用有包装的食物、糖果等，并以右手递给受礼者。如果泰国游客送你礼品，在接受礼品前，你应先双手合十表示感谢。除非对方要你打开礼品包装，否则不要当着送礼人的面打开。不要送印有狗的图案。也不能送香烟。

2. 颜色禁忌

泰国游客喜爱红、黄色，禁忌褐色。

3. 言论禁忌

避免谈论的问题:政治、腐化、王室成员。也不喜欢谈论个人问题。

九、英国

1. 言论禁忌

英国游客很忌讳谈论男人的工资和女人的年龄,甚至连家里的家具价格也不能问,这是很私人的问题。

2. 颜色禁忌

忌讳墨绿色、黑色、红色。

3. 动物禁忌

讨厌山羊、大象、孔雀、黑猫、蝙蝠。

4. 花的禁忌

讨厌菊花和百合花。

得体接受小费——体现尊重

西方一些国家有顾客给服务人员付小费的习惯,以对其提供的服务表示感谢,在有的国家的一些行业,小费甚至被看作是服务人员的一部分固定而且是重要的收入。

虽然包括中国在内的很多东方国家一直没有给付或收取小费的习惯,但是随着世界旅游业的发展,很多西方游客也把给小费的做法带到了东方国家。

我国的涉外服务员一直是明确不收取小费的,但是当客人真诚地以小费向服务人员表示感谢时,我们应该采取什么的态度呢。

礼仪专家认为,作为服务员,不提倡主动向客人索取小费,但当客人主动给予小费时,服务人员应做到得体对待。既不能一看给了小费,脸上就乐成一朵花;也不能因为小费的数目没有达到自己的期望而冷眼相对。正确的做法是礼貌的收下,并以理智又不失真诚的微笑予以感谢,最后热情的欢迎对方下次再到中国做客。

一位导游在接受记者采访时则认为,虽然不应向客人主动索取小费。当游客主动给予小费时,爽快的收下体现了对对方的尊重,此时如果回绝,游客会觉得是不是小费给少了,让人心里感到不舒服。

此外,在接受小费时需要注意的礼仪是,不可以当着客人的面清点小费。酒店客房清扫人员要待客人离开后再拿取放在枕头上面等显眼位置的零钱,如果钱被放在抽屉里、枕头下,则很可能是客人落下的,不要擅自收起,而应该向酒店汇报。